期权基础与交易

主编　谭显荣

中国财政经济出版社

图书在版编目（CIP）数据

期权基础与交易/谭显荣主编．—北京：中国财政经济出版社，2015.2

ISBN 978－7－5095－6043－3

Ⅰ.①期…　Ⅱ.①谭…　Ⅲ.①期权交易－基本知识　Ⅳ.①F830.91

中国版本图书馆 CIP 数据核字（2015）第 038261 号

责任编辑：贾延平　　责任校对：徐艳丽

封面设计：徐广山　　版式设计：董生平

中国财政经济出版社出版

URL：http：//www.cfeph.cn

E－mail：cfeph@cfeph.cn

社址：北京市海淀区阜成路甲 28 号　邮政编码：100142

发行处电话：88190406　财经书店电话：64033436

北京财经印刷厂印刷　各地新华书店经销

787×1092 毫米　16 开　15.75 印张　266 000 字

2015 年 5 月第 1 版　2015 年 5 月北京第 1 次印刷

定价：36.00 元

ISBN 978－7－5095－6043－3/F・4866

（图书出现印装问题，本社负责调换）

中国需要期权市场

2013年各大证券、期货交易所期权仿真交易悉数登场，股票期权、股指期权、白糖期货期权、豆粕期货期权、铜期货期权、黄金期货期权仿真交易陆续启动。2015年2月9日，上证50ETF期权正式在上海证券交易所挂牌上市，开启中国“期权元年”，掀开了中国证券期货市场产品创新的一页。

期权作为金融工程的核心工具，是当前全球最活跃的衍生品之一，广泛应用于风险管理、财富管理、资产配置和产品创新等领域。期权产品的市场价值已在全世界范围内得到广泛认同，市场需求十分旺盛。目前，期权与期货一起，被视为全球衍生品市场的两大基石。

早在20世纪60年代末70年代初，美国年轻的物理学家、数学家费希尔·布莱克（Fischer Black）、迈伦·斯克尔斯（Myron Scholes）和罗伯特·默顿（Robert Merton）着手研究期权定价模型，并于1973年不约而同地在不同刊物上发表了两篇论文，奠定了期权定价理论的基础，人们普遍称之为布莱克—斯克尔斯—默顿定价模型（B－S－M模型）。同年4月26日，芝加哥期权交易所宣告成立并开始交易，标志着期权场内交易的正式启动。芝加哥期权交易所的交易商们立刻意识到期权定价模型的重要性，很快将B－S－M模型程序化输入计算机应用于刚刚营业的芝加哥期权交易所。德克萨斯仪器公司就推出了装有根据这一模型计算期权价值程序的计算机。大多从事期权交易的经纪人都持有各家公司出品的此类计算机，利用按照这一模型开发的程序对交易估价。这一公式的应用随着计算机、通信技术的进步而扩展。这项工作对金融创新和各种新兴金融产品的面世起到了重大的推动作用。今天，该模型以及它的一些变形已被期权交易商、投资银行、金融管理者、保险机构等广泛应用。B－S－M期权定价模型发表的时间和芝加哥期权交易所正式挂牌交易标准化期权合约几乎是同时的，堪称理论与实践的完美结合。1997年诺贝尔经济学奖颁给了参与创建模型的两位学者迈伦·斯科尔斯和罗伯特·默顿，乃属实至名归，而1995年英年早逝的费希尔·布莱克与诺奖擦肩而过终未获此殊荣，令人扼腕。这些情节在该书中均有描述。

1983年3月，全球第一只股指期权产品在芝加哥期权交易所上市，至今已成功运行30多年。目前，在世界范围内已经有20多个国家和地区的40家交易所相继推出了股指期权产品，涵盖了全球主要的成熟和新兴市场。韩国、巴西、俄罗斯、印度等新兴市场，都已成功推出了股指期权。全球GDP及股票市值排名前20名的国家和地区中，唯独中国内地缺席这一重要场内衍生品。据美国期货业协会（FIA）的统计，2013年全球场内市场期权的成交量达94亿张（2012年为101亿张），期货成交量为122亿张（2012年为110亿张），其中，股指期权的交易量占全球场内衍生品市场的1/4。

期权理论看似莫测高深，没做过期权交易的投资者总觉得做期权必须要有坚实的数学功底。其实不然，期权作为重大的制度创新，就是一种更加灵活的化解转移现货价格和期货价格风险的工具。期权的推出将改变衍生品市场的金融生态。一方面，期权是一种灵活的风险管理及财富管理工具，期权、期货和现货之间可以构成精巧、复杂的资产配置组合，广大投资者不再拘泥于以往的投资模式，充分满足了不同投资者的个性化需求，期货市场服务国民经济的能力将进一步提升；另一方面，在互联网时代，期权交易的推出使得投资工具日趋丰富，交易机制日益完善，运用期货与期权进行组合投资、对冲套利、量化交易、程序化交易等越来越受到广大专业投资人的青睐，由此实现了资产配置组合多样化、投资策略多元化，有利于完善和优化我国期货市场投资者结构，推动我国衍生品市场发展。

近年来，随着沪深300股指期货的成功推出和沪深股市的持续低迷，中国证券市场和期货市场的投资者结构悄然变化，散户投资者渐渐淡出市场，数量并未出现同步增长，而机构投资者不断发展壮大，产业客户、机构投资者、专业投资人逐渐成为市场主体。新一轮的“放松管制”打破了银行、证券公司、基金、保险、信托和期货公司之间的竞争壁垒，使财富管理行业进入了竞争、创新、混业的“大资管时代”。尤其是私募基金自2014年开始实行登记备案制，已有数千家私募基金办理了登记，私募基金将迎来发展的黄金时期，对冲基金时代即将到来。期权产品作为风险管理工具和资产配置工具，主要是为机构投资者量身定做的。越来越多的机构投资者将运用期权产品作为对冲工具，降低风险，提高效率。期权产品也有助于机构投资者发展壮大，并促进中国衍生品市场进入对冲基金时代。

期权产品将与现货、期货一起构成证券期货市场的“三维世界”，将促进证券期货市场健康发展，为其平稳运行保驾护航。我国证券期货市场经过20多年的发展，从无到有、从小到大、从无序到有序，蓬勃发展并迅速壮大。股票总市值和沪深交易所的总交易量均排名全球第二，我国商品期货市场的交易量也已跃居全球第一。然而，尽管我国证券市场规模已经十分庞大，但市场风险机制、产品结构等与国际成熟市场还有很大差距，亟需完善。期权交易的推出，其独特的保险功能可增加投资者信心，鼓励投资者延长持股时间，增加持股稳定性，进而改善股市投资文化，增加股市发展弹性。1973年芝加哥期权交易所推出股票期权交易；1974年末，南森公司完成了名为《回顾芝加哥期权交易所股票期权上市交易》的研究报告，通过实证研究得出了四项结论：期权有助于平抑标的资产的波动率，增加标的资产的流动性，没有分流股票市场资金，个人投资者通过投资期权变得更加趋于理性和成熟。10年后的1984年，美联储、美国证监会（SEC）和期监会（CFTF）联合向国会提交了《期货和期权交易对经济影响研究报告》，得出的结论是“期权确实能够通过提供更有效的风险管理途径达到为经济发展服务的目的，而且期货和期权市场推动了现货市场的完善，提高了现货市场的流动性。”时任芝加哥商业交易所（CME）主席、被誉为“金融期货之父”的梅拉梅德专门就此报告进行了权威解读：“金融期货和期权市场能够提高现货市场流动性，带来增量资金。新的期货和期权合约提高了美联储实施公开市场运作的能力，美国财政部进行债务管理运作的能力也得到了相应的提高。该研究还表明，广大投资者也从期权等金融衍生品交易中获得了利益。”

中国经济进入新常态，中国证券期货市场也要进入新常态。作为风险管理和财富管理的重要工具，期权产品推出的时机已经成熟。2015年上海证券交易所率先推出上证50ETF期权，其他期权产品将会陆续被推出。在国际成熟的资本市场上，股指期权是主力合约，ETF期权是辅助产品。在“高标准、稳起步、严监管、防风险”总体思想的指导下，关键在于如何解决好“稳”和“活”的关系。期权交易需要适度的流动性，如果失去了必要的流动性，期权的功能作用就难以发挥，也就可能意味着期权交易不成功。ETF期权作为期权先行试点品种，市场表现成功与否直接关系着其他期权品种创新的进度，其肩负的使命远大于期权意义本身。

期权交易与期货交易、证券交易毕竟有很大差别，其难度和复杂程度都更高。即使对期货交易、股票交易非常熟悉且经验丰富的交易者，欲使用这一更为先进的工具，也应该重新学习来装备自己的头脑。对国内投资者和监管者而言，期权交易毕竟是一个新东西。长江期货总经理谭显荣先生主编的《期权基础与交易》由浅入深，通俗易懂，知识性、可读性、操作性都很强，不失为一本很好的入门教材，可供读者作为学习、了解、掌握期权基础知识和交易策略之用。粗粗读来，我也从中学到不少知识。我乐意把这本好书推荐给大家。

期权交易将开启中国证券期货市场的一个新时代，我们也期待着有更多的商品期权、股指期权产品陆续推出，因为中国证券期货市场的发展需要期权产品。广大投资者，你准备好了吗？

2015 年 3 月 5 日于北京

目 录

第一章

推开期权大门

目前，国内金融市场一种全新的投资工具期权已露出曙光。对大多数习惯于股票、基金或者期货交易的投资者而言，期权似乎还是犹抱琵琶半遮面，熟悉又陌生。期权是不是上市公司内部用于激励员工的期权？期权到底为何物，它从哪里来，有什么用呢？现在我们就为您推开期权大门。

1. 期权的定义

百度中，“期权”一词的基本定义是这样的：期权是指在未来一定时期可以买卖的权利，是买方向卖方支付一定数量的金额（指权利金）后拥有的在未来一段时间内（指美式期权）或未来某一特定日期（指欧式期权）

以事先规定好的价格（指履约价格）向卖方购买或出售一定数量的特定标的物的权力，但不负有必须买进或卖出的义务。

为了弄清以上这段话的含义，我们先来读一个故事。

有人想买套房，看中了某个楼盘正在做预售的促销方案，这个优惠活动相当吸引人。但是，他现在又没有那么多钱，或者仍然有点顾虑，担心买了之后房价会下跌。这时候，开发商有个优惠政策，只要现在有人预付10000元的定金，就有权利在未来一年之内按照现在这个优惠价格买房。假设现在的价格是8000元/平方米，那么交了10000元就可以在未来一年的期限内，无论房价涨到多少，他都有按照8000元/平方米的价格买这套房子的权利。这听上去是相当有趣的，因为房价涨得越多，这个人就赚得越多。当然了，您也许要问，如果房价跌了怎么办？开发商规定，这个10000元是不退的，而且不能最后抵房款（后面再解释为什么要这样规定）。如果在这一年内房价下跌，每平方米的售价低于8000元，很显然，他是不愿意掏8000元/平方米的钱来买这套房子的，这时候他就可以放弃这个合同，直接按照当时的市价来买房就可以。

这个例子我们在生活中时常会遇到。这就是投资者花了一笔定金锁定了买这套房子的价格，这其实是一种广义的期权。投资者花钱买了一种权利，一种什么权利呢？就是在未来一年的期限内按照一个约定好的价格买这套房子的权利。这正解释了期权的定义。

期权的本质是对权利的买卖，假设这个权利是被合同规定好的，就相当于有人买入合同，有人卖出合同。买这种权利的人，掏出一笔钱，这笔类似于定金的钱我们称之为权利金，或者通俗一点叫期权费。而买到的究竟是什么权利呢？如果合同中规定这是一个按照固定价格买进某个东西的权利，那么这种期权合约就叫看涨期权；如果合同中规定这是一个按照固定价格卖出某个东西的权利，这种合约就叫看跌期权。

定义中还有美式期权和欧式期权这两个名词。在上述买房的故事中，投资者掏钱买的权利是在未来一年的时间内可以以特定价买房，如果再把这个时间细分一下：合同规定投资者只能在未来一年的最后一天才能行使他的权利买这套房，这种期权就叫欧式期权；如果说合同规定投资者在未来一年内的任意一天（当然也包含最后一天）都能行使买这套房的权利，这种期权就叫美式期权。对于这一点，我们在后面的章节会进一步阐述。

在本书中，我们谈的期权是较为狭义的期权，是在交易所内交易的标准化期权合约，这一点类似于期货。所谓标准化的合约，就是除了权利金（期权费）是变动的以外，合同里面规定的其他内容都是统一的、标准化的。这就好比，除了买房的定金是可以变动的，房子的户型、面积等所有其他条件都是一模一样的。我们今后交易的期权，标的物不再是房子，而是白糖期货、大豆期货、黄金期货、股指期货等，但道理都是一样的。

2. 期权发展历程

场外交易市场

与其他衍生产品相比，期权市场的发展有着更为漫长和曲折的历程，期权在实际应用中的用途要远比人们想象得还要多（见表1－1）。进入18世纪，在工业革命和运输贸易的刺激下，金融市场得到了进一步的发展，逐渐产生了期权的场外交易市场。在这种形式下，有一些期货经纪商为一份合约找到买方和卖方，帮助他们就合约里面的条款达成协议，买卖就成交了。

表1－1　期权的起源与发展

阶段	时间	事　件
起源	公元前	《圣经·创世纪》中记录的类似期权的结婚契约
	2000多年前	亚里士多德的《政治学》一书中记载古希腊哲学家、数学家泰利斯利购买橄榄榨汁机“使用权”的事件
早期期权	17世纪	荷兰郁金香泡沫事件中出现了郁金香球茎期权的二级市场

续表

阶段	时间	事　件
场外市场	18 世纪	在工业革命和运输贸易的刺激下，欧洲出现了有组织的期权交易
	1733～1860 年	1733 年，英国颁布《巴纳德法》宣布期权为非法。1860 年该规定被撤销，这段时期期权交易也从未停止过，只是交易量很小
	18 世纪末	美国出现场外股票期权市场，期权经纪商与自营商协会形成场外市场的出现
	20 世纪 30 年代	在 20 世纪 30 年代大萧条期间，以及第二次世界大战后的一段时间，期权市场均受到英、美政府干预而禁止买卖

资料来源：美股实时行情（FIA）。

进入 20 世纪，美国期权交易的声誉因为投机者的滥用变得很差，美国国会为保护农民利益，于 1921 年宣布禁止农产品期权交易。1936 年美国又禁止期货期权交易，之后世界其他国家和地区的期权、期货和各种衍生品都相继被禁止交易。1929 年的股灾发生以后，美国证券交易委员会建议国会取缔期权交易。在激烈的辩论后，国会认为期权交易方式仍有经济价值，但必须加强监管。在挂牌期权交易之前，期权都是在场外交易的，对所有参与者来说，场外交易的手续都是相当麻烦的，于是，人们决定将标准化的想法付诸实践，因为标准化的期货合约已经被证明是可行的。

1968 年，芝加哥期货交易所（CBOT）决定建立一个以期货交易形式为蓝本的期权公开报价交易所。1969 年 11 月，CBOT 邀请 Robert R. Nathan（南森）公司完成《建立一个以期货交易形式为蓝本的股票期权市场的公共政策影响（第一卷）》的报告。该报告总结道："所提议要建立的市场的主要优点包括：更全面的监管；完整、迅速地向公众传输报价及成交价格；更简便、快捷的交易过程，从而大大降低交易成本；交易达成机会的提高使期权交易的流动性及灵活性明显提高"，及"所提议建立的期权交易市场将提高金融市场的效率，服务于国家经济，符合社会公共利益"。这份报告为监管层批准成立期权交易所打下了基础。

现代场内期权市场的诞生与发展

1973 年 4 月 26 日，芝加哥期权交易所（CBOE）开门营业，它的成立标志着现代意义的期权市场的诞生，也拉开了期权发展的新篇章（见表1－2）。在 CBOE 最开始交易的 16 种股票的期权，第一天的交易量仅有 911 张，但是仅用了不到一个月的时间，CBOE 期权的日交易量就已经超过了场外市场。除了将期权的条款标准化之外，CBOE 还在挂牌期权市场里引入了做市商的机制，同时创立了期权清算公司（Option Clearing Corporation，OCC），也就是期权交易的担保人。从市场的深度和履约过程的可依赖性的角度来看，这两个概念在赋予新的交易所生命方面都起了重要作用。此外，CBOE 仍采用场内交易员的公开喊价方式。

表 1－2　　期权场内市场的形成与发展

时间	事　件
1973 年	美国芝加哥期权交易所（CBOE）成立，进行统一化和标准化的股票看涨期权合约买卖
1975 年	美国股票交易所（AMEX）及费城股票交易所（PHLX）也开始交易股票期权，场内期权市场更具规模
1977 年	CBOE 开始看跌期权的交易
1982 年	芝加哥期货交易所（CBOT）推出了长期国债期货的期权交易
1982～1983 年	由于美国芝加哥商业交易所（CME）在 1982 年推出的标准普尔 500 指数期货买卖交易活跃，到 1983 年各类股票指数期权合约纷纷在芝加哥期权交易所、美国股票交易所及纽约证券交易所（NYSE）上市交易
1985 年	外汇期权开始在芝加哥及费城交易
20 世纪 80 年代	债券、农产品及原油期货的期权合约也相继面世，呈献一片百花齐放的景象

资料来源：FIA。

1973 年 7 月，费希尔·布莱克（Fisher Black）和迈伦·斯克尔斯（Myron Scholes）发表在《政治经济学》杂志上的《期权的定价与公司负债》经典论文中，推导出了以不分红股票作为标的物的欧式看涨期权定价公式。同年，罗伯特·默顿（Robert Merton）的文章给出了支付红利的股票期权的定价公式。不久，德克萨斯仪器公司推出了装有计算期权价值程序的计算器。理论和技术上的突破以及期权场内交易的发展及其自身的优越性使 CBOE 的成长非常迅速，虽然 16 种股票期权上市当日的交易量只有 911 手合约，一个月后其日交易量就已经超过了场外交易市场，1974 年全年成交的合约所代表的股数已经超过美国证券交易所（AMEX）全年股票的成交量。之后，美国商品期货交易委员会放松了对期权交易的限制，有意识地推出商品期权交易和金融期权交易。期权交易在美国的发展见图1－1。

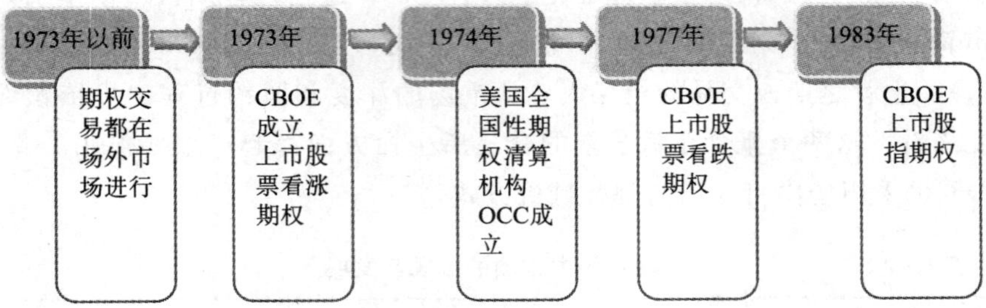

图1－1 期权交易在美国的发展历程

从1975年开始，美国又有美国证券交易所（AMEX）、费城证券交易所（PHLX）等多家交易所陆续推出了股票期权的交易，但仍然无法撼动CBOE的市场地位。1977年CBOE开始看跌期权的交易，1983年推出第一只股指期权（S&P100指数期权），1989年又率先推出利率期权。几乎所有的场内期权品种上的创新均来自于美国：1982年费城证券交易所开始承办外汇期权交易；1983年芝加哥商品交易所（CBOT）以及纽约金属交易所（COMEX）开始交易商品期权；ETF出现较晚，1988年首次在美国证券交易所上市交易。

欧洲也是场内衍生品历史比较悠久的市场，同时又紧跟美国创新的步伐。伦敦国际金融期货期权交易所（LIFFE）是欧洲创新的源头，分别于1978年和1984年在欧洲率先推出个股期权和股指期权。中国香港和韩国是亚太地区的两个重要的新兴衍生品市场，香港交易所（HKEX）最早在亚太地区开展个股期权的交易，而韩国交易所（KRX）是全球最大的股指期权市场之一。

3. 全球期权市场发展概况

期权是一国金融衍生品市场发展过程中极为关键的部分，股指期权的诞生开启了一个新的时代，它以巨大的交易量、众多的投资者、深远的影响力占据了金融期货乃至整个衍生品市场的大片领地。在美国、欧洲、亚洲的成熟期权市场中，股指期权已经成为交易量最大的金融工具。研究成熟衍生品市场股指期权的成功经验将有利于我国期权市场的平稳发展。据美国期货业协会（FIA）统计，2012 年全球已有 50 余家交易所上市期权产品，期权成交量达 101 亿张，期货合约成交量达 110 亿张，这一比例在 2013 年得到了延续。

美国市场：积极创新与完善的配套制度

期权是全球金融衍生品市场的两大基石之一，自 1973 年芝加哥期权交易所问世以来，经过 40 多年的发展，期权在全球范围内随着金融市场和金融衍生品的完善逐步成长起来，交易规模不断增加，交易品种日渐丰富，交易所也取得了长足的发展。2013 年全球场内衍生品成交量分布见图 1 – 2。

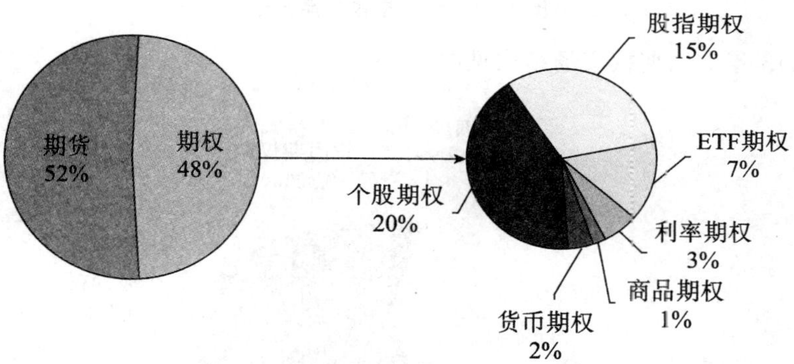

图 1 – 2　2013 年全球场内衍生品成交量分布

美国是全球的金融中心，也是场内期权的发源地。美国期权市场的特点是品种齐全、发展均衡，在产品设计、交易机制和系统上富有创新精神，一直引导着全球期权市场发展的潮流。美国是全球最大的个股期权市场和 ETF 期权市场，其中，ETF 期权的交易量占到了全球的 99% 以上，个股期权也占据了 60% 以上的市场，虽然其股指期权市场规模相对于亚太地区比较小，但品种不断创新，标的指数丰富，市场发展十分成熟（见图 1 – 3）。

目前，美国所有交易所内有 2500 多只股票和 60 余种股票指数开设相应的期权交易。美国所有的期权交易都需要通过期权清算公司（OCC）进行集中清算，根据 OCC 的统计数据，美国期权市场的交易量由 1973 年 112 万张增长到了 2013 年的 41.7 亿张，除了个别年份有所下滑外，其余年份均保持了高速的增长，年复合增长率为 20.9%。就整个美国期权市场而言，股票期权和 ETF 期权成交量占比较高，分别为 50% 和 30% 左右，股指期权也占据了 10% 以上的份额，其他种类的期权均不如这三种权益类期权成交活

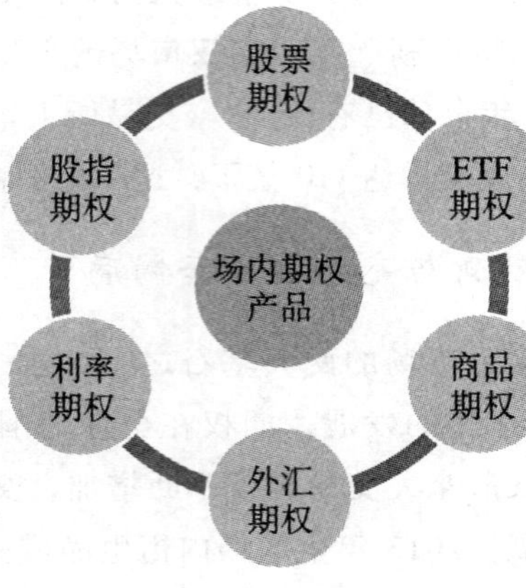

图 1－3 场内期权产品类型

跃。2013 年美国期权市场结构见图 1－4。

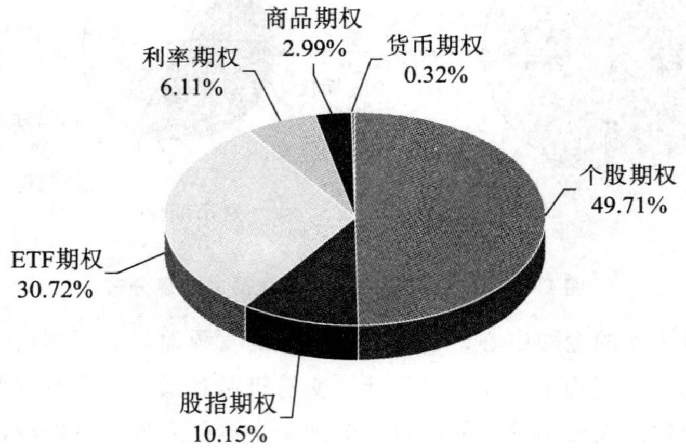

图 1－4 2013 年美国期权市场结构

我们认为，美国期权市场的成功有几点是值得我们学习的。

一是美国市场是一个多个交易所激烈竞争的市场。种类繁多的期权品种在不同的交易所挂牌交易，这种竞争局面促成了美国股指期权市场的发展。同时，指数品种的不断创新也满足了投资者的不同需求。

二是制度配合在期权市场的建设中非常重要。首先，美国期权市场做市商制度的建立对期权交易的贡献功不可没。美国期权市场基本都建立了做市商制度，且机构投资者比重较高，这些都增加了美国股指期权市场的流动性和稳定性。另外，市场的监管机制也发挥了维护市场健康运行的功能。美国股指期权市场的监管从下至上有四个层次，分别是经纪商自律、交易所规则、行业自律和中央监管。这一结构与国内期货市场的监管相似，但美国在中央监管环节划分得更为精细。美国中央监管机构有证券交易委员会（SEC）、商品期货交易委员会（CFTC）和美国财务会计标准局（FASB）。证券交易委员会的主要作用在于促进重要信息的披露，确保证券法律规则的顺利实施，保证交易过程的公平和公正。在国内，充当中央监管机构的则主要是中国证监会。美国股指期权主要归证券交易委员会管辖，但是股指期货则主要归期货委员会管理。美国财务会计标准局则是在财务会计方面监督会计信息的真实可靠性。期权品种设计中的期权清算制度、头寸限额和保证金制度都是保证股指期权市场顺利发展的基础。

韩国市场：合约设计适宜，市场结构分工明确

韩国期货交易所（简称 KOFEX）是位于韩国釜山广域市的综合性期货、期权交易所，成立于 1999 年。2004 年 1 月，所有韩国综合股价指数期货及期权交易从韩国证券交易所（KSE）移转至韩国期货交易所（KOFEX），这一举措使其世界排名第三十七位在一夜之间提升至第一位，成为世界上最活跃的衍生性金融商品市场。2005 年 1 月 19 日，韩国政府将韩国期货交易所（KOFEX）与韩国证券交易所（KSE）、韩国创业板市场（KOSDAQ）合并成为韩国交易所（KRX）。KRX 交易品种包括股票指数期货期权、个别股票期权、债券和利息期货、外币期货以及黄金期货五大类。2013 年韩国期权市场结构见图 1－5。

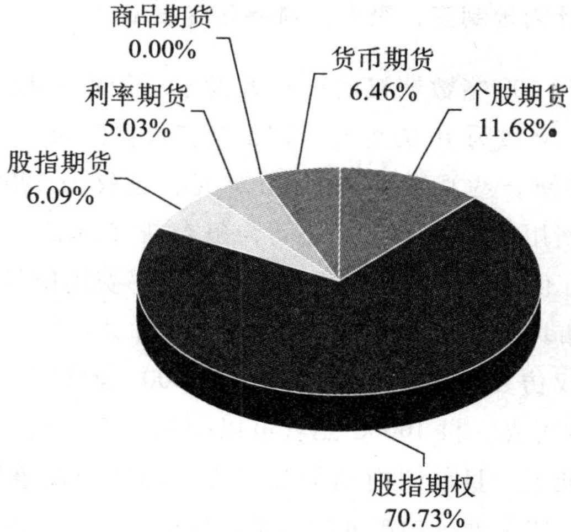

图 1－5　2013 年韩国期权市场结构

韩国于1996年5月推出KOSPI 200指数期货，1997年6月推出KOSPI 200指数期权，韩国期权市场可谓是后起之秀，其成长速度令全球衍生品市场惊叹（见图1－6）。

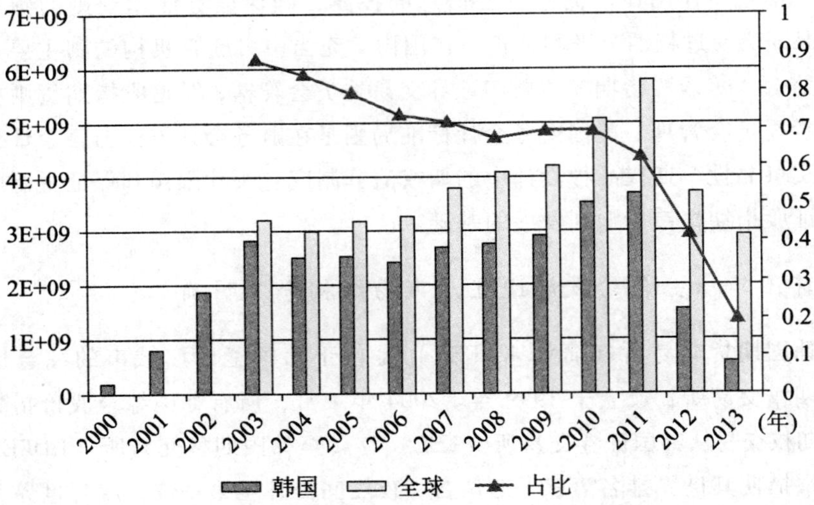

图1－6 2000～2013年韩国及全球股指期权交易量（张）

数据来源：KPX。

KOSPI 200指数期权大获成功的原因，除了当时推出时机较好和整个市场投机文化浓厚外，主要有以下几个方面：

(1) 合约设计因地制宜，吸引大量参与者投资

KRX对KOSPI 200指数期权的投资者设定了较低的投资门槛。假设期权权利金为1点，乘数为10万韩元，那么期权价格则为10万韩元，相当于580元人民币，即使合约乘数调至50万韩元，也仅为2900元人民币。同时，KPX的交易费用低廉，经纪人之间为争夺新客户展开了激烈竞争，使得佣金一直保持在低水平。较低的投资门槛和交易费用使得大量的个人投资者能够进入这一市场，并成为市场的主要参与力量之一。我国中金所目前的沪深300股指期权仿真合约中，合约乘数为100，假设某合约的权利金为100点，那么买方需要支付10000元就可以交易一手，这与股指期货相比，投资金额大大降低了。目前国内期货公司之间的佣金竞争已进入白热化状态，投资者的交易成本处于相当低的水平，这些都与韩国的期权市场环境极为相似。

（2）标的指数波动率大

KOSPI 200 指数相对其他产品，其价格波动率较大。这无疑增加了套期保值投资者和投机交易者参与的积极性，对期权交易而言，无波动便无生命。测算近年全球各主要指数的波动率，KOSPI 200 指数的波动率仅低于发生债务危机的欧洲市场指数，高于美国、印度、中国台湾、日本和中国香港市场的主要指数。

（3）个人投资者参与比率高、分工明确

KOSPI 200 指数期权的高速增长离不开个人投资者的热情参与，上市初期，个人投资者交易量曾占到整个市场交易量的 70%，随着机构的逐步参与，这一比重有所下降。2007～2011 年，个人投资者交易量占市场总交易量均维持在 30% 以上（见图 1－7），可以说个人投资者曾经主导了 KOSPI 200 指数期权的发展，为期权市场的繁荣发展奠定了良好基础。个人投资者的热情使得 KOSPI 200 指数期权于 2000 年首次跻身世界前五强，之后更是连续多年占据了世界第一的位置。虽然 2011 年之后个人投资者交易量占比逐渐减少，但相对于其他市场来说，韩国期权市场中个人投资者参与率仍然很高。

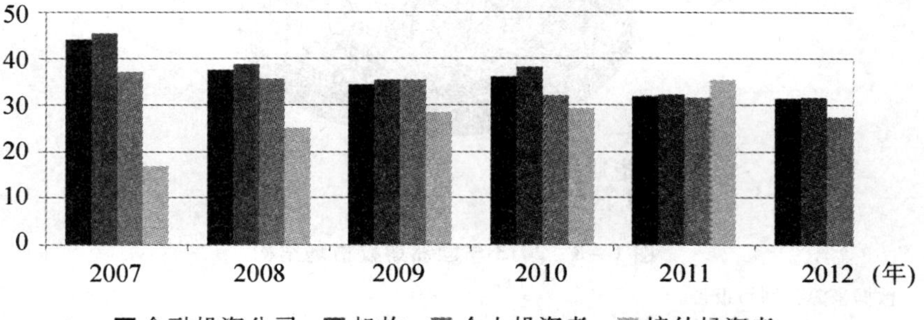

图 1－7　韩国期权市场参与者比例

数据来源：KRX。

个人投资者在韩国期权市场中几乎是绝对的买方，从韩国股指期权市场的流动性来看，股指期权净买入、净卖出的交易量分布非常符合角色分工。从近 10 年股指期权的成交情况来看，证券公司、信托公司以及保险公司等作为合约成交量的净卖方提供了市场流动性，合约的净买方则为个人投资者、外国投资者。在我国，因为期权本身的特性决定了买卖双方的收益与风

险程度的非对称性，且在知识普及阶段，我们给投资者灌输的投资理念大多为以买入期权为主，所以，预计国内在股指期权上市初期，会出现与韩国类似的市场结构。

欧洲市场：品种多，以做市商为主

欧洲期权市场在全球衍生品市场中的地位也是举足轻重的。1978 年伦敦国际金融期货期权交易所（LIFFE）和荷兰阿姆斯特丹交易所率先在欧洲开展个股期权的交易。1984 年，在股指期权仅仅面世一年后，LIFFE 就把股指期权带入了欧洲。根据 WFE 的统计数据，2003 年以来，欧洲期权市场发展并不算快，个股期权成交量无明显增加，且 2008 年之后呈现下降趋势，而股指期权成交量也无明显上升。2013 年欧洲地区个股期权交易量 3.81 亿张，占全球的 9.6%，股指期权交易量 4.82 亿张，占全球的 16.5%（见图 1－8）。

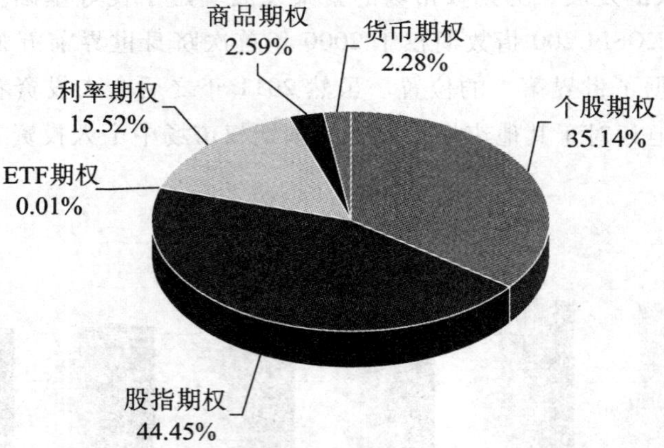

图 1－8　2013 年欧洲期权市场结构

数据来源：网络报告。

欧洲地区国家众多，欧元区的存在使得欧洲各国的交易所高度融合，彼此之间的交流与合作十分频繁，在全球化的进程中，交易所的兼并与收购也层出不穷。伦敦国际金融期货期权交易所（LIFFE）成立于 1982 年，1992 年与伦敦期权交易市场合并，1996 年收购了伦敦商品交易所，成为当时欧洲最大的衍生品交易所，2002 年 LIFFE 被泛欧交易所（Euronext）合并，2007 年泛欧交易所与纽约交易所合并之后，LIFFE 成为纽约泛欧交易所在欧洲市场中的一个，即 NYSE LIFFE，现在 NYSE LIFFE 为欧洲第二大期权交易市场。

在投资者结构方面，依 EUREX 统计的数据，个股期权和股指期权二者的投资者比例相差不多，做市商参与的交易占据一半左右，个人投资者通过经纪商参与的交易占到了三成以上，机构投资者通过自营账户参与的交易占一成多。股指期权交易中机构投资者的比例要比个股期权稍多一些，说明对冲市场风险的需要使得机构投资者更多地使用股指期权。

中国台湾市场：参与者多样化，市场推广成功

台湾期货交易所在 2001 年 12 月推出台指期权，截至目前，在台湾期货交易所交易的期权品种还包含电子期权、金融期权、非金电期权、股票期权、黄金期权和柜买期权等，其中成交量最大的当属台指期权（见表 1-3）。国内四大期货交易所及上海证券交易所几乎同步在推出各自的主打期权品种，结合境外成熟的期权市场来看，预计中金所的股指期权将成为国内期权的明星品种。

表 1-3　台湾期权市场的交易情况

期权品种	2013 年度成交量	2012 年度成交量	2011 年度成交量
台指期权（TXO）	109311515	108458103	125767624
股票期权（STO）	78638	113134	130558
电子期权（TEO）	113279	105009	187576
金融期权（TFO）	245997	209689	352241
非金电期权（XIO）	979	801	46334
柜买期权（GTO）	4	109	36595
黄金期权（TGO）	85176	75925	101708
合计	153225238	156731912	182995171

数据来源：台湾期货交易所。

中国台湾地区监管层对参与期权交易的机构没有过多限制，这其中包括证券、期货的自营、证券投信、外资及内陆的机构、期货经理及信托基金等，买卖期权最大的机构为期货自营，自营资产管理机构已经广泛使用期权组合来管理投资风险。与大陆相比较，台湾地区对参与者的束缚很小，这也是其期权市场发达的原因之一。近年台湾地区自营者在机构投资者中的占比见图 1-9。

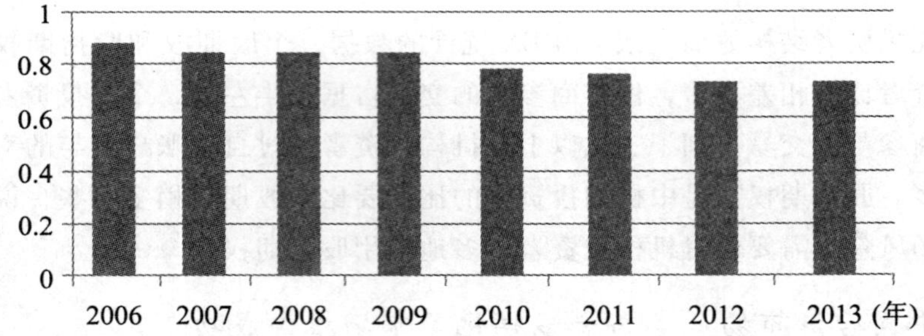

图 1-9 自营者在机构投资者中的占比

数据来源：台湾期货交易所。

从数量上看，台湾地区的参与者中自然人要远多于法人，二者的比值近5年来一直在100之上，机构的整体成交量在2012年之前大于自然人的成交量，但2013年的成交量比之前年份的成交量稍小。与韩国市场不同的是，台湾地区的自然人在期权买卖上并无显著偏好，近8年的买卖比始终在1附近（见图1-10）。

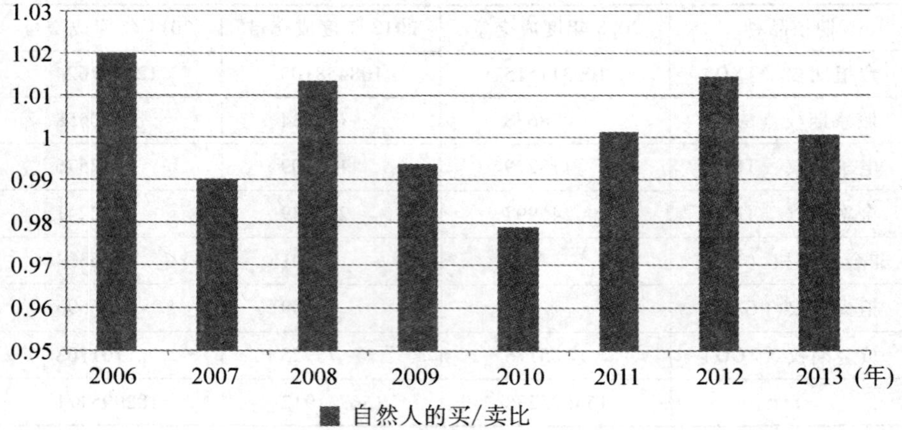

图 1-10 自然人的期权买卖比

数据来源：台湾期货交易所。

中国台湾期权市场运行10余年来不断完善，从自然人的买卖比来看，其个人投资者也较为理性，这与交易所的合约设计及整个市场的业务宣传息息相关。以台指期权为例，其合约设计参照了主要国家的指数期权的设计思路，在规模设计上也适宜中国台湾市场的投资者结构（合约设计需要考虑普通投资者的需求）。另外，在2001年推出台指期权时，台湾期货交易所便使用了做市商制度，为市场流动性提供了保障，买卖价差的缩小也激发了投资者参与期权交易的积极性。此外，台湾地区的期权推广人员学习了韩国期权市场的推广经验，通过多样化方式的宣传，包括理财会客室、在线行情说明会、网上期权学院和程序化交易策略超市等，拉近了期权和普通投资者的距离，应该说，中国台湾期权市场不仅学习了美国、韩国的成功经验，也形成了自己的市场特征。总的来说，我们归纳出三点值得我们在现阶段学习的地方：（1）在推出期权品种时，应完善相关制度，如做市商机制、高效的保证金制度等；（2）进一步开放自营业务，培育机构投资者，真正发挥期权的避险功能；（3）要不断创新，新品种、新业务和新制度的推出是市场发展的催化剂。

中国香港市场：回归期权的风险管理本质

香港交易所可交易的期权品种主要是股票期权和股票指数期权，指数期权品种有恒生指数期权、小恒生指数期权、H 股指数期权以及自定义条款的恒生指数期权和未定义条款的 H 股指数期权。作为指数的代表，恒生指数一直在国际上享有很高的知名度。中国香港股票期权的相关股票由联交所指定。1995 年 9 月香港地区刚刚推出股票期权时，只有 5 只股票，目前则超过了 60 只，其中包括蓝筹股、H 股、红筹股及指数基金等。香港地区同样是国内衍生品市场发展较为成熟的地区。

2012 年，香港交易所进行了衍生品的交易情况分析。分析指出，从投资者结构来看，参与恒指期权市场最主要的是庄家盘，占 39%，其次是本地个人投资者，占 23%，本地及外地机构投资者也占到 10% 以上。参与 H 股指期权的投资者结构略有不同，占比最多的是外地机构投资者，占比 29%，其次才是庄家盘，而本地机构投资者及交易所参与者的公司盘占比均在 10% 以上。从交易目的来看，三类投资者（投机、套利和套期保值）主要以投机和套期保值交易者为主。在中国香港的期权市场上，套期保值所占的比重是最大的，其次是投机，最少的是套利，这是期权作为风险管理工具的表现。

从中国香港股指期权市场发展的经验来看，首先，它与美国类似，做市商制度的引入改善了市场的流动性；其次，放松境外投资者参与境内股指期权交易的管制，有利于市场的完善和成熟，增强了市场的国际影响力。与中国台湾市场类似，在线交易的引入，降低了交易成本，从而对股指期权的交易起到促进作用。

4. 我国期权市场的现状

无论是美国、韩国、欧洲还是我国台湾和香港的期权市场都有值得境内交易所借鉴之处，创新是市场发展的动力，不仅要在品种上创新，还应该在制度上与时俱进，逐步完善，同时，市场的开放程度也是决定参与者积极性及成交规模的关键因素。近两年来，我国的交易所在期权品种的推进中也综合考虑了国内外的因素，相信国内期权市场将迎来健康的发展。

2011 年 5 月，中国金融期货交易所（简称中金所）成立了股指期权研究小组。2012 年 4 月，股指期权仿真交易内部测试开展。2013 年 11 月 8 日，中金所启动沪深 300 股指期权合约仿真交易。2014 年 3 月，128 家公司介入仿真交易系统，参与客户数 6000 多户，做市商 23 家。2014 年 4 月 10 日，中金所启动股指期权投教产品大赛，当月股指期权成交突破 1000 万手关口，持仓量也稳定在 300 万手以上。2014 年 5 月，中金所完成了全部技术准备，股指期权上市只等批准。同为金融期权，上海证券交易所于 2013 年 12 月 26 日推出了个股期权仿真交易，且在 2015 年 2 月 9 日上海证券交易所推出上证 50ETF 期权试点，这也成为我国第一个正式面世的金融期权。

商品期权方面，郑州商品交易所（简称郑商所）于 1995 年开始探索期权，是我国最早设计期权交易规则和期权合约的交易所。2013 年，郑商所大规模组织期权专业知识培训，并推出白糖期权的仿真交易。2014 年 5 月，其率先对会员发出期权投资者适当性制度征求意见稿。大连商品交易所（简称大商所）于 2002 年完成《大豆期货期权可行性研究报告》。目前，大商所的豆粕期权也在同步面向全市场进行仿真交易。2001 年，上海期货交易所（简称上期所）专门建立了铜期货期权品种开发课题组。2003 年 3 月，上期所在杭州举办了铜期货期权交易机制与风险管理研讨会。2013 年 11 月 19 日，上期所正式开展了黄金和铜期权的测试和仿真交易。

对普通投资者而言，能用有限的风险去获得一个相对可观的收益正是其想要的结果，也就是说，在判断正确的时候，投资者获得利润能越多越好，一旦判断失误又希望其亏损能得到严格控制。但是，在股票现货及股指期货的交易中，要实现这一点较难，需要投资者有严格的止损纪律。相比较而言，期权本身的交易特性就直接能为投资者止损。比如，某投资者买入沪深

300 指数的某看涨期权，支付权利金后若持有至到期，股指大幅上涨，涨得越多其收益就越大。但是一旦他做反了方向，指数不涨反跌，那么最大的亏损也是可以预知的。指数跌到执行价格以下时，投资者就已经出现最大亏损了，即使跌幅再进一步扩大，将不再构成威胁，换句话说，已经形成了自动止损。当然，在交易股指期权时，投资者并非一定要将部位持有至到期，可以在到期前平仓，平仓损益即为权利金的买卖差价。

期权之所以在国际衍生品市场上如此受欢迎，其中一个重要的原因是其操作非常灵活。运用两种不同类型期权的四种最基本的头寸，投资者可以构造出变化多样的组合效果，更为精准地表达其对后市的预期。比如，投资者认为价格会上涨，但上涨的速度与幅度都不会太大，那么他可以选择牛市差价组合；投资者认为大涨大跌都有可能，但倾向于看涨，那么他可以选择买进两份看涨期权与一份看跌期权。期权里的牛（熊）市操作可选择的方式很多，这一点也是做现货和期货无法与之媲美的。不仅投机的组合策略千变万化，期权的套利方式也很多，期权与现货之间，不同执行价格的看涨期权之间，看涨期权与看跌期权之间都能捕捉到套利机会。我们相信，在期权上市初期，市场上会存在这样的套利机会，而随着投资者的不断参与，市场也将逐渐走向成熟。

对于参与过期货交易的投资者而言，若缺乏避险工具，其裸露的风险往往较大。期权的出现，将极大地帮助投资者管理风险。比如，股指期货的多单可以用看跌期权的多头部位进行风险对冲，这样不仅将下跌的风险锁定，而且还不会影响指数上涨所带来收益。在实际的应用中，特定情况下投资者会逐步感受到用期权进行对冲的效果比用期货对现货进行对冲的效果更好，这也是期权的一个十分重要的应用，在中国香港期权市场中，套期保值所占的比重相较于投机和套利是最大的。

第二章

不得不知的基础知识

读完前面一章，估计您还是云里雾里地不太清楚究竟什么是期权，那些看上去“高端大气上档次”的概念到底是什么意思呢？期权怎么交易才能赚钱，到底该怎么算账？为了让您对期权有更清晰的认识，本章我们将对上述基本问题进行全面解答。

1. 期权的概念

期权交易是什么？

期权是指在未来一定时期可以买卖的权利，是买方向卖方支付一定数量的金额（指权利金）后拥有的在未来一段时间内（指美式期权）或未来某一特定日期（指欧式期权）以事先规定好的价格（指执行价格）向卖方购买或出售一定数量的特定标的物的权利，但不负有必须买进或卖出的义务。期权买卖双方的关系见图 2－1。

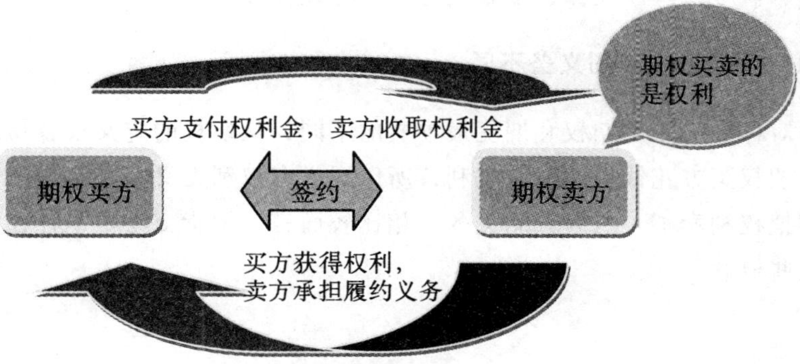

图 2－1　期权买卖双方的关系

定义的第一句话其实言简意赅地告诉了我们，期权交易是什么。我们买期权，其实是花钱买一种权利，如果您买的是一种可以买入某个东西的权利，我们就称这种叫看涨期权。如果是获得一种买入某个东西的权利，您当然希望这个东西涨得越多越好，因为，您是可以按照一个固定价格来买这个东西，这个东西涨到天上去，您都有权利按合约规定的价格购买，这个合约里规定死了的价格我们称之为执行价格，有的地方也叫行权价或履约价。如果还不理解为什么买了看涨期权后，这个东西涨得越多就越赚钱，我们可以来举个例子。

假设现在有一个鼠标的市场价格是 30 元钱，如果买了一种关于这个鼠标的看涨期权，执行价格为 30 元，您为买这个权利花了 2 元钱。那么在合约规定的有效期内，不管价格涨到 40 元、50 元，还是 100 元，您都有权利用 30 元钱的价格买这个鼠标。可以试想，您现在行使这个权利，最终掏了 30 元钱来买这个鼠标，鼠标拿到手后，您可以按照 40 元、50 元、100 元的价格在市场马上转手，这样不就是价格涨得越多，赚得越多吗？

上一章中我们还提到一种叫看跌期权的东西。这其实是说，您买了看跌期权就意味着获得了一种卖出某个东西的权利。看跌期权与看涨期权的区别在于一个是获得买入某个东西的权利，一个是获得卖出某个东西的权利。

场内交易的期权，还有一个细节要注意，在定义里面也有体现。那就是期权是有期限的，“有效期”的最后一天称为最后交易日。在进行期权交易的时候，投资者需要知道所操作的合约什么时候“过期”。

期权与期货的异同（见图2－2）

期权与期货虽同为衍生工具，但在持有者持有期权和期货头寸上的权利和义务、盈亏风险以及保证金制度等方面存在差异。

（1）买卖双方权利义务不同

非对称性应该是期权和期货最本质的不同，从期权的定义很容易理解这一点，期权买方花钱买的就是权利，所以买方有权利无义务，卖方一开始收人钱财把权利卖了，所以只剩义务。相比较而言，期货交易中不存在权利与义务这些概念。

图2－2　期权与期货的不同

（2）保证金制度不同

保证金制度不同其实也源自买卖双方权利与义务的不对称性。在期权交易中，买方支付权利金给卖方，买方的最大损失就是最初交的权利金，而不需要缴纳保证金，不存在追加的义务，保证金的收取只针对期权的卖方；而期货合同要求双方均需放置初始保证金，且在交易过程中还须根据价格变动要求亏损方追加保证金，而盈利方可适当提取多余的保证金。

（3）合约种类数不同

期货交易中，按月份划分合约，一个月份就是一种合约。期权不是如此，在任一时间，可能有多种不同执行价格的合约存在，再搭配不同的合约月份，就可产生数倍于期货合约种类数的期权合约。

（4）盈亏风险不同

期权，顾名思义，期代表着未来，权代表着权利。对于期权的买方而言，支付了一定的期权费，从而获得在未来的一种权利。当未来标的物价格有利于期权买方时，买方选择执行期权获得收益，否则选择放弃期权损失期权费。相应的，对于期权的卖方而言，收取权利金便承担了义务，只要期权买方要求执行期权，期权卖方都必须以协定价格履行交易。

期权交易是非线性盈亏状态，买方的收益随市场价格的波动而波动，其最大亏损只限于购买期权的权利金；卖方的亏损随着市场价格的波动而波动，最大收益（即买方的最大损失）是权利金；期货的交易是线性盈亏状态，交易双方都面临着理论上无限的盈利和理论上无限亏损的可能。

（5）杠杆倍数不同

期权具备一般衍生品的杠杆性，主要原因在于权利金通常比标的物的价格便宜很多，仅仅通过支付数额较小的期权费便可以对价值很大的标的资产进行交易，达到以小博大的效果。期权的杠杆倍数是不确定的，十分多样化，具体来说，实值期权、平指期权和虚值期权的杠杆倍数依次增大，随着各个行权价不同，期权合约的杠杆倍数也随之变化。特别的，深度虚值期权由于其期权费相对来说很低，因而深度虚值期权和一些成本接近于零的期权组合的杠杆倍数可高达数百倍，这点是期货等其他衍生品不能比拟的。投资者可以根据自身的需要选择不同杠杆倍数的期权合约。

期货与期权的不同，更深入的比较还体现在风险对冲的效果与方式上。交割价格也有不同，期货交割价格在到期前是一个变量；而期权的交割价格是执行价格，某一份合约的执行价格从始至终都是固定不变的。表 2－1 将二者基本情况进行对比，主要有以下显著区别。

表 2-1 期货与期权对比

项目	期货	期权
权利义务	买卖双方都有接受和交付现货商品的义务	买方有权利没有义务，卖方有义务没有权利
交易对象	基于商品、股票（指数）、利率、汇率的标准化合约	买卖商品类、股票（指数）类、利率类、汇率类、期货类合约的权利
合约数量	交割月份对应一个合约	同一月份对应多个合约
保证金	买卖双方均需支付	卖方需支付，买方不需支付
盈亏风险	买卖双方盈亏风险相同	买方亏损有限，盈利无限；卖方盈利有限，亏损无限
了结方式	平仓、交割	平仓、行权、放弃
套期保值	以放弃价格有利时的获利机会为代价实现保值	既能保值，也能利用价格有利时的获利机会实现增值
交割价格	到期前不确定	行权价格

期权与权证的异同

期权与权证从定义上看，发现二者非常相似，都赋予了买方在未来的特定时期内或特定到期日，按约定价格买卖某种标的资产的权利。期权与权证相同点还体现在：均可日内回转交易、二者虚值合约都具有高杠杆性等，期权与权证类似，但并不相同，在买卖双方主体、行权效果、投资策略等多方面存在差异。

(1) 买卖双方主体不同

期权交易是发生在不同投资者之间的交易，只要市场参与者有足够保证金都可以成为期权的卖方。投资者买入某股票的认购期权，则必有另一个普通投资者卖出该期权，不存在期权的发行人。对于权证来说，交易发生在投资者与股票权证的发行人或公司之间，比如某投资者买入了某公司的权证，则卖出机构为某公司自己或者其委托的证券公司。若卖出权证的是某公司自己，则为股本权证；卖出权证的是证券公司，则为备兑权证。权证通常是由证券公司或大股东等第三方发行。

（2）行权效果不同

股票期权交易不会影响上市公司的实际流通股总股本数，不会改变上市公司的股本规模。而权证不同，当投资者对持有的认购权证行权时，公司必须按照约定创造股票或增发股票，导致公司的股权随之增加；当投资者对持有的认沽权证行权时，公司必须买回股票并注销，从而公司的股权随之减少。

（3）投资策略不同

投资者参与期权市场可以买入认购（认沽）期权也可以卖出认购（认沽）期权，做多还是做空任由投资者选择，还可以构建投资组合策略。而在权证市场，普通股投资者只能付出权利金买入认购（认沽）权证，发行人也只能卖出备兑证收取权利金。由此可见，期权市场的投资策略远丰富于权证市场，期权交易比权证更加灵活。

期权与权证的不同，不仅仅限于上述三点，下面采用表格将二者基本情况进行对比，主要有以下显著区别（见表2－2）。

表2－2 期权与权证对比

项目	期　权	权　证
发行主体	没有发行人，每一位市场参与人在有足够保证金的前提下都可以是期权的卖方	通常是由标的证券上市公司、投资银行（证券公司）或大股东等第三方作为其发行人
合约当事人	期权交易的买卖双方	股票权证的发行人与持有人
合约特点	标准化合约：合约条款基本相同，由交易所统一确定	非标准化合约：由发行人确定合约要素，包括行权方式可以选择欧式、美式、百慕大式等；交割方式可以自行选择实物或现金
合约供给量	理论上供给无限	权证的供给有限，由发行人确定，受发行人的意愿、资金能力以及市场上流通的标的证券数量等因素限制
持仓类型	投资者既可以买入，也可以卖出开仓	投资者只能买入

续表

项目	期　权	权　证
履约担保	开仓一方因承担义务需要缴纳保证金（保证金随标的证券市值变动而变动）	发行人以其资产或信用担保履行
行权价格	交易所根据规则确定	发行人决定

资料来源：上海证券交易所。

分清三组期权术语的含义

（1）看涨（跌）期权和欧（美）式期权

看涨期权与看跌期权说的是买的权利的类型。这里需要指出上海证券交易所 ETF 期权对权利类型叫法有所不同，认购期权即为看涨期权，认沽期权即为看跌期权。美式期权与欧式期权说的是能行使这个权利的时间。美式期权（American Options）是指期权买方在规定的有效期限内的任何交易日内均可以行使权利的期权，既可以在期权合约到期日这一天行使权利，也可以在期权到期日之前的任何一个交易日行使权利（见图 2－3）。到期日之后，期权自动作废。

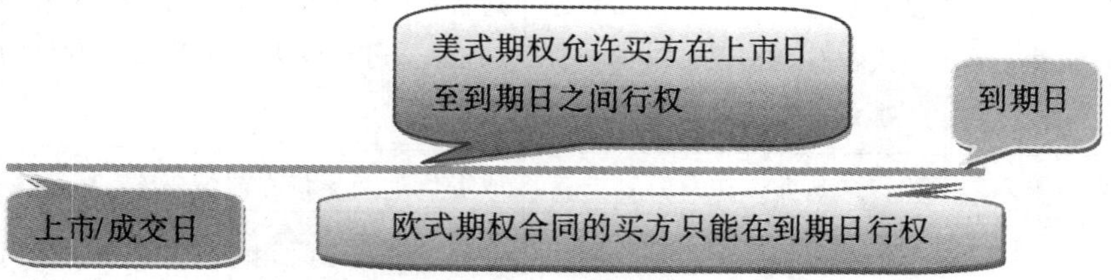

图 2－3　美式期权与欧式期权的行权日差异

欧式期权（European Options）是指在规定的合约到期日方可行使权利的期权。期权买方在期权合约到期日之前不能行使权利，过了期限，期权合约也就自动作废。

（2）实值期权、平值期权和虚值期权

这组概念描述的是期权执行价格与当前价格关系（见表 2－2）。标的资产价格高于执行价格的看涨期权以及标的资产价格低于执行价格的看跌期权

为实值期权。标的资产价格等于执行价格的期权，称为平值期权。标的资产价格低于执行价格的看涨期权以及标的资产价格高于执行价格的看跌期权为虚值期权。

表 2－3　　看涨、看跌期权的执行价格与标的价格关系

项目	看涨期权	看跌期权
实值期权	标的价格大于执行价格	标的价格小于执行价格
虚值期权	标的价格小于执行价格	标的价格大于执行价格
平值期权	标的价格等于执行价格	标的价格等于执行价格

换一种不是十分严谨的表达就是，买方行权后（不考虑权利金）是赚钱的合约是实值的期权合约，行权后是亏钱的合约是虚值期权，行权后打个平手，不赚不亏的是平值期权。其实，因为在实际交易中，标的价格要等于执行价格的情况很少，所以平值期权的定义没这么严格。

下面我们用沪深 300 股指期权为例来加深对这组术语的理解。如果是某月份看涨期权的买方，执行价为 2200 点，投资者行权时的沪深 300 指数为 2200 点，这时行权的话就是按照 2200 点的价格买进该指数（把指数想象成某个可以摸得到的东西），这时候不考虑权利金的话就不赚不亏，跟在市场上买是一样的效果，这种期权合约就是平值期权。如果这时候沪深 300 指数是 3000 点，那么行权就意味着花了 2200 个点的价格买了市场价格为3000点的东西，这时投资者就赚了，此期权合约就是实值的，反之就是虚值的。看跌期权可同理分析。

这组概念其实不难理解，需要注意的是，同一份合约，在不同时候的状态是可能会发生变化的。今天是实值，明天也许就是平值或虚值，因为虽然执行价格不变，但标的物的价格是每天都在变化的。还有一点，这组概念是站在买方的角度来定义的，同一份合约不可能对买方来说是实值的，对卖方来说是虚值的。

（3）商品期权与金融期权

顾名思义，这组概念是从标的物的性质来界定的。合约规定的是买卖普通商品（或商品的期货合约）的权利，就是商品期权，规定是买卖某金融资产的权利，就是金融期权。

截至 2015 年 2 月，国内六大交易所均在筹备各自的期权品种，其中三大商品期货交易所（郑州商品交易所、大连商品交易所和上海期货交易所）均拟推出商品期权，中国金融期货交易所与上海证券交易所、深圳证券交易所拟推出金融类的期权。各交易所筹备的品种情况如表2－4。

表2－4　国内六大交易所筹备的期权品种情况

交易所名称	品种	标的属性
郑州商品交易所	白糖、棉花期权	期货合约
大连商品交易所	豆粕期权	期货合约
上海期货交易所	黄金、铜期权	期货合约
中国金融期货交易所	股指期权	现货指数
上海证券交易所	个股及 ETF 期权	现货
深圳证券交易所	个股及 ETF 期权	现货

总体来说，目前跟股票挂钩的期权均为金融期权，除此之外均为商品期权。

上述的这三组概念，并不是相斥的。同一份期权合约，我们可以说它是商品的美式实值看涨期权。再形象地比喻是，这些不同角度定义的概念就好比是对一个人身高、体重、性别的描述。所以，各概念之间的关系不言而喻。

（4）期权的买方与卖方

从权利的不同上看，有看涨期权和看跌期权两种类型可以进行交易。既然这样，每一种期权都有买方和卖方，那么就出现了买入看涨期权、卖出看涨期权、买入看跌期权和卖出看跌期权这四种最基本的单腿操作。

一笔交易达成时，买方支付权利金给卖方，卖方收到权利金但要提供保证金。换句话说，买方花钱在卖方那里买了种权利，为了保证卖方不违约，卖方就要用保证金进行担保。

（5）期权的权利与义务

期权买方只有权利没有义务，期权卖方只有义务没有权利。这话到底是什么意思？买期权的人，花钱买的是权利，卖期权的人相当于用权利换到了钱，所以失去了某种权利，买方要行使这个权利的时候，卖方必须配合履约，所以只有义务。笔者的解释似乎有点绕，那么还是想先从什么是权利，什么是义务说起。

买方获得权利，不管这是一个看涨期权还是看跌期权，意味着行使这个权利与否是买方的选择，要行权理所当然，不行权也是自由的，这正是期权的本质所在。义务，就是买方若要行权，作为卖方必须无条件地遵守合同的规定，哪怕被行权之后他要面临巨大亏损，但也必须硬着头皮配合。在具体指派卖方时，交易所有各自的规则。图 2－4 是期权最单一的四种操作各头寸的权利与义务状况。

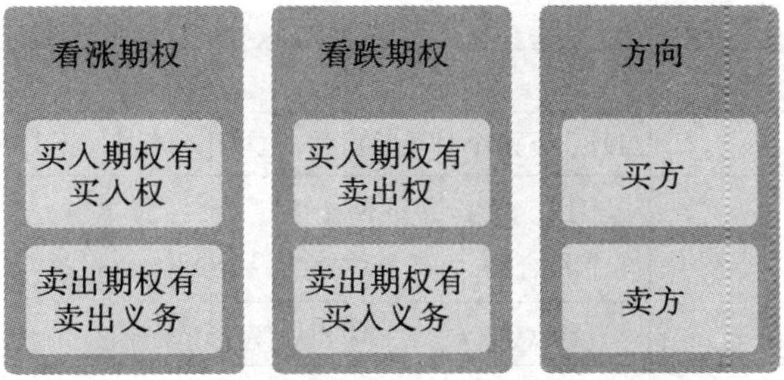

图 2－4　期权操作头寸的权利与义务

图 2－4 中无论看涨期权还是看跌期权，只要是期权的买方，就是掏钱买权利的人，买到的权利是看涨期权，就有买入（标的物）的权利，是看跌期权就有卖出（标的物）的权利，对手方自然就有相应的卖和买的义务。

2. 合约雏形及报价

从 2013 年开始，国内期权市场的发展迈出了一大步，我们也在仿真过程中看到了各交易所陆续公布的仿真合约。尽管我们并不确定在期权真正挂牌交易时是否与仿真阶段完全一致，但整体的内容预计不会有太大变化，而且了解仿真合约各条款指代的意义及简单的交易规则对于后期的合约解读有益无害。下面我们只将中国金融期货交易所的沪深 300 股指期权，上海证券交易所 ETF 期权及郑州商品交易所的白糖期权作为例子，其余合约放在本部分的附录部分供读者参考。

股指期权仿真合约（见表2－5）

表2－5　沪深300股指期权与股指期货的异同

<table>
<tr><th>项目</th><th colspan="2">沪深300股指期权</th><th>沪深300股指期货</th></tr>
<tr><td>合约标的</td><td colspan="3">沪深300指数</td></tr>
<tr><td>合约乘数</td><td colspan="2">每点100元人民币</td><td>每点300元人民币</td></tr>
<tr><td>合约类型</td><td colspan="2">看涨期权、看跌期权</td><td>—</td></tr>
<tr><td>报价单位</td><td colspan="3">点</td></tr>
<tr><td>最小变动价位</td><td colspan="2">0.1点</td><td>0.2点</td></tr>
<tr><td>合约月份</td><td colspan="2">当月、下两个月及随后两个季月</td><td>当月、下月及随后两个季月</td></tr>
<tr><td rowspan="2">行权价格间距</td><td>当月、下两个月合约</td><td>两个季月合约</td><td rowspan="2">—</td></tr>
<tr><td>50点</td><td>100点</td></tr>
<tr><td>交易时间</td><td colspan="3">上午：9：15～11：30，下午：1：00～3：15</td></tr>
<tr><td>最后交易日交易时间</td><td colspan="3">上午：9：15～11：30，下午：1：00－3：00</td></tr>
<tr><td>每日价格最大波动限制</td><td colspan="2">上一个交易日沪深300指数收盘价的±10%</td><td>上一个交易日结算价的±10%</td></tr>
<tr><td>最低交易保证金</td><td colspan="2">—</td><td>合约价值的12%</td></tr>
<tr><td>行权方式</td><td colspan="2">欧式</td><td>—</td></tr>
<tr><td>最后交易日</td><td colspan="3">合约到期月份的第三个周五，遇国家法定假日顺延</td></tr>
<tr><td>交割日期</td><td colspan="3">同最后交易日</td></tr>
<tr><td>交割方式</td><td colspan="3">现金交割</td></tr>
<tr><td>交易代码</td><td colspan="2">IO</td><td>IF</td></tr>
<tr><td>上市交易所</td><td colspan="3">中国金融期货交易所</td></tr>
</table>

粗略一看，两个合约内容又似曾相识。如果某投资者熟悉沪深300股指期货，他就会发现二者在很多地方相似甚至相同。为强调重点，我们做如下解读：

中金所沪深300指数期权的标的为沪深300指数，是现货指数，而不是沪深300股指期货。之所以要啰嗦这一句，是想让读者注意区别其与商品期权的不同，国内目前的金融期权在仿真阶段均为现货期权，商品期权为商品的期货期权。这就意味着在计算股指期权的时候，涉及标的物价格的时候要用现货指数，而不是期货价格。

期权的合约代码由四部分组成：一是期权的标的物；二是合约月份；三是期权类型；四是执行价格。比如 IO1403C2100 各部分的意思见图 2－5。

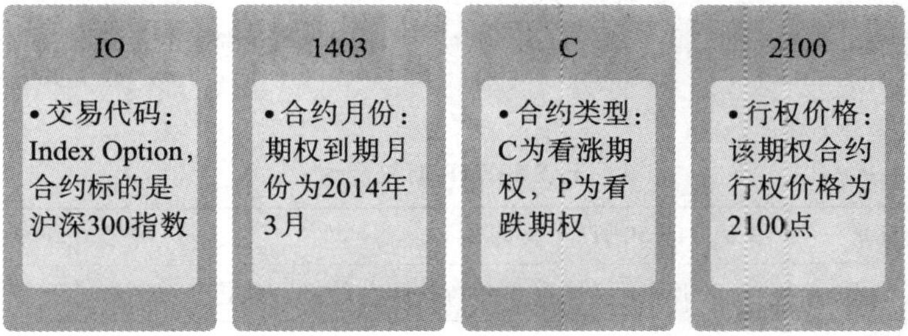

图 2－5　期权合约构成

股指期权仿真合约乘数为每点 100 元人民币，最小变动价位 0.1 点（10 元）。这又是与沪深 300 股指期货不同之处，期货的乘数是 300，但期权的乘数是 100，所以，投资者自己计算需要多少钱做一手以及最终盈亏时，不要混淆了。在仿真阶段，有不少参与者难以理解为何沪深 300 股指期货与沪深 300 股指期权的乘数不一样，其实，二者除了标的同为沪深 300 现货指数外，并无太大的必然联系，乘数的不同只是交易所出于对投资门槛（实则是风险控制）的考虑而制定的。同时，期货的最小变动价位 0.2 个点是 60 元，期权是 0.1 个点 10 元。

期权的合约月份比期货多，期货是“2＋2”的模式，期权是“3＋2”的模式。在做期权与期货之间的套利，或者用期权来为期货作对冲的时候，这一点差异需要特别注意。

在涨跌幅度的设置上，期权要转个小弯。期权的每日价格最大波动限制是权利金加上或减去上一交易日沪深 300 指数收盘价的 10%，不是权利金的上下 10%。合约的其余条款，对比股指期货与期权，没太多难以理解的地方。

上证 50ETF 期权合约

ETF（Exchange Traded Funds）又被称为交易型开放式指数基金，是一种结合了封闭式基金和开放式基金的特点，既可以进行基金份额申购和赎回，又可以在二级市场上进行买卖的在交易所上市的基金。ETF 期权便是一种以该基金为标的资产的权利和合约，是目前交易所发展最快的上市型衍生品。

2015 年 2 月 9 日，上海证券交易所期权试点推出的股票期权合约标的是华夏上证 50ETF（510050），这是我国第一个金融期权。上证 50ETF（见表 2-6）是以上证 50 指数成分股为标的的交易型开放式指数基金，采用完全复制法构建基金股票投资组合，即完全按照标的指数的成分股及其权重构建。

表 2-6　上证 50ETF 期权合约

合约标的	华夏上证 50ETF
合约编码	从 10000001 起按顺序对新挂牌合约进行编排，唯一，不复用
合约代码	合约交易代码 17 位：证券代码 + C/P + 到期年月 + M/A/B + 行权价格
合约简称	合约标的简称 + 购/沽 + 到期月份 + “月” + 行权价格 + 标志位（A，B）
合约类型	认购期权、认沽期权
合约单位	10000 份
到期月份	当月、下月及最近的两个季月，共 4 个月份
最后交易日	合约到期月份的第四个星期三（遇法定节假日顺延）
行权日	同最后交易日
履约方式	欧式
行权价格	以上证 50ETF 前收盘价靠档价作为行权价推出一个平值期权合约，按行权价区间推出 2 实值 2 虚值
交易时间	每个交易日 9：15 至 9：25、9：30 至 11：30、13：00 至 15：00。其中，9：15 至 9：25 为开盘集合竞价时间，14：57：~15：00 为收盘集合竞价时间，其余时段为连续竞价时间
最小变动单位	0.0001 元
行权时间	行权日的 9：15~9：25、9：30~11：30、13：00~15：30
交割方式	实物交割
行权现金结算情况	行权日遇合约标的全天停牌、临时停牌直至收盘，按照本所公布的行权现金结算价格认定的实值认沽期权的行权申报，因合约标的不足未通过有效性检查的 交收日遇合约标的全天停牌、临时停牌直至收盘，行权交割中应交付合约标的的不足部分

续表

<table>
<tr><td rowspan="4">合约涨跌幅</td><td rowspan="2">认购</td><td colspan="2">最大涨幅为：Max ｛上证 50ETF 前收盘价 ×0.5%，min ［（2×上证 50ETF 前收盘价－行权价格），上证 50ETF 前收盘价］ ×10%｝</td></tr>
<tr><td colspan="2">最大跌幅为：上证 50ETF 前收盘价×10%</td></tr>
<tr><td rowspan="2">认沽</td><td colspan="2">最大涨幅为：Max ｛行权价格 ×0.5%，min ［（2×行权价格－上证 50ETF 前收盘价），上证 50ETF 前收盘价］ ×10%｝</td></tr>
<tr><td colspan="2">最大跌幅为：上证 50ETF 前收盘价×10%</td></tr>
<tr><td>熔断机制</td><td colspan="3">连续竞价交易期间，合约盘中交易价格最近参考价格上涨、下跌达到或者超过 50%，且价格涨跌绝对值达到或者超过该合约最小报价单位 5 倍的，该合约进入 3 分钟的集合竞价交易阶段。最近参考价格：期权合约在最近一次集合竞价阶段产生的成交价格。</td></tr>
<tr><td rowspan="8">行权价格间距</td><td colspan="2">行权价格</td><td>行权价格间距（元）</td></tr>
<tr><td colspan="2">3 或以下</td><td>0.05</td></tr>
<tr><td colspan="2">3～5（含）</td><td>0.1</td></tr>
<tr><td colspan="2">5～10（含）</td><td>0.25</td></tr>
<tr><td colspan="2">10～20（含）</td><td>0.5</td></tr>
<tr><td colspan="2">20～50（含）</td><td>1</td></tr>
<tr><td colspan="2">50～100（含）</td><td>2.5</td></tr>
<tr><td colspan="2">100 以上</td><td>5</td></tr>
<tr><td>合约调整</td><td colspan="3">新合约价格＝［原合约单位×（1＋流通股份实际变动比例）×除权（息）前一日合约标的收盘价］／［（除权（息）前一日合约标的收盘价格－现金红利）＋配股价格×流通股份实际变动比例］；新行权价格＝原行权价格×合约单位/新合约单位</td></tr>
</table>

注：认购期权即看涨期权，认沽期权即看跌期权。

此外，ETF 期权实行熔断制度，这是一种强有力的风险防范措施。熔断制度下，当合约变动达到规定好的价格时，交易所会对报价或交易作出限制。上海证券交易所的熔断制度规定，期权合约价格变化达到规定幅度时，进行 3 分钟集合竞价。

白糖期权仿真合约（见表 2－7）。

表 2-7 白糖期权合约

合约标的	白糖期权合约
合约类型	看涨期权、看跌期权
交易代码	看涨期权（白糖期货合约代码 + C + 行权价格）、看跌期权（白糖期权合约代码 + P + 行权价格）
交易单位	一手（10 吨）白糖期货合约
行权方式	美式。买方可在到期前的每一个交易日闭市（15：00）前提交行权指令、撤销行权指令；买方可在到期日规定时间之前提交或者撤销行权指令
报价单位	元（人民币）/吨
最小变动价位	0.5 元/吨
标的合约月份	1、3、5、7、9、11 月
到期月份	白糖期货合约交割月份前两个月及交易所规定的其他月份
行权价格数量	以每个交易日前一交易日结算价为基准，按行权价格间距挂出 5 个实值期权、1 个平值期权和 5 个虚值期权
行权价格间距	行权价格在 3000 元/吨以下时，行权价格间距为 50 元/吨；行权价格在 3000 元/吨以上 7000 元/吨以下时，行权价格间距为 100 元/吨；行权价格在 7000 元/吨以上时，行权价格间距为 200 元/吨；
每日价格最大波动限制	与白糖期货合约每日涨跌停板的绝对数相同。其中，期权跌停板不低于期权最小变动价位
交易时间	与白糖期货合约相同
最后交易日	期权到期月份的最后一个交易日
到期日	同最后交易日
上市交易所	郑州商品交易所

白糖期权合约的标的为白糖期货合约，而非白糖现货。参照国际惯例，一般商品期权的标的为该商品对应的期货合约，金融类期权则一般以现货为标的。目前，除郑州商品交易所外，大连商品交易所拟推的豆粕期权标的也为期货合约，还有上海期货交易所的黄金和铜期权的相关品种也是期货期权。

期权有看涨期权和看跌期权之分，这在前面已经提到过。有关这一名词的叫法有多种，比如看涨期权又叫买权，看跌期权又叫卖权，还有直接叫“Call”权和“Put”权。上海证券交易所拟推的股票期权则称为认购期权和认沽期权。但是，国内四家期货交易所的期权目前统一称为看涨期权和看跌期权。

白糖期权因其标的为白糖期货合约，所以1手期权对应1手相应的期货合约，这在计算1手期权合约总权利金时会用到，白糖期权合约的报价单位为元/吨，在计算1手白糖期权总权利金时需要考虑到其标的期货合约对应的是10吨白糖。白糖期权按照美式行权。这同样符合国际惯例，美式期权区别于欧式期权的本质在于行权时间上。

标的合约月份与期货交割月份一样，为单月。白糖期权合约到期月份为“白糖期货合约交割月份前两个月及交易所规定的其他月份”。举个例子说明，对于SR401系列的期权，虽然该期权的标的期货合约交割月为2014年1月，但期权合约到期月为2013年11月，也就是说，期权合约到期月较期货提前了两个月，为什么会这样设计？主要是考虑买方在行权后得到相应的期货头寸后有充足的时间对行权后的头寸进行处理。

期权的“T”形报价

“T”形报价并没有什么特别神奇的地方，在期权的行情展示界面中，我们可以看到两种类型的报价形式，一种是普通行情，一种是“T”形报价（见图2－6）。普通行情与期货无明显差异，“T”形报价也只是改变了同类合约的排列方式。

系统(S)　视图(V)　下单(O)　设置(C)　查询(Q)　帮助(H)

期权T型报价　普通行情

定位平值期权　IO1406

总成交量	总持仓量	涨跌	卖出价	卖出量	买入价	买入量	最新价	执行价	最新价	买入量	买入价	卖出量	卖出价	涨跌
1361	15862	1.8	254.3	2	254.1	15	254.3	1900	4.5	88	4.5	10	4.6	-0.6
1286	3160	1.4	210.3	4	209.7	51	209.7	1950	7.5	15	7.5	104	7.6	-1.0
7826	22501	4.0	164.5	73	164.3	2	164.5	2000	13.3	26	13.3	27	13.4	-0.2
11280	15654	-0.5	122.5	18	122.4	20	122.5	2050	21.9	28	21.8	1	21.9	-1.2
9725	40311	0.7	89.9	13	89.8	17	89.9	2100	38.4	10	38.4	55	38.5	-2.0
17192	25777	-1.5	63.5	8	63.3	26	63.5	2150	61.4	5	61.4	90	61.6	-3.4
14418	44475	0.5	41.1	10	41.0	33	41.0	2200	87.9	17	87.8	7	87.9	-5.0
6962	25405	-1.4	25.6	8	25.5	52	25.7	2250	124.2	6	124.2	34	124.4	-4.7
7026	22825	-1.1	14.4	53	14.3	49	14.4	2300	163.5	9	163.9	10	164.3	-4.0
4248	22994	0.3	8.3	240	8.0	131	8.3	2350	207.0	16	207.0	46	208.4	-5.6
3388	18441	-0.4	7.6	112	7.4	190	7.4	2400	255.3	10	255.2	19	255.3	-3.3
5265	17027	-0.6	6.0	168	5.9	1	6.0	2500	354.4	9	352.0	3	354.3	-3.1
5910	61125	-0.4	3.8	62	3.5	20	3.7	2600	448.0	10	454.5	2	450.5	-11.1
20956	405986	0.3	0.6	1197	0.4	1341	0.6	2700	542.0	7	542.0	10	540.8	-16.9

图2－6　期权的“T”形报价界面

这个界面的左上角显示 IO1406 的地方给出的是下面所有合约的标的和到期月份，所截图的全部合约均为 2014 年 6 月份到期的沪深 300 股指期权合约。中间栏目中，以执行价格为区分，左边为看涨期权，右边为看跌期权，几乎所有的品种都是这样约定俗成的。一般的系统中会将平值期权给标注出来，比如图 2－6 中用两条线标出的合约就是截图时的平值期权合约。

平值合约与执行价格将整个合约界面分为四个部分，左上部分为实值看涨期权合约，左下部分为虚值看涨期权合约，右上部分为虚值看跌期权，右下部分为实值看跌期权。这不需要去记，投资者只需理解前文中提到的何为实值、虚值即可。比如，按照“行权后是赚钱的”这条最基本的原则，执行价为 2300 元的看涨期权此时若行权必然是不划算的，是亏的，因为现货指数大概在 2150 点附近，花了 2300 元的价格买了一个只值 2150 元的东西，当然是亏了，所以这份合约是虚值的。

“T”形报价反映了不同执行价的合约报价的一个基本规律。看涨期权从上到下（由实值变为虚值）的价格应该越来越低，看跌期权从上到下（由虚值变为实值）的价格应该越来越高。如果您是一名经常交易衍生品的投资者，很快就会体会到这条规律其实是给予我们观察套利机会的依据。确实是这样，在仿真刚开始的时候，市场上大量存在这种套利机会，关于这一点，我们还会在套利的相关章节再次总结。

附：各交易所期权仿真合约（见表 2－8、表 2－9、表 2－10）

表 2－8　　　　豆粕期权仿真合约

合约标的	豆粕期权合约
交易代码＊	看涨期权（豆粕期货合约代码－C－行权价格） 看跌期权（豆粕期货合约代码－P－行权价格） MYYMM－C（P）－EP
行权方式	美式
交易单位	1 手（10 吨）豆粕期货合约
报价单位	元（人民币）/吨
最小变动价位	0.5 元/吨
涨跌停板	标的期货合约当日涨跌停板幅度对应的涨跌额度
合约月份	1、3、5、7、8、9、11、12 月
交易时间	每周一至周五上午 9：00～11：30，下午 1：30～3：00

续表

行权价格	行权价格间距的整数倍
行权价格区间	50 元/吨
最后交易日	标的期货合约交割月份前 1 月的第 15 个交易日
到期日	同最后交易日
上市交易所	大连商品交易所

注：*M 表示豆粕，YYMM 表示合约月份，EP 表示行权价格。

表 2－9　　铜期货期权仿真合约

合约标的	上海期货交易所铜期权仿真合约
合约类型	看涨期权、看跌期权
交易代码	看涨期权：C××××CUyymm、看跌期权：P××××CUyymm
交易单位	手（1 手期货期权合约同 1 手标的期货合约）
行权方式	交易日 T 日起至最后交易日（含最后交易日）内可行权，T 由交易所另行规定
报价单位	同标的铜期货合约
最小变动价位	1 元/吨
合约月份	最近 6 个自然月
行权价数量	1 个平值期权，最少 2 个实值期权，最少 2 个虚值期权
行权价格间距	行权价格低于 50000 元时，行权价格间距为 500 元；当行权价格在 50000 到 80000 元之间时，行权价格步长取为 1000 元；当行权价格高于 80000 元时，行权价格间距为 2000 元
每日价格最大波动限制	标的期货合约每日价格最大波动额度的两倍
交易时间	上午 9：00～11：30，下午 1：30～15：00 及交易所规定的其他时间
最后交易日	标的期货合约交割月前第 1 月的倒数第 5 个交易日
到期日	按规则计算产生并由交易所每日公布
上市交易所	上海期货交易所

表 2-10 黄金期货期权仿真合约

合约标的	上海期货交易所黄金期货标准合约
合约类型	看涨期权、看跌期权
交易代码	看涨期权：C××××AUyymm；看跌期权：P××××AUyymm
交易单位	手（1手期货期权合约同1手标的期货合约）
行权方式	交易日T日起至最后交易日（含最后交易日）内可行权，T由交易所另行规定
报价单位	同标的黄金期货合约
最小变动价位	0.01元/克
合约月份	最近3个连续月份的合约以及最近11个月以内的双月合约
行权价数量	1个平值期权，最少2个实值期权，最少2个虚值期权
行权价间距	行权价格低于300元/克时，行权价格间距为10元；当行权价格在每克300元到500元之间时，行权价格步长取为15元；当行权价格高于每克500元时，行权价格间距为20元/吨
每日价格最大波动限制	标的期货合约每日价格最大波动额度的两倍
交易时间	上午9：00~11：30、下午1：30~3：00及交易所规定的其他时间
最后交易日	标的期货合约交割月前第1月的倒数第5个交易日
到期日	按规则计算产生并由交易所每日公布
上市交易所	上海期货交易所

第三章

期权操作须知

1. 试水期权操作

如果您看完前面所讲的内容后对期权有了想感受的冲动，那么接下来至少需要思考下面几个问题：

影响期权价格的因素

投资者首先要搞清楚自己是做看涨期权还是看跌期权，这首先需要分析行情，了解影响看涨期权和看跌期权价格的因素有哪些，它们又是如何影响的。

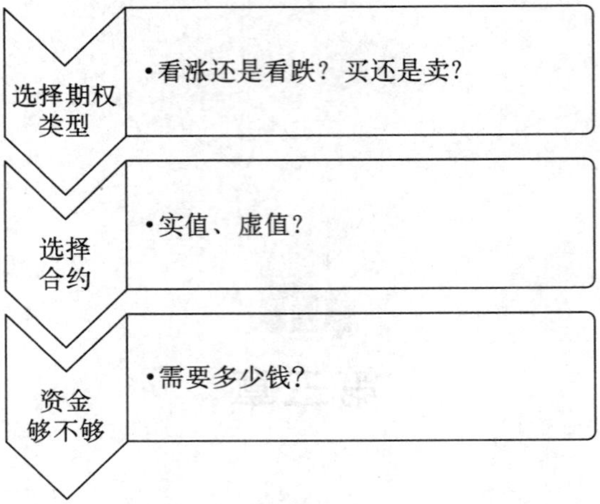

一般情况下，影响期权行情的因素有六个，它们是标的资产的价格涨跌、执行价格、剩余期限、标的资产的价格波动率、无风险利率和资产的现金流。无风险利率对期权的价格的影响具有不确定性，且影响程度不大，资产的现金流也不具有普遍性，所以，我们主要分析剩余四个因素（见表3－1），在分析任何某一因素对期权价格的影响时，有一个前提条件是假设其他因素不变。

表3－1　　影响期权价格因素的分析

变量	看涨	看跌
标的资产价格	+	−
执行价格	−	+
剩余期限（一般）	+	+
标的资产波动率	+	+

期权交易的参与者最容易想到的就是标的资产的价格对期权价格的影响。比如沪深300股指期权，其标的为沪深300现货指数。如果是IO1406C2150的买方，投资者有权利按照2150点的价格买进该指数，那么很显然，这个指数涨得越多，投资者就越划算，因为投资者用更便宜的价格买到了指数，这份合约就会被更多人抢着买，其价格自然就会上涨，所以标的资产的价格上涨，看涨期权的价格（权利金）也会上涨。看跌期权的道理可类推，指数上涨得越多，对于IO1406P2150的买方，投资者只有权利用2150点的价格卖指数，卖价相对越低就越不划算，所以这个合约的价值就会打折扣，期权

的价格自然就会下跌。

执行价格与标的资产价格对期权的价格影响是一种此起彼伏的关系。执行价格越高，看涨期权买方有权买入指数的成本就提高了，这不利于买方，期权价格将下降。但是，对看跌期权而言，是可以卖个更好的价钱的，所以有利于买方，期权价值更大。这就是为什么我们前面在“T”形报价中提到，从上到下看涨期权价格是下降的，但看跌期权的价格是上升的。

剩余期限也就是离到期的时间长短。可以设想，不管是买入看涨期权还是看跌期权，时间越长，就意味着机会越多，因为买方的最大风险是权利金，但是时间越长，朝着有利于自己头寸方向变动的可能性也就越大（相对于短期而言），所以剩余期限越长，看涨和看跌期权的价格都会相对越高。

波动率，指的是一定时间内标的资产价格变动的剧烈程度，或者说是价格数据的离散程度。结合波动率的概念，投资者也许不禁会问，往对自己有利的方向大幅波动，期权价格会上涨，这个好理解，那要是价格朝着不利的方向变动呢？比如，投资者买入看涨期权，如果价格迅速大跌，会是什么情况呢？

这是个投资者经常不解的问题，因为他们认为波动越大并不一定意味着朝着自己预测的方向大幅波动，可能是反向变动。我们分析波动率对期权价格的影响，是在假设其他条件不变的情况下，认为波动率越大，权利金越高，期权的风险收益不对称决定了这一结论。买方的风险有限，潜在的可能获利无限。以看涨期权买者为例，只有当标的物价格高于期权执行价格下的情况才是投资者最为关心的，一旦标的物价格下跌至期权执行价格以下时，下跌的幅度对投资者来说并不重要，因为买者的损失最大就是权利金。

如果要将上面因素的重要性进行一个排序，标的资产的价格及波动率是影响最大的两个因素。在有了方向性的判断后，多数投资者在期权交易初期可能会选择买入看涨期权或买入看跌期权。值得注意的是，预测标的资产的涨跌并不是决定买卖期权的唯一因素，若结合对波动率的判断，可以对期权最基本的四种操作头寸总结见表 3－2：

表 3－2　　期权基本操作头寸分析

	看多波动率	看空波动率
看多标的资产	买入看涨期权	卖出看跌期权
看空标的资产	买入看跌期权	卖出看涨期权

选择合约的基本原则

首先，投资者应尽量选择流动性较好的合约。面对众多繁杂的期权合约，有看涨期权与看跌期权，有不同月份的期权，还有不同执行价格的期权，投资者在对后市有了方向性判断之后，可能会面临选择合约的问题。此时，投资者最好参与交易比较活跃的合约。市场的交易量会给投资者提供初步的选择依据，通过观察不同合约的交易量，就可以把交易比较冷清的合约剔除出去。也就是说，交易不活跃的期权合约，市场的买卖差价较大，达成交易比较困难，成交的价格对投资者也相对不利。除非投资者准备进行长期投资，否则，平仓了结也是较为困难的。期权交易中，交易比较活跃的一般为平值附近的期权合约。

其次，投资者对深度实值期权、深度虚值期权应谨慎买入。深虚值期权的好处在于权利金十分便宜，但同时需要注意的是，其转化为实值期权的过程需要标的资产价格更大的变化。而大多数情况下，所希望的标的资产价格大幅变化的概率很小。很可能的结果是，价格变化是有利的，但却没有达到深虚值期权的盈亏平衡点，做对了方向，却买错了期权。深度实值期权也有其弊端，主要是买方要支付高额的权利金成本，杠杆作用十分有限。当标的资产价格发生不利变化时，深度实值期权的境况很惨，其价格会大幅下跌，投资者会发生较大亏损。选择期权合约很重要的一点就是要选择执行价，不同执行价格的期权合约的选择，决定着期权交易的权利金成本、投资收益率和风险程度。

最后，选合约还要注意时间。期权是一种价值损耗性资产，从上市交易的第一天起，到期时间只会一天天地减少，时间对于期权买卖双方的影响是不同的。就买方来讲，时间的流逝对其是不利的。只要有时间，买方就有希望。对于卖方，时间是他的朋友，时间的减少，会带来期权价值的下降，降低卖方的不确定性风险。期权是有到期日的标准化合约。买方必须面对这一点，权利不是无限期的。投资者在交易期权过程中，要避免做对了方向，做错了时间。最糟糕的情况莫过于：买入看涨/看跌期权，在期权到期后，标的资产价格才大幅上涨（下跌）。

需要算的几笔账

(1) 买一手期权需要的权利金

期权的买方在交易过程中除交易费用外只需支付权利金。权利金的计算过程较为简单，只是需要注意报价单位。

商品期权是期货期权，一张期权的标的是一张期货合约，一张期货合约往往对应若干吨（或千克）的现货，但报价单位是元/吨（或元/克），这时候，必须将合约的规模考虑进去。以白糖期权为例，如果某合约盘面的报价是200元/吨，这是每吨所需要的权利金，一张期货合约是10吨，所以乘以10之后是2000元，即买一手该期权合约需要2000元的权利金。

股指期权的计算要注意合约乘数，无论是沪深300指数期权还是上证50指数期权，仿真合约中规定乘数均为100。

一张合约所需要的权利金 = 成交点位 × 合约乘数

如按照卖家成交后，需支付239.7×100=23970（元）的权利金（见表3-3）。

表3-3　沪深300指数的一张合约的权利金

总成交量	总持仓量	涨跌	卖出价	卖出量	买入价	买入量	最新价	执行价
23759	53552	-5.3	239.7	27	234.0	70	239.7	1950

(2) 卖一手需要的保证金

期权的卖方收到权利金，但要支付保证金。期权保证金的计算比期货要复杂，并不是一个相对固定的百分比，且各交易所在制度设计上对保证金的收取计算方式存在一定差异。期权的保证金有专门的计算公式，公式看上去也较为繁琐。我们以中金所仿真阶段给出的保证金计算公式为例：

看涨期权交易保证金 =（股指期权合约结算价 × 合约乘数）+ Max（标的指数收盘价 × 合约乘数 × 股指期权合约保证金调整系数 - 虚值额，最低保障系数 × 标的指数收盘价 × 合约乘数 × 股指期权合约保证金调整系数）

看跌期权交易保证金 =（股指期权合约结算价 × 合约乘数）+ Max（标的指数收盘价 × 合约乘数 × 股指期权合约保证金调整系数 - 虚值额，最低保障系数 × 股指期权行权价格 × 合约乘数 × 股指期权合约保证金调整系数）

其中，看涨期权虚值额为 Max [（股指期权合约行权价格 - 标的指数收盘价）×合约乘数，0]；看跌期权虚值额为 Max [（标的指数收盘价 - 股指期权合约行权价格）×合约乘数，0]。

保证金调整系数和最低保证系数由交易所规定，仿真阶段为 10% 和 0.5。如：

卖空 1 手当日结算价为 87 点、行权价格为 2400 点、到期剩余时间为 30 天的看涨期权，沪深 300 指数的当日收盘价为 2450 点，股指期权合约保证金调整系数为 10%，最低保障系数为 0.5，则投资者需要交纳的保证金为：

1 手看涨期权交易保证金 = （87 × 100） + Max （2450 × 100 × 10% - 0，0.5 × 10% × 2450 × 100） = 33200 （元）

卖空 1 手当日结算价为 33 点、行权价格为 2400 点、到期剩余时间为 30 天的看跌期权，沪深 300 指数的当日收盘价为 2450 点，股指期权合约保证金调整系数为 10%，最低保障系数为 0.5，则投资者需要交纳的保证金为：

1 手看跌期权交易保证金 = （33 × 100） + Max （2450 × 100 × 10% - 50 × 100 ，0.5 × 10% × 2400 × 100） = 22800 （元）

国内交易所对保证金的不同收取方式见表 3 - 4。

表 3 - 4　　国内交易所对保证金的不同收取方式

交易所名称	保证金收取方式
郑州商品交易所	Max（权利金 + 期货保证金 - 期权虚值额的一半，权利金 + 期货保证金的一半）
大连商品交易所	Max（权利金 + 期货保证金 - 期权虚值额的一半，权利金 + 期货保证金的一半）
上海期货交易所	取大：1.（标的期货合约结算价 × 标的期货合约保证金率 × Delta 风险值 × 期权合约持仓量） + （期权合约收盘价与结算价的较大值 × 期权合约持仓量） 2. 期权最小保证金 × 期权合约持仓量
看涨期权的虚值额 = Max（期权合约执行价格 - 标的期货合约结算价，0） 看跌期权的虚值额 = Max（标的期货合约结算价 - 期权合约执行价格，0）	

资料来源：各期货交易所仿真业务规则文件。

（3）计算盈亏

平仓盈亏，为投资者权利金的买卖差价。投资者进场买入期权的成交价是 50 个点，平仓出场是 100 个点，那么就赚了 50 个点，若是股指期权，就赚了 5000 元钱。

计算行权盈亏，我们仍以股指期权为例，交易所在仿真交易规则中的表述如下：

股指期权合约执行盈亏 = Σ ［（交割结算价 - 执行价格）×买入看涨期权合约执行数量×合约乘数］+Σ［（执行价格 - 交割结算价）×买入看跌期权卖权合约执行数量×合约乘数］-Σ［（交割结算价 - 执行价格）×卖出看涨期权买权合约执行数量×合约乘数］-Σ［（执行价格 - 交割结算价）×卖出看跌期权卖权合约执行数量×合约乘数］

上面的公式看上去很复杂，实际也很简单。比如某参与者买入（开仓）1 手 IO1405，C2200，成交价格为 50 点，客户甲对该期权持仓下达行权指令时的交割结算价为 2300 点，结算后，他将获得结算价与行权价的差额为 2300 - 2200 = 100 点。计算最终赚了多少钱时，还要将 50 个点的权利金扣掉，所以最终赚了 100 - 50 = 50（点），即 5000 元钱。

2. 投资者常见问题

在交易所及公司组织的投资者教育系列活动中，笔者总结出 7 个经常令投资者感到困惑的问题，以飨读者。

选择做多看涨期权还是做空看跌期权

尽管仅从标的方向性变动上而言，价格涨了对看涨期权的多方和看跌期权的空方均有利，但这两种基本头寸仍有区别。首先是二者对波动性的预期不一样，一般认为无论是看涨期权还是看跌期权，做多就意味着预期波动率会上升，做空则相反。所以，买入看涨期权和卖出看跌期权有着对波动率不同的观点。其次，价格上涨幅度也直接影响这两种操作收益的大小。标的价格上涨幅度越大，买入看涨期权相对更有力，这仍然是波动率问题。从单个头寸的到期损益图上看，卖出看跌期权的收益是有上限的（权利金），究竟涨多少才能达到收益上限需要结合具体的合约，行权价不同得到的结果不一样。

买了看涨期权，为什么不是期货与期权两边都能赚钱

这是一个对期权平仓与行权理解存在误区的投资者纠结了许久的问题。他认为买了看涨期权（假设是期货期权），对应的期货合约涨了，权利金也涨了，他行权以后既可以得到权利金上涨的收益，也可以获得行权后对标的资产的买卖差价。事实上，期权交易中，买方只要不平仓，其权利金就全部损失了，开仓结算的时候权利金会被全部转出。买方行权后损失权利金，赚取高于行权价的收益（减去交易费用）。这里还引申出一个问题，有投资者会问，他的白糖期权持仓显示行权盈亏为正数，但为什么无法行权。我们检查这位投资者的持仓发现，他所持有的是期权的空单。投资者需要注意，行权这一动作只属于买方拥有，这正是期权权利与义务不对称的表现。

赚钱了是平仓还是提前行权

这一问题主要针对美式期权，因为欧式期权不存在提前行权这一说。国内仿真阶段的个股期权与股指期权为欧式，商品期权基本为美式（上海期货交易所的黄金和铜的期权稍有不同），且标的为该商品的期货合约，所以，在到期前标的资产并无现金流发生。若判断正确，此类标的资产的看涨期权提前行权一般不会是最佳选择，但看跌期权提前行权有可能是最优的。比如白糖期权，假设 SR1405 的当前价格为 4500 元/吨，其对应的期权合约在 3 月份到期，作为 SR1405C4400 的买方，他是否选择现在行权的不确定性来自于到期前的期货价格变动。假设到期前的期货价格仍在 4500 元/吨附近，那么到期行权比现在行权要划算，因为行权要支付保证金购买期货合约，从投资的角度看，这部分资金在一个多月的时间里可以产生利息，所以，提前行权将支付这部分机会成本。若期货价格到期前进一步大幅上涨，那么现在不行权的收益更大。若后期该合约的价格下跌明显，投资者行权是为了持有期货的多单，那么他将为当初没提前行权而感到庆幸。还有一种情况就是，投资者当前行权后会立即将获得的期货多单平掉，若是这样，投资者应该直接将期权的多单平掉，而不是行权之后再平期货的多单，因为 $C \geqslant S_0 - Ke^{-rT}$ 。总的来说，国内美式的看涨期权若赚钱了，平仓比提前行权收益更大。

美式的看跌期权则不一定，当标的资产的价格足够低（实值程度足够大）时，提前行权可能更有利。因为当标的资产的价格足够低时，看跌期权的价值会与其内涵价值重合。其实，投资者应该平仓还是行权，最简单的判断方法是比较二者操作后收益的大小，当然要选择收益更大的来操作，因

为通过持仓数据，能很具体地看到行权盈亏与平仓盈亏。

投资者买了看涨期权，方向对了，为什么平仓还亏钱

分析期权与期货的思路不太一样。期货的投资者只需要关心标的资产的方向，但期权的权利金的价格涨跌却并非只由标的资产价格决定。波动率、合约剩余期限、无风险利率及执行价格等因素都会影响权利金。如果方向做对了，标的资产的波动并不大，对权利金的正向拉动不及时间价值的衰减，权利金仍可能下跌，所以，分析权利金的涨跌需要综合考虑。

国内期权有两种类型，四种基本头寸，从平仓的角度看，刚接触期权的投资者也往往容易混淆权利金的涨跌对自己的持仓是有利还是有弊。这一问题其实很简单，是投资者想复杂了，因为习惯了股票和期货的投资者潜意识认为看涨就买，看跌就卖，所以卖看涨和买看跌这样的操作不易理解。事实上，只要是买方，权利金涨了，平仓就是有利的；只要是卖方，权利金跌了，平仓就是有利的。期权交易中虽然有执行价格、标的资产价格及权利金三个价格，但期权的行情是权利金，仍然符合低买高卖的投资规律。

卖方看上去风险比买方大，是否不能做卖方

每当提到“理论上期权买方收益无限，风险有限；期权卖方收益有限，风险无限”的时候，投资者会排斥做卖方。首先，交易所并未规定普通投资者不能做卖方。其次，在实际交易中卖方的风险并不如理论上说的那么可怕。尽管从到期时单个头寸的损益图上看，期权买卖双方均是非对称的，但在一个规定的时间内，任何一种资产的价格不可能无限上涨，况且国内交易还设有涨停板，即使是看涨期权的卖方，也不一定非要将头寸持有至到期等待买方行权，发现亏损时，完全可以平仓出局。同时，任何一种资产的价格也不可能跌为负值，这也就意味着，即使是看跌期权的卖方，标的资产下跌至零，他被行权了，损失也是有限的（亏损为行权价减去权利金），但有什么资产能在数月的时间内价值为 0 呢？

买方可能赚得多，但概率小，所以，理性对待买卖双方的风险与收益在期权交易中十分有必要。卖方不是不能做，投资者可以在牛市（熊市）中卖出看跌（涨）期权，合理控制仓位即可。考虑到期权买卖双方可能存在的潜在风险不同，在实际的市场中，为保护投资者，引导市场理性交易，交易所会对投资者进行适当性管理，本章的附录部分，我们给出上海证券交易所试点阶段的投资者适当性管理指引作参考。

期权赚钱比亏钱容易

因为期权到期收益的非线性特征，有不少初期参与仿真交易的投资者会认为，如果买入期权，做错的时候最大损失有托底，一旦做对，收益将上不封顶。所以，赚钱比亏钱容易，做期权比做期货划算。其实，尽管期权买方的最大损失就是其支付的权利金，但做错了方向或选错了合约，血本无归也并不稀奇。比如，投资者选择买入深度虚值的沪深300指数期权并持有至到期，即使方向判断正确，但到期时因为行情并未出现一开始预期那样大的变动幅度，该合约仍是虚值，那么投资者将亏损掉全部的权利金。提到这种可能性的时候，投资者经常表现出不以为然，因为他觉得亏掉这“有限”的权利金并不可怕，这是最初就知道的最大亏损，但若换种表达方式来阐述，其意义可能就不同：持有到期的虚值合约，亏损将是100%！总的来说，谈论赚钱与否，不仅要看投资者的“赔率”，还要看概率。买入期权，投资者确实有可能获得一个远高于所付出权利金的收益，但这种行情出现的可能性有多大是需要投资者权衡的。类比到我们生活中的买彩票，花几块钱您有可能中大奖，但概率往往很低，期权交易的情形也类似。

期权是否一定要持有至到期

期权不一定要持有至到期。投资者参与期权交易，了结头寸的方式可以是行权，也可以是平仓或放弃行权。期权的卖方尽管不能行权，但可以平仓，这一点买卖双方是平等的。在实际交易中，大多数投资者是通过平仓来赚取权利金的买卖差价的，这一道理与期货交易一样，买入期权权利金上涨了就赚钱，卖出期权权利金下跌了就赚钱。我们在各种报告中最常用到的损益图，是期权到期时随标的资产价格变动的损益图，并非平仓损益。更简单的理解是，这种损益图是投资者在到期时行权或者放弃行权的损益状况。若要衡量平仓，投资者的损益最终决定于权利金的涨跌，损益与权利金的关系是线性的。与平仓和行权相关的还有一个投资者需要了解的问题，买方只要不平仓，权利金就将全部失去。也就是说，行权与放弃行权，买方的全部权利金都将损失掉。这与生活中定金的概念有区别，许多对期权不熟悉的投资者习惯将定金与期权的权利金类比理解，但是定金可以最终抵“货款”，期权的权利金却不能。

特别是作为卖方的投资者，不要被期权的买方只有权利，卖方只有义务给吓到，开了空头之后，您可以在到期前的任何一个交易日选择平仓，盈亏就是权利金的买卖差价。

第四章

期权交易的基本头寸[①]

期权的基本交易策略有四个：买入看涨期权、卖出看涨期权、买入看跌期权和卖出看跌期权，其他所有的交易策略都由此而派生。

1. 买入看涨期权

单一的看涨期权多头是期权操作中最容易理解的一种操作方式，因为对于买入看涨期权的投资者而言，其具有以执行价格买入标的资产的权利，这与传统的操作思维相一致。

① 本章参考文献：魏振祥、左宏亮著：《期权操作》，中国财政经济出版社 2012 年版。

为何要买入看涨期权

买入看涨期权是牛市期权交易策略的一种。投资者基于对标的资产看大涨（注：此处将看涨细分，看大涨指具有较大幅度的上涨，从数值上，投资者认为至少可以涨到超过损益平衡点）可以选择买入看涨期权。本章中的看涨期权如无特别说明，均指代商品期权。目前，国内商品期权是以期货为标的的期权，比如郑商所白糖期权，其标的资产为白糖期货合约。

既然是看大涨，那么投资者就会问为什么我不直接买入期货？这样的话在同等涨幅的情况下还会赚得更多！先来解释一下这句话的意义。在同等涨幅的情况下，不考虑手续费和资金成本，做多期货和买入看涨期权相比，后者会产生权利金，这在头寸成交后便成为买方的沉没成本（除非平仓）。所以，期权权利金的存在会使得损益平衡点相对期货而言右移（见图 4－1）。

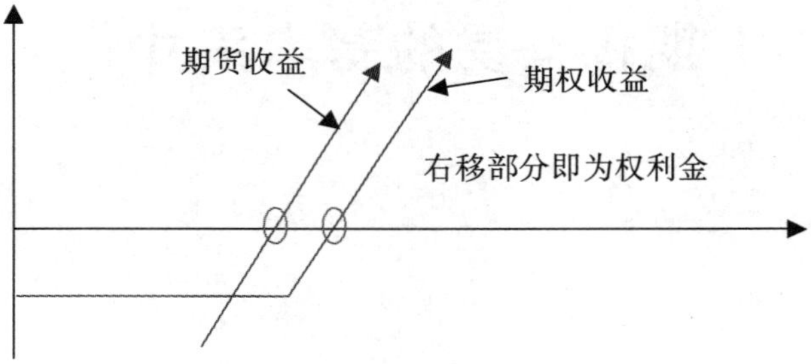

图 4－1　同条件下的期权与期货收益对比

但是，预测行情大涨时，仍有投资者愿意选择买入看涨期权，因为二者相比最主要的区别在于风险的不同。要知道，我们做行情预判，是很难有十足的把握的，考虑到这一点，期权的优势便体现出来了。买进看涨期权，即使看错了行情，该投资者最大的损失也仅仅限于其开始支付的权利金，买方不需要缴纳保证金；而做多期货，一旦行情判断失误，损失将会随行情的下跌同步扩大，且无论多空都需要缴纳保证金。

简单来说，买入看涨期权之所以有吸引力，在于持有者不仅可以享受多头行情带来的盈利，同时不必担心行情预判错误会产生额外的损失。

从认识损益图开始

期权损益图对于投资者入市参与期权交易十分重要，作为基础，我们介绍看涨期权到期时的损益图与其价格曲线，一些细节的地方可能会直接影响到投资者决策。

多数时候，我们看到诸多教材和报告中会给出关于看涨期权的一张损益图，如图 4－2。

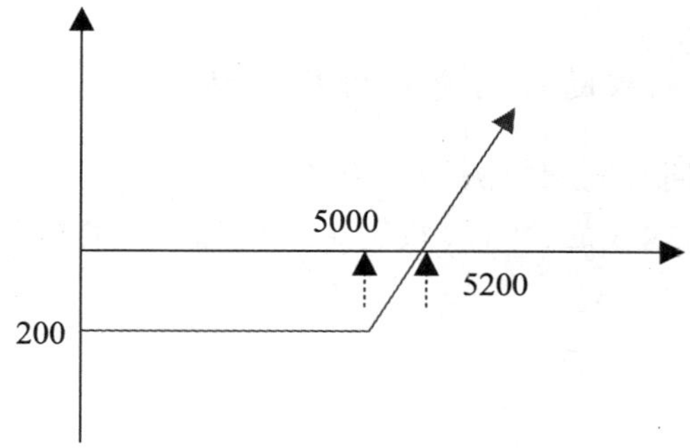

图4－2　看涨期权到期损益图（单位：元/吨）

这幅图绝不意味着你买入看涨期权后的损益状况就一定是这样的折线！注意这幅图的意义是到期时的损益图，一定需要强调到期。

先来解释一下这幅图的含义

首先，折线表示到期日时看涨期权买方的可能损益。举个例子，假设某投资者买入 SR1401C5000（标的为白糖期货 1401 合约，执行价格为 5000 元/吨的看涨期权，期初支付的权利金为 200 元/吨，那么，在到期日时，SR1401 合约价格可能高于 5000 元/吨，也可能低于 5000 元/吨，还可能刚好等于 5000 元/吨。当期货价格低于 5000 元/吨时，意味着在到期日该期权没有价值（时间价格为 0，且为虚值期权，无内在价值），该投资者将损失掉所有的权利金 200 元/吨，这个时候投资者往往不会行权，任由期权作废；期货价格刚好等于 5000 元/吨时，与小于 5000 元/吨的情况一样；这里需要引入另外一个价格区间，就是［5000，5200］，在这个区间，到期时该期权为实值，实值额为：期货价格－5000，这一数值是投资者平仓或行权后的收入，但即使平仓或行权（不考虑交易费用），收入也不足以弥补期初支付的权利金，整体仍然亏损；最后，当期货价格大于 5200 元/吨时，投资者开始获得正的收益，收益额为：期货价格－5200。

另外，投资者需关注三个点。在图 4－2 中用箭头已标注了两个关键位置。折线转折处所对应的是期权合约的行权价格（5000 元/吨），其实后期接触到更多期权组合后会发现，损益图中的折点均为执行价格，折线与横轴交点为损益平衡点，折线与纵轴的交点为权利金。

还有，折线的斜线部分斜率为1。因为是衡量到期日的可能损益情况，期权在该时间节点上没有时间价值，所以期货价格每上涨一个单位，权利金就增加一个单位。

持有期内的期权随标的资产价格变动

图4－2是到期日时期权随标的资产（期货合约）价格变动的损益图，那么持有期内看涨期权的价格（权利金）随标的期货价格变动又是如何变化的呢？具体如图4－3。

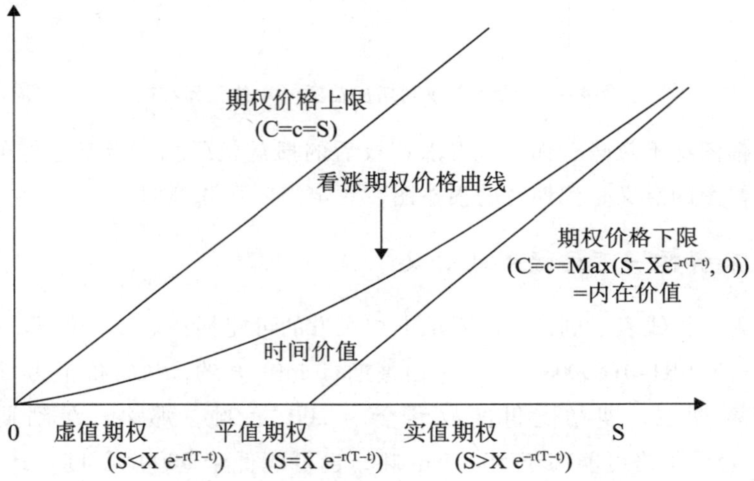

图4－3 看涨期权价格曲线

图4－3中横轴表示标的资产价格，纵轴为期权价格，也即权利金。图4－3主体部分为中间曲线，可直观理解为标的价格变动与权利金之间变动为非线性关系。

曲线上方的45°斜线表示看涨期权的价格上限，曲线下方的斜线为期权价格下限。这两条斜线的由来也不难推导，暂时省略这个过程。大写C一般表示美式看涨期权，小写*c*表示欧式看涨期权。

曲线上任意一点的斜率表示的是一个重要的风险指标Delta。掌握Delta的运用对于期权交易将会有很大帮助，单一看涨期权所暴露的风险主要是方向性风险（另外，Gamma和Vega同为正）。

买入看涨期权部位的了结方式

获得头寸后需要了解如何结束头寸。买入看涨期权者可以有三种部位的了结方式：到期日前平仓、提出行权或持有至到期作废。这里需要说明一下，虽然目前商品期权为美式期权，可在到期日前选择行权，但是，一般情况下若期权有盈利，投资者会选择直接平仓，赚取权利金的差价，因为行权不仅比直接平仓手续麻烦，而且还会损失掉时间价值。举个例子来说明：

若 SR1401C5000 的价格为 200 元/吨，某投资者在期货价格为 5050 元/吨的时候买入一手该期权合约。10 天后，期货价格上涨至 5300 元/吨，此时权利金上涨至 400 元/吨。这时候，投资者可选择直接平仓，卖出一手 SR1401C5000 的看涨期权（这里需要注意平仓的对象）。在不考虑其他费用的情况下，获利 200 元/吨，即 400 - 200 = 200。若是为获得期货头寸而选择行权，那么投资者将彻底失去期初 200 元/吨的权利金，通过行权获得 300 元/吨的收益，即 5300 - 5000 = 300，整体获利为 100 元/吨。若投资者认为标的期货合约价格会继续大幅上涨，他选择将看涨期权持有至到期，将发生下面三种情况：

一是到期时期货结算价下跌至不超过 5000 元/吨，则买入的看涨期权处于平值或虚值状态，没有任何价值，该投资者一般会放弃行权，任其作废，损失 200 元/吨的全部权利金。

二是到期时期货结算价处于 5000 ~ 5200 元/吨之间，SR1401C5000 合约为实值期权，但实值的额还不足以弥补该投资者的亏损，总体会出现损失。比如结算价为 5100 元/吨时，实值期权行权执行后获得实值额 100 元/吨，与开仓支付的 200 元/吨成本相比，损失 100 元/吨。

三是到期时期货结算价高于 5200 元/吨（盈亏平衡点），SR1401C5000 为实值期权，并且投资者行权后总体获利。这点可以参见图 4 - 2。

买入看涨期权的头寸管理

买入看涨期权只是交易的开始，成交后投资者在持有期间将面临多种选择，看对了行情，应该平仓出局还是应该继续持有，或者还有其他更好的策略？主要要点是若期初看对了行情，能获得部分收益的情况下，可以选择：①将现有头寸平仓，获得利润。②平掉现有头寸，用所得利润买入同一月份更高执行价格的看涨期权。③继续持有当前头寸，并做空高行权价格的看涨期权。④继续持有当前头寸，等待期货价格继续上涨。

上述四种操作后的到期损益状况见图 4 - 4 ~ 图 4 - 7。

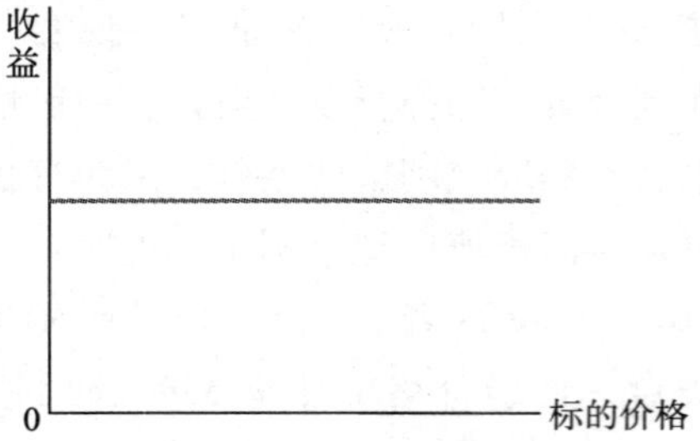

图 4－4 直接平仓后的损益

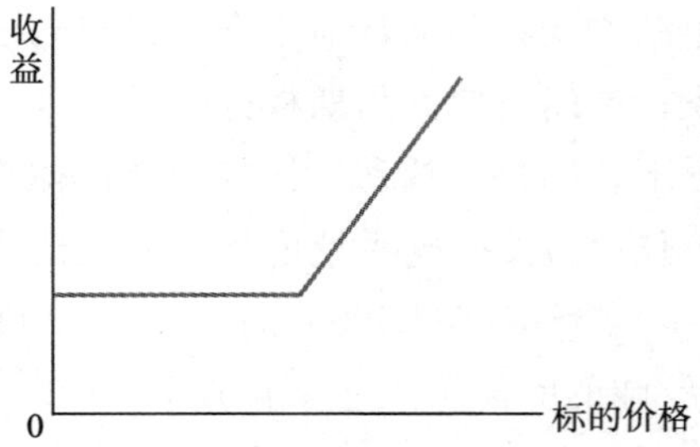

图 4－5 向上移仓后的损益

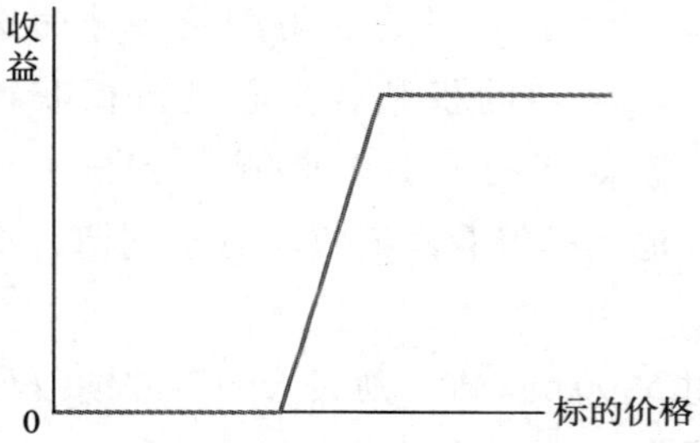

图 4－6 构造牛市套利的损益

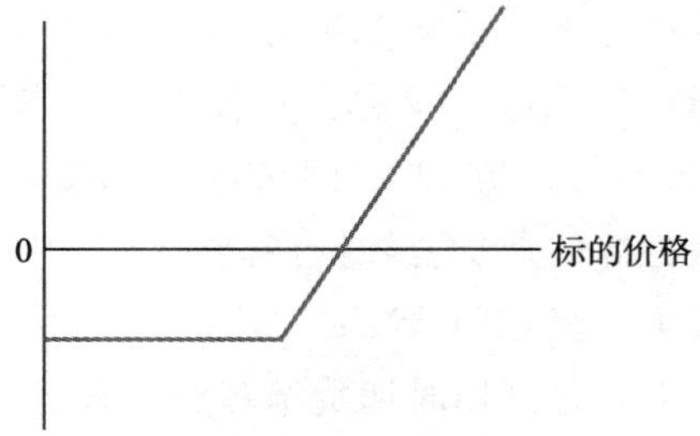

图 4－7 继续持有当前头寸的损益

投资者在持有头寸期间标的期货价格上涨，可以有四种基本的操作来进行参考。那么，如果投资者在期初买入看涨期权后，标的期货开始下跌，该如何操作？其实，除砍仓和低位加仓外，还有两种套利策略可以选择。

①向下移仓：卖掉当前头寸，买入更低行权价格的看涨期权。

②建立水平套利：持有当前头寸（持仓）并卖出期限更短的看涨期权。

这两种操作可能需要投资者对期权操作策略比较熟悉。

买入看涨期权的操作技巧

①使用原则。单独买入看涨期权适用于预测期货行情处于大多头格局的情形。

②执行价格的选择。如果买入看涨期权是以持有至到期为思路，那么预期期货上涨力道越强时，选择虚值程度较高的看涨期权比较有利（虚值期权相对便宜），但要注意接近到期日时虚值期权的风险也较大（要求价格朝预期方向大幅波动才能获利）。一般情况下，建议投资者以平值上一档、二档的虚值为主。

如果买入看涨期权只为获得投机收益，以平仓的思路入市，那么应该选择成交活跃的执行价格，否则会因流动性不足导致投资者的交易指令无法成交，一般平值附近的期权合约相对活跃。

③要计算好损益平衡点的位置。想长期持有的投资者，更要考虑损益平衡点。

④观察标的资产价格变动。影响期权价格的因素并不单一，标的资产价格变动是最为直观的。对于看涨期权买方而言，标的期货合约价格上涨，则权利金一般会涨（还要权衡时间价值的流逝）。当价格出现违背预期的行情时，要善于对头寸进行调整。头寸管理可按照如下方法：

行情跟原先预期一致，如果权利金涨幅已足够大，可以考虑平仓，赚取权利金差价；如果权利金涨幅并不大，或者持续看好至到期日，期货价格仍有上涨空间，则可以考虑到期赚取更大的获利空间。如果行情跟原先预期的相反，且对后市不再看好，可以考虑平仓，认赔出局；如果行情虽然跟原先预期的发展相反，但仍有机会扭转劣势，重回多头轨道，则可以继续持有。

2. 卖出看涨期权

看涨期权有买方，自然也有卖方，看涨期权卖方通过卖出期权获得权利金的收入。期权同样是零和博弈，所以理论上期权买方收益无限，卖方风险（可能亏损）无限。关于这一点我们要客观认识。期权卖方在权利与义务上与买方不同，非对称性在买卖双方之间能清晰地感受到。

卖出看涨期权是否等于看跌

一般来说，卖出看涨期权并不绝对意味着对标的资产后市看跌，看涨的对立面是不看涨。相对于积极看跌的情况，投资者可能认为期货价格上面有强阻力，或者未来多空局势不明朗，虽然不至于快速下跌，但可以确定继续上攻的机会不大或者微幅下跌，这时可选择卖出看涨期权，赚取权利金。卖出看涨期权被认为是一种偏熊的操作思路，适用于盘整和下跌情况。与买入看跌期权相比，卖出看涨期权是看空波动率，而买入看跌期权则是看多波动率，这是二者之间最大的区别。

图 4 -8 反映出看涨期权卖方到期时的最大收益为期初收到的权利金，

随着标的资产价格的下跌，其收益不会超过权利金，而价格上涨超出损益平衡点时，该投资者开始面临亏损，且亏损理论上无下界。

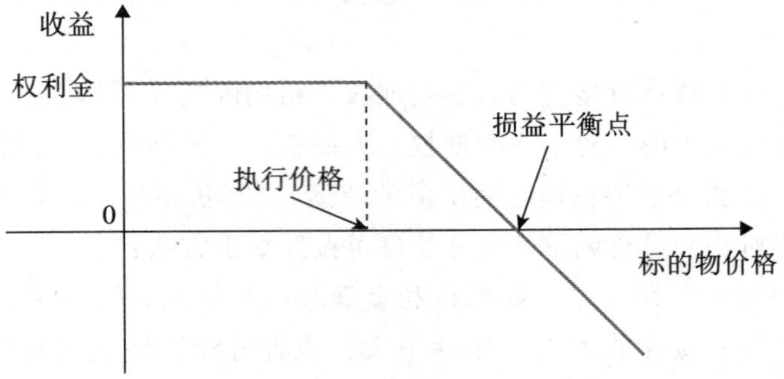

图 4-8 卖出看涨期权的到期损益图

卖方、买方的非对称

不少教科书在介绍期权买卖方时，将其收益与亏损表达为“看涨期权买方收益无限，亏损有限，看涨期权卖方收益有限，亏损无限”，这从理论上的损益图中可以反映出来。但是，现实中买方收益与卖方亏损都不可能无限。对看涨期权而言，在合约存续期内，标的资产价格的波动是可度量的，这就使得买卖双方的损益均有界。客观地认识这一点非常重要，若买方真能实现以有限的付出（权利金）来获得无限的收益，那么市场上谁会充当卖方呢？

上面提到的在风险上买方与卖方存在一定的非对称性，进入期权交易后，买方和卖方还存在保证金上的非对称。期权交易中，保证金只对卖方收取，卖方缴纳保证金收到权利金，而买方则支付权利金。

还有一处可体现出双方的非对称：行权的权利只有买方拥有，卖方到期时只能被动履约（若被指派）。看涨期权买方支付权利金，获得以约定价格买入标的资产的权利，当标的价格波动有利时可选择行权，交易所会按照一定的规则指定卖方，卖方被指定后必须履约。

买卖双方结算环节的不同

买卖双方在某些方面的非对称也使得双方在结算时会有差异，且与期货的结算也存在不同。为进行比较，先看看期权买方的结算过程（见图 4-9）。

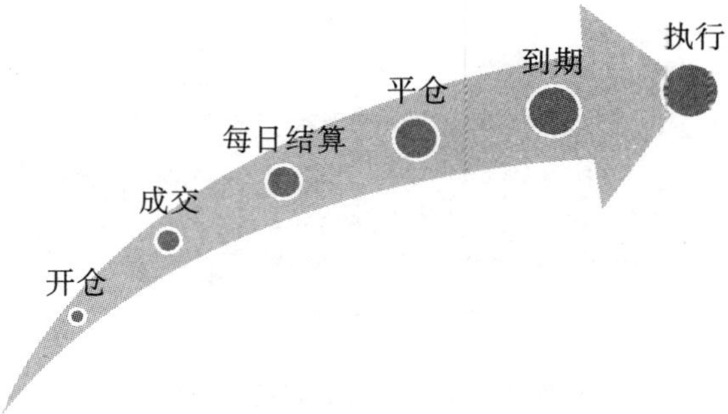

图 4-9　期权买方结算过程

开仓： 买入看涨期权，买方需支付权利金，不需缴纳保证金。

成交： 成交后，按照权利金成交价计算成交总额，从结算准备金账户划出。与期货不同，期货成交后资金从结算准备金划转至交易保证金，而权利金则是从买方账户划出，用于支付卖方。这里，权利金是全部从账户划走，而不是一定比例，这对买方而言成本比较高。

每日结算： 当日闭市后，由于买方不需要缴纳保证金，也就不存在按结算价调整权利金和保证金，买方的账户权益无法反映出期权多头持仓的价值，只有在平仓后才能计算。期货在每日价格变化时有浮动盈亏，盈利可以开新仓，浮亏要追加保证金，而买入期权不存在这些问题。

平仓： 投资者卖出平仓，按成交价收入权利金，相应增加结算准备金余额。注意这一过程并不是将盈利差划入，这也是与期货的不同之处。比如，某投资者以 200 元/吨的价格买入 SR1401C5100，以 150 元/吨的价格平仓，那么结算时，交易所划入其账户 150 × 10 = 1500（元），结算完毕。上面这一过程，其实意味着买方在大量买进期权时，其账户资金会大幅度减少，而平仓后又会大幅度增加。

到期： 到期日，只要买方不平仓，也不提出执行，就意味着放弃权利。因为期初权利金已经划走，所以这时候就没有新的结算动作，只需交易所把其持仓删掉。

执行： 下达执行指令前，投资者（买方）需要有充足的保证金（同期货开仓所需数量）；执行后，减少期权持仓，同时增加期货持仓，按照新开仓缴纳交易保证金和交易手续费。需要强调一点，买方想要将期权部位变为期货部位需要提出执行，但必须符合期货保证金要求的资金条件。

卖方的结算过程也可以分为六个环节，但每个环节均有差异（见图 4-10）。

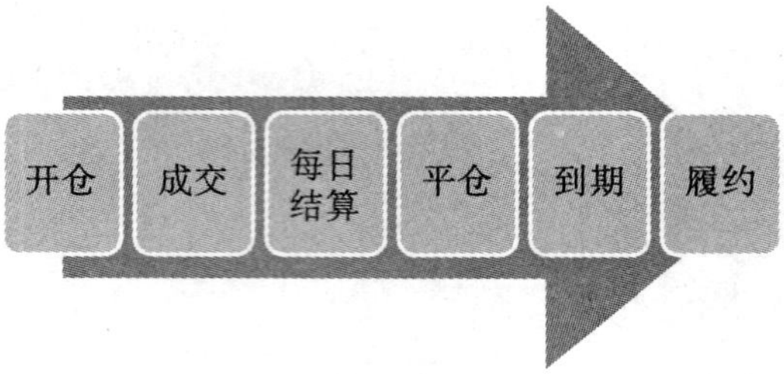

图 4-10 期权卖方结算过程

开仓： 卖出看涨期权，投资者收入权利金，账户中需要有足额的资金用于支付保证金。

成交： 卖方的资金划拨比买方复杂。成交后，系统按照收支两条线来划转资金。一是按照成交价为卖方划收权利金，二是按照保证金计算公式从结算准备金账户划付交易保证金。

每日结算： 当日闭市后，按照标的（如白糖期权标的为白糖期货合约）、期权的当天结算价、期权的状态（实虚值状况）计算和调整保证金，与已经缴纳的保证金进行比较，多退少补，如果继续持仓，每天将重复这一过程。

平仓： 投资者买入平仓，按照成交价支付权利金，释放交易保证金。

到期： 减少期权持仓，释放交易保证金。这是针对买方没有行权的情况。

履约： 买方提出行权，卖方被配对后，期权持仓减少，同时增加期货持仓。对看涨期权而言，卖方增加了期货空单。释放保证金，同时期货按新开仓缴纳交易保证金和相关手续费。

卖出看涨期权的适用性

基于对影响期权价格因素的分析得出，卖出看涨期权的投机操作是最为常见的看涨期权空头，此类投资者以获取权利金收入为目的。从国外实际情况看，卖出看涨期权的收益率并不低，甚至高于买方。不过，对于裸卖期权（无相应标的的持仓）仍需谨慎，下文会提及更多的组合策略，其中包含期货与期权的组合，属于有保护的头寸。

卖出看涨期权有时是一种套期保值需要。如果投资者已买进标的物，那么卖出相对应的看涨期权获得权利金相当于降低了买价。这一保值的效果类似于卖出看跌期权。期权的套期保值方法比期货多，对于持有标的而言，买入看跌期权同样是一种保值手段。

还有时还会因为构造套利组合而卖出看涨期权。看涨期权作为套利的组成，比如最常见的垂直套利中，就会涉及卖出看涨期权的情况。

另外，为锁定期货利润或锁仓也可以卖出看涨期权。

卖出看涨期权的头寸维护

在本章的第一部分的内容中我们提到了买入看涨期权后的四种基本头寸管理方法，随着标的资产价格的变动，卖出看涨期权，也可对头寸进行调整。

可以想象，投资者在卖出某看涨期权后，会面临期货价格上涨、急跌和缓跌的可能。不同情况下，灵活进行策略选择会增加盈利的空间，我们可分以下三种情况考虑。

（1）卖出看涨期权后，价格如预期那样快速下跌

这是该头寸的最佳状态，直到到期时，价格下跌至损益平衡点下方，卖方可在到期日获得全部的权利金收入。其实，仔细分析一下，期货价格出现大跌对卖方而言是有喜有忧的，喜的是能在当前头寸上收益最大化，忧的是丧失掉了跌幅扩大的获利机会。因为即使期货价格下跌至执行价格以下，卖方的收益也会被锁定。

其实，在价格跌幅较大（低于执行价）后，投资者需要继续研判后市从而来调整策略。如果预计价格将继续下跌，可以采取较为激进的手段再买入看跌期权（以平值或虚值为主），此时相当于构造了期货空头（注意，这里只是相当于，并非严格意义上的构造）。这是一种增利的策略，不过，价格反弹后也面临亏损的风险（见图 4－11）。

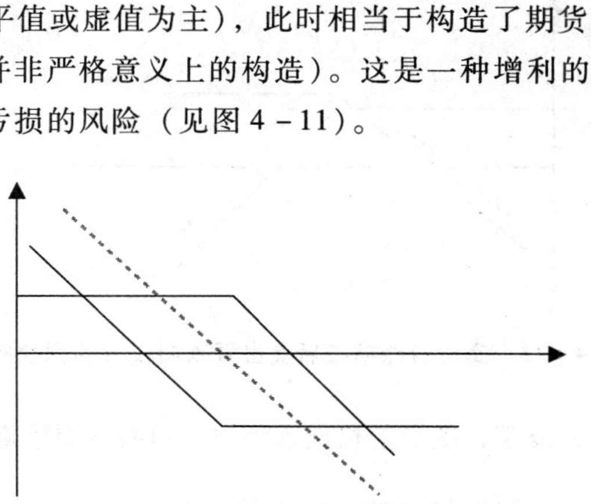

图 4－11　卖出看涨期权后再买入看跌期权

若是在跌幅较深后，预计跌势不可持续，将迎来反弹，投资者可选择平仓出局，赚取权利金的买卖差价。

（2）看对了方向，但下跌十分缓慢，可卖出不同执行价格的看跌期权

投资者卖出看涨期权后，期货价格如预期那样向有利的方向发展，在头寸上有现付盈利，那么投资者除持有现有头寸不变外，可考虑下面两种选择：平仓或卖出较低执行价格的看跌期权。

熟悉期权策略的投资者可能已经看出来，图4－12的损益图的结果为反向宽跨式组合的到期损益图。这种操作一般是投资者认为至到期日期货价格仍以缓跌为主。

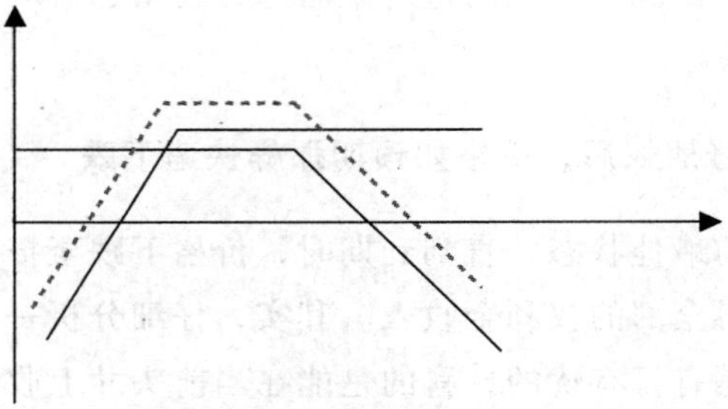

图4－12　卖出看涨期权后卖出看跌期权

在已经出现缓跌的情况下，投资者同样可以选择卖出相同执行价格的看跌期权，构造类似反向跨式组合的损益形态（见图4－13）。

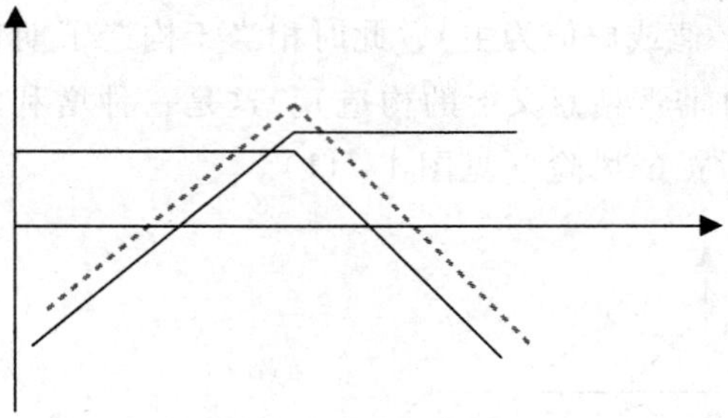

图4－13　卖出看涨期权后卖出看跌期权（相同执行价）

（3）方向预计反了，期货价格出现缓涨，可买入看涨期权（见图4－14）

投资者卖出看涨期权是对后市出于偏空的预期，若行情反向波动，投资者认为多头格局已经形成，那么可以认亏平仓出局。如果认为后市在利多消化后仍有下跌可能，可以继续持有该头寸，或者买入虚值看涨期权，避免死扛后一错再错。

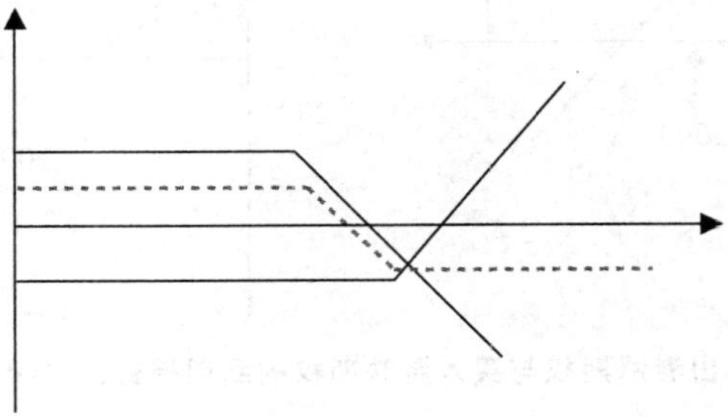

图 4－14　卖出看涨期权后买入虚值看涨期权

3. 买入看跌期权

与买入看涨期权不同的是，看跌期权买方支付权利金所获得的是按照执行价格卖出标的资产的权利，买入看跌期权是一种常见的看空操作，一般预计标的资产会有较大的波动（到期日至少跌至损益平衡点之下），当然，通过看空后市在到期日前也可获得权利金的买卖差价。

买入看跌期权

前文曾介绍卖出看涨期权的操作，卖出看涨期权是“不强烈看涨后市”，其中包含看跌的成分。那么此处再提及买入看跌期权是否多此一举？事实上并非如此。卖看涨期权与买看跌期权有一个明显的区别就是对后市波动率的判断上。这一点我们在前文也提到过。无论是看涨期权还是看跌期权，买入操作的实质是在做多波动率，卖出操作则是做空波动率。

除此之外，二者操作看空期货价格的程度不同，在期货价格大幅下跌时，买入看跌期权的收益大于卖出看涨期权。卖出看涨期权与买入看跌期权的到期效益见图 4－15。

看跌期权的买方是支付权利金获得以执行价格卖出标的资产的权利，卖方缴纳保证金并收取权利金，这一点上与看涨期权在性质上无差异。

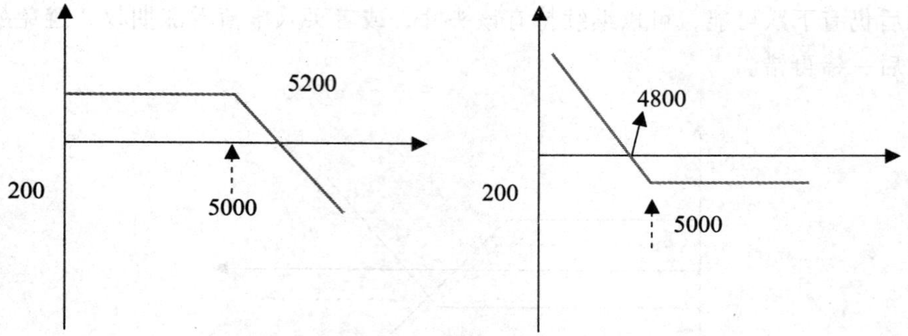

图4-15 卖出看涨期权与买入看跌期权的到期损益图（单位：元/吨）

买进看跌期权后的锁利操作

作为看跌期权的多头，最理想的情况是看到标的资产价格大幅下跌，跌得越多，赚得也就越多。比如SR1401-P-5200的买方，支付150元/吨的权利金后，在到期日前SR1401的价格若跌至5000元/吨，那么权利金可能上涨至250元/吨，期货价格若跌至4800元/吨，那么权利金可能上涨至430元/吨，投资者平仓赚取权利金的买卖差价就是一笔不小的盈利。

对于短线操作的投资者，急跌出现后可在获利满足点达到后平仓；对于习惯波段操作的投资者，在期货价格没有出现反转信号时，可不必急于平仓。在不想太早平仓又担心期货价格反弹导致原有利润缩水时，可选择锁利。锁利的方法可选择期权或者期货。

一种方法是：在期货价格下跌后，投资者明显获得浮动的盈利时，考虑卖出平值的看跌期权。比如，期货价格在5200元/吨附近时，买入SR1401-P-5200（假设权利金150元/吨），若期货价格迅速跌至4900元/吨，那么投资者可选择卖出SR1401-P-4900（此时，执行价格为4900元/吨，为平值）。这一组合的损益平衡点为：5200-权利金净支出。买入看跌期权后再卖出看跌期权损益见图4-16。

上述到期损益图反映出，锁仓后该投资者后期的最大盈利与亏损均被限制，最大亏损为权利金的净支出。这样做的优点是把先前单一头寸的利润锁住了，一旦价格反弹，盈利缩水也比不锁利的情况好。而且，交易所还有规定，这种情况下卖出看跌期权可不收取保证金。锁利同样也有缺点，若后市期货价格并未反弹，反而稍作调整后继续下跌，那么锁利就将错过继续累积盈利的机会。此处为何选择平值看跌期权卖出，主要因为越接近平值的执行价格，时间价值越高。

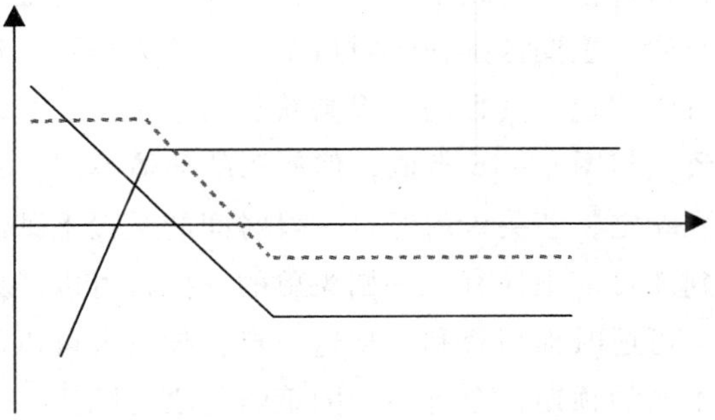

图 4－16　买入看跌期权后再卖出看跌期权

另外一种锁利的方法需要期货操作的配合。具体的执行程序是，买进看跌期权后，期货价格出现急跌，投资者产生明显的获利时，再买进期货。买入看跌期权后用期货操作锁利损益见图 4－17。

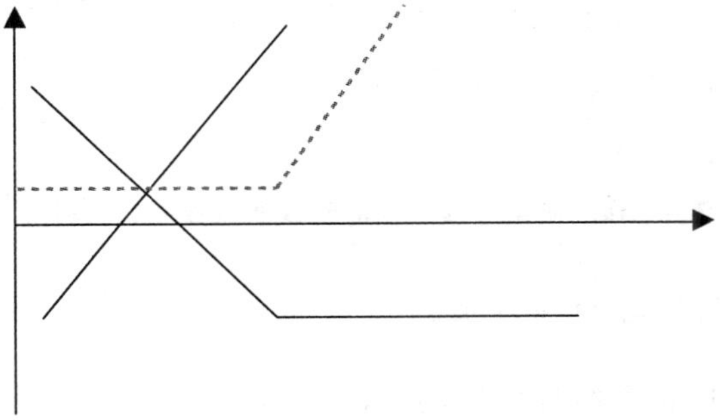

图 4－17　买入看跌期权后用期货锁利损益图

投资者的心态，一种是不管价格如何下跌，收益都是固定的；另一种是一旦期货价格上涨，则获利能够增加，因此决定买入期货合约一直等到到期日或等待期货价格大于执行价格，这样能够实现利润最大化。

需要特别强调的是，上述两种操作的使用时机是期初买进的看跌期权明显获利，但担心至到期日价格反弹。

大同小异的操作，提高获利机会

上述两种锁利操作是有前提的，一般是期货价格已经有较大幅度下跌时才这样选择。若买入看跌期权后，期货价格并未出现急跌，而是缓慢下跌（多数是期货价格处在执行价与损益平衡点之间或在损益平衡点左侧不远），那么投资者面对的是小赚或小赔。这时投资者可以选择继续持有该头寸，等待期货价格下跌，赚取更大收益，也可以选择平仓出局。这里要介绍另一种操作：卖出较低执行价格的看跌期权。这种操作的结果与上面提到的用期权锁利的方法大同小异，主要区别在于对后市的预期为小跌。这种操作一般是卖出虚值一档的看跌期权，其目的是提高获利的水平。

图 4－18 大致上与图 4－16 类似，但使用的环境不同。一般，买入看跌期权是对行情强烈看空，若买入后经过一段时间的缓慢下跌，投资者认为后市仍偏空，但在到期日前预计有下一档买单的支撑，可以考虑卖出支撑价位附近的看跌期权，可适时提高获利。从这一点，投资者可以深刻体会到期权操作的灵活性，不同的预期，会有不同的策略与之搭配。

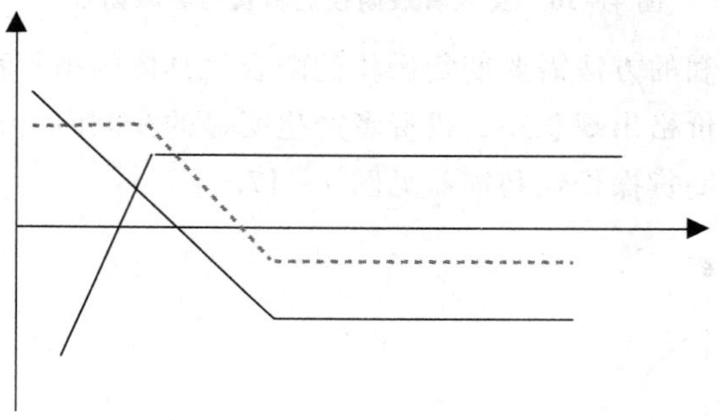

图 4－18　卖出虚值一档的看跌期权提高获利机会

方向预测反了后的头寸管理

很多时候，我们对期货价格的预测并不那么精准，甚至经常反向。比如，买入白糖看跌期权后，期货价格出现急涨或缓涨，那么，该头寸就会因权利金价格下跌出现亏损，投资者往往会选择平仓认赔出局或者死扛到底，因为即使死扛至到期，期权仍为虚值，最多损失掉全部的权利金。

如果投资者买单（P）成交后，发现期货价格出现缓慢的上涨，并综合分析后认为后市继续温和上涨的可能性比较大，那么投资者除砍仓外（这时一般已经出现权利金的浮动亏损），可以选择卖出较高执行价格的看跌期权。比如，期初在期货价格为 5160 元/吨的时候投资者买进 SR1401－P－5200，价格为 60 元/吨，持有数日后，期货价格上涨至 5255 元/吨，投资者可选择卖出 5300 元/吨的看跌期权，会收取一部分权利金，比如 80 个点（见图 4－19）。

上述组合的损益平衡点为高执行价格减去净权利金，在上面的例子中即为：

5300－（80－60）＝5280（元/吨）

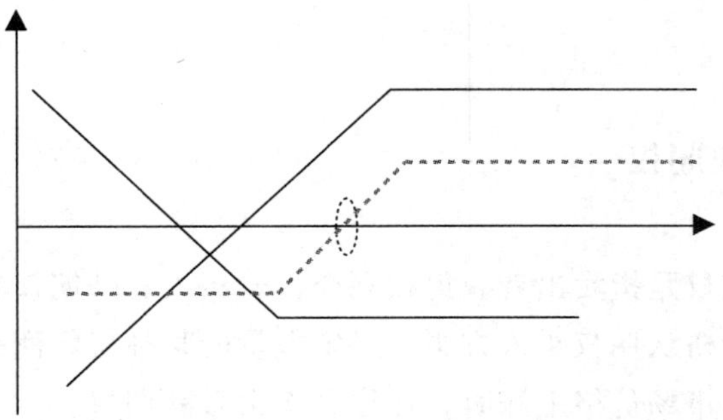

图 4-19　卖出较高执行价格的看跌期权试图扭亏为盈

从损益图（见图 4-19）可以看出，只要到期时的期货价格低于损益平衡点就会出现亏损，高于损益平衡点就意味着这种反败为胜的策略是成功的。这种策略以及下面将介绍的另一种扭亏为盈的操作尽量在到期日或邻近到期日的时候实施，这样获利机会较大。

还有一种方法是，在投资者买入看跌期权期货价格出现迅速上涨后可以选择买入期货合约来达到扭亏为盈的目的。买入期货，意味着投资者此时的心态已经发生了改变，由之前的看空变为偏多。

从最终的损益图（见图 4-20）特征，可以看到买入期货后，相当于合成了看涨期权的多头。但这个与上面图 4-17 不同，运用时机及损益都有区别，需要注意，在后面期货与期权的组合中，会更深刻地体会到操作的灵活性。这种扭亏为盈的策略并非百分百能成功，我们可以设想，若买入期货合约后，期货价格出现下跌，那么整体亏损将大于单一持有看跌期权，投资者可自己体会选择。

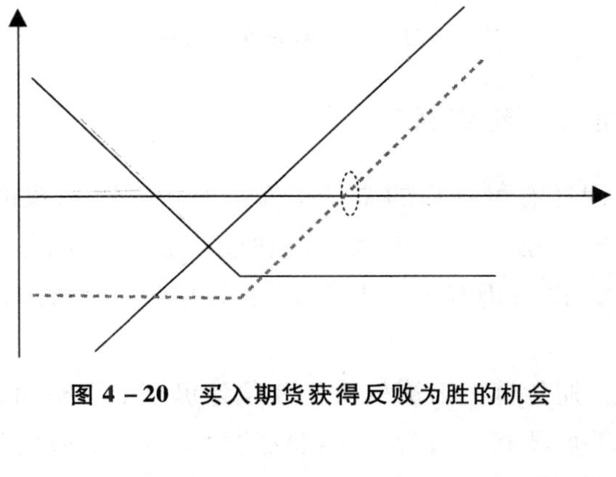

图 4-20　买入期货获得反败为胜的机会

4. 卖出看跌期权

卖出看跌期权是指卖出者获得权利金，若买入看跌期权者执行合约，卖方必须以特定价格从期权买入方买入一定数量的某种特定商品。当投资者预期某种特定商品市场价格上涨时，往往会卖出看跌期权。

卖出看跌期权

卖出看跌期权意味着将来承担义务（见图 4－21）。期权到期时，如果看跌期权的买方要求执行期权，看跌期权的卖方就只能履行合约。看跌期权卖方损益与买方正好相反，买方的盈利即为卖方的亏损，买方的亏损即为卖方的盈利。谁赢谁亏，完全看投资者对市场走势的判断是否正确。看跌期权的卖方盈利有限（最大盈利即为权利金），潜在损失巨大。

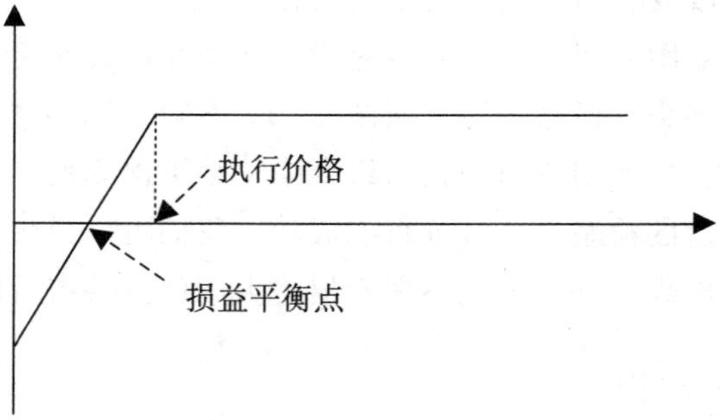

图 4－21 卖出看跌期权损益图

卖出看跌期权后的锁利策略

其实，卖方同样有可选择的多种操作。对于看跌期权的卖方，最希望看到的是期货价格上涨，价格上涨，权利金一般就会下跌，平仓即可赚取买卖差价。这里，我们仍然分三种情况来简单介绍几种应对行情变化的操作。

第一种情况：期货价格上涨较快，并预计仍有上涨空间，可选择买入看涨期权搭配，来增加盈利。因为看跌期权的卖方最大的收益是期初收取的权利金，所以即便是期货价格涨幅再大，或者预计后市还会上涨，都无法再从中获得更多的利益。卖出看跌期权后再买入看涨期权，是一种相对较激进的看多后市的策略，可以提高期货价格上涨时的收益。任何策略都不是十全十美的，想要达到某种目的，就要付出某种代价，这里同样如此。投资者买入看涨期权是为获得期货价格大幅上涨的收益，所以，要为此付出权利金的代价，并且若预测失误，期货价格未能继续上涨或出现下跌，将白白损失掉权利金，投资者可以从图4－22的组合损益情况体会。

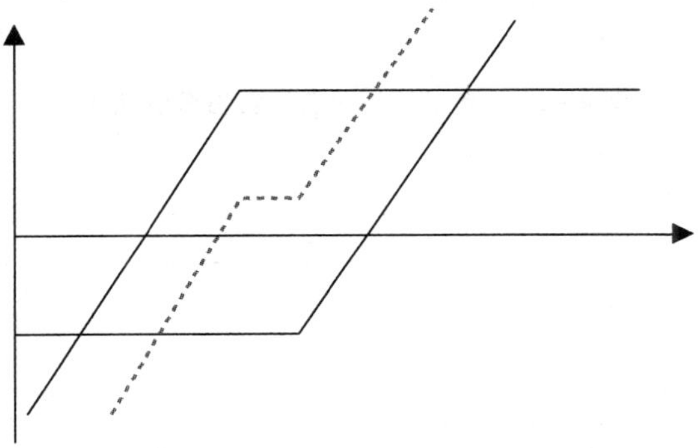

图4－22　卖出看跌期权与买入看涨期权的组合

比如，投资者在白糖期货价格为5150元/吨的时候卖出SR1401－P－5200，收取权利金150元/吨，损益平衡点为5050元/吨。之后，期货价格上涨至5330元/吨，权利金仅为30元/吨。投资者若认为涨势不可持续，最简单的便是平仓，但若预计至到期日仍有较大空间上涨，那么即使持有至到期，也最多获得150元/吨的权利金。为了增加盈利空间，投资者可以选择买入SR1401－C－5300，并为此支付50元/吨的权利金。组合头寸的损益平衡点为较低的执行价格与权利金净收入之差，此例子中为：5000－（150－50）＝4900（元/吨）。

这种策略的运用时机是在卖出看跌期权后，期货价格出现急涨（盈利），且预计后市会继续上涨，需要增利！而买进看涨期权的执行价格一般选择平值或虚值，这样成本相对较低。

第二种情况：卖出看跌期权后，期货价格出现缓慢上涨。投资者预计这一状态会持续，可以选择卖出虚值的看涨期权（高执行价格），也可以提高获利，投资者可参照有关卖出看涨期权操作的相关思路（见图4－23）。

第三种情况：卖出看跌期权后，期货价格出现下跌。投资者可选择买入较低执行价格的看跌期权或者选择卖出期货进行规避风险，组合的损益见图4－24。

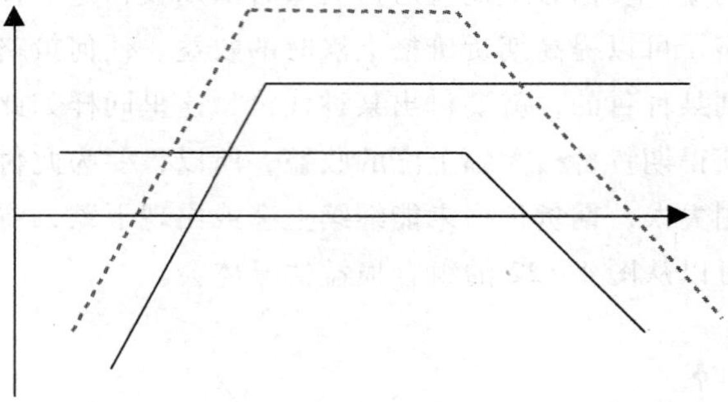

图 4-23 卖出看跌期权后卖出看涨期权

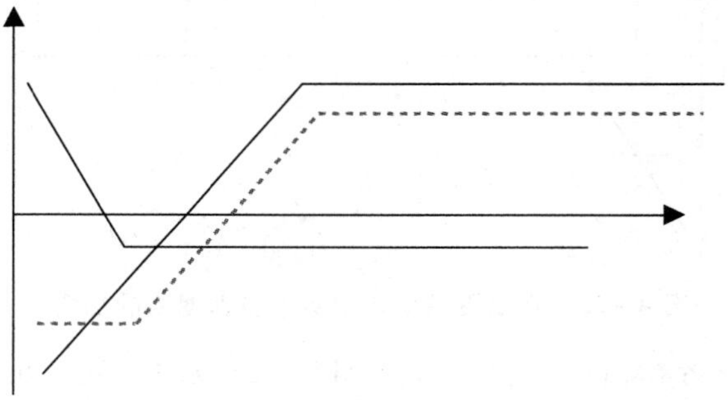

图 4-24 卖出看跌期权后买入较低执行价格的看跌期权

（买低卖高相当于构造牛市垂直组合）

尽管我们并未给出更多的操作解释，但图 4-24 是锁定风险的操作，与本书的其他操作一样，一定要区分使用的环境，损益图能传递的最直观的信息就是使用某种操作所针对的对后市的方向性预判情况。卖出看跌期权后卖出期货合约操作见图 4-25。

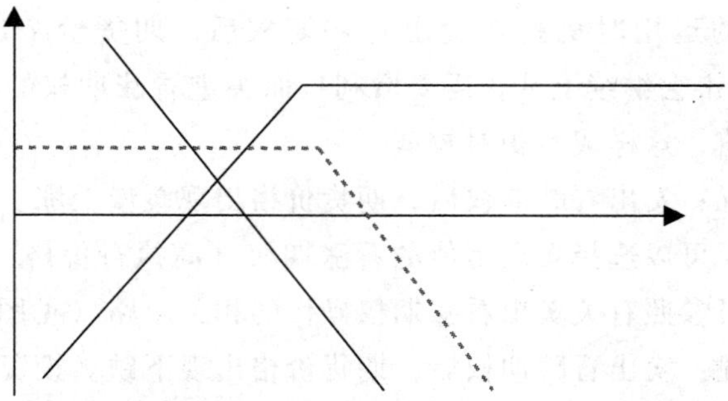

图 4-25 卖出看跌期权后卖出期货合约

期权四个基本头寸的单一操作并不难理解，对于无行权需求的投资者而言，赚取买卖差价也是再简单不过的操作。不同行情变化下的灵活处理头寸，对于期权交易者的专业知识有一定要求。本章内容反复涉及的期权与期权、期权与期货的组合操作也较为常见，重点是理解不同时机的策略选择，尽管有些策略最终的损益看上去很类似，但买卖的价格、买卖的时点会有不同。比如，同时买进期货合约卖出看涨期权，与先买进期货合约再卖出看涨期权所适用的时机就不同，下文我们会再提及这方面的内容。

第五章

合成关系

看涨期权、看跌期权以及标的物价格都是通过所谓的平价关系（即 PCP 期权平价关系）相互联系起来的。乍一看，读者可能很疑惑，不过不用担心，我们将在随后的章节学习 PCP 平价关系以及借此进行的套利策略分析。在此，我们只需要知道一个 PCP 平价理论的直接推论即可：标的物、看涨期权、看跌期权这三者之一的持仓能够被其余两种资产的持仓组合所复制，其中，这类包含两部分不同资产的持仓被称为合成持仓。本章我们就将一起感受在不考虑利率以及交易手续费的情况下的基本合成持仓策略。

1. PCP 平价关系的简单介绍

PCP 平价关系具有丰富的经济和金融内涵，覆盖了关于期权定义、影响因素、风险衡量、套利、策略和产品设计等，似乎“无孔不入”。因此，理解和运用 PCP 平价关系对于学习期权而言可谓事半功倍。

对于期权初学者而言，理解期权价格的影响因素较易于混淆，但用 PCP 来推导就迎刃而解。我们以欧式看涨与看跌期权为例来推导 PCP 平价关系。假定欧式期权在到期日 T，若标的资产价格 S 高于期权执行价 K，则看涨期权价值 C 就为标的物的价格与期权执行价之差为 $C=S-K$。若标的资产价格 S 低于期权执行价 K 时，买方选择不执行，此时看涨期权没有价值，即 $C=0$。可见，欧式看涨期权在到期日的价值为 $C=Max\{(S-K), 0\}$。相应的，具有相同到期日，同一标的和同一执行价的欧式看跌期权 P 在到期日的价值为 $P=Max\{0, (K-S)\}$。

首先，我们需明确存在以下一般性数学恒等式：

$$Max\{0, S-K\}+K=S+Max\{0, K-S\} \quad (5-1)$$

其次，我们将欧式看涨期权在到期日的价值、看跌期权在到期日的价值代入恒等式（5-1）可得：

$$C+K=P+S \quad (5-2)$$

最后，将等式（5-1）折现为当前的价值分别为 c，$Ke^{-r(T-t)}$和 p，s，即为：

$$c+Ke^{-r(T-t)}=p+s \text{（T-t 为期权到期剩余区间）} \quad (5-3)$$

等式（5-3），即为看涨—看跌期权平价关系式。

2. 合成近似期货部位的交易策略

通过上述对买权卖权平价关系的简单介绍，相信用心的读者已经开始对该等式在交易策略中的应用产生浓厚兴趣。我们知道，不同投资者对于风险受益偏好和特定的市场预期都有所不同，除了买卖单一类型的期权这种直接运用期权头寸的交易方式，投资者还可以运用不同期权的组合以及期权与标的物的组合形成满足投资者自身需求的交易策略，其中一种基础的交易策略就是合成期货交易策略。准确地说，本部分内容应该说是合成标的资产的头寸，我们考虑到国内商品期权都为期货期权，其标的物为该商品的期货合约，所以，针对商品期权而言，我们直接说用期权来合成近似期货的部位。

合成近似期货的交易策略是利用两种期权的组合获得其标的期货合约相

类似收益情况的交易策略，采用这种交易策略可以利用更低的投资成本去获得与标的期货合约类似的收益。其中两种基本的交易策略就是期货多头交易策略和期货空头交易策略。

构建期货多头交易策略基本的操作方式就是买入一份某期货合约的看涨期权（Call），同时卖出一份执行价格、到期日与该看涨期权都相同的看跌期权（Put）。这两份期权组合的收益情况就会与标的期货合约相类似，不同之处是损益平衡点可能会因为执行价的选择不同有区别，整体的损益情况可能会出现平移。

构建期货空头交易策略的操作方式就是买入一份看跌期权（Put），再卖出一份到期日和执行价都与该看跌期权相同的看涨期权（Call），这两个期权组合的收益情况同样会与标的期货合约相类似。

为方便记忆，我们采用如下持仓等式来说明：

+期货合约 = +看涨期权 - 看跌期权

其中，“+”指多头，“-”指空头。

那么以上的合成期货交易策略就可以分别表示为：

+期货合约 = +买权 - 卖权；-期货合约 = -买权 + 卖权

为便于理解，我们不妨假设黄金现货价格为1500美元/盎司，黄金期货合约价格与期权执行价格也为1500美元/盎司，其中，看涨期权权利金为30美元/盎司，看跌期权权利金也为30美元/盎司。在考虑期权到期日关于执行或配对的运行机制时，可能产生三种结果：黄金到期日的收盘价高于、低于或者等于执行价格。

如果期货到期日的收盘价高于1500美元/盎司，那么看跌期权空头处于虚值状态，因此毫无价值，而看涨期权多头处于实值状态行权获利，这意味着看涨期权多头行使权利以执行价格购买黄金期货合约，再说得更直接些，这与投资者一开始在期货市场上用1500美元/盎司做多期货的效果是一样的，因为期货价格涨得越多，期权行权之后就赚得越多；如果黄金到期时的收盘价低于1500美元/盎司，那么看涨期权多头处于虚值状态，因此这毫无价值。而看跌期权空头处于实值状态，所以面临履约义务，这也意味着看跌期权的空头要履行期权义务以执行价格购买期货合约，可以想像，这时候期货价格跌得越多，对投资者而言是越不利的，这仍然是相当于投资者当初在1500美元/盎司的价位上做了期货的多单！如果期货到期时的收盘价等于1500美元/盎司，在这种情况下，无论是看涨期权多头还是看跌期权空头，都不会行权，由于一开始支付的权利金与收到的权利金刚好使投资者的成本为零了（实际中一般不会刚好抵消），所以，我不赚不亏，与一开始买入一张黄金期货合约具有等价的损益情况，不同的是，黄金期货合约多头初始投资时需缴纳更多的保证金。看了图 5－1，您会发出感叹：原来是这样！

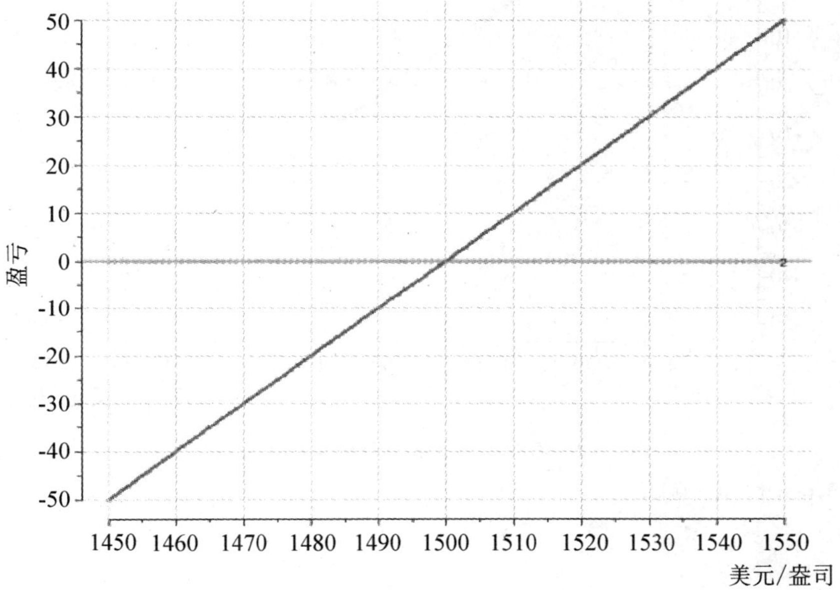

图 5－1　看涨期权多头与看跌期权空头组合

资料来源：长江期货。

综上所述，由看涨期权多头与看跌期权空头组成的两腿持仓与期货合约多头持仓的损益结果是一样的。通过分析，投资者可能会好奇该组合策略会适用于什么市场行情。我们首先得明确，该交易策略的损益结果相当于持有期货合约多头，那么我们也就不难得出该交易策略适用于行情预期是强劲的牛市看涨的情况，并且该策略允许我们可以利用更低的投资戓本去获取与标的期货合约类似的收益。

同样，我们可以用类似的方法来合成期货空头部位，合戓后的损益图如图 5－2。

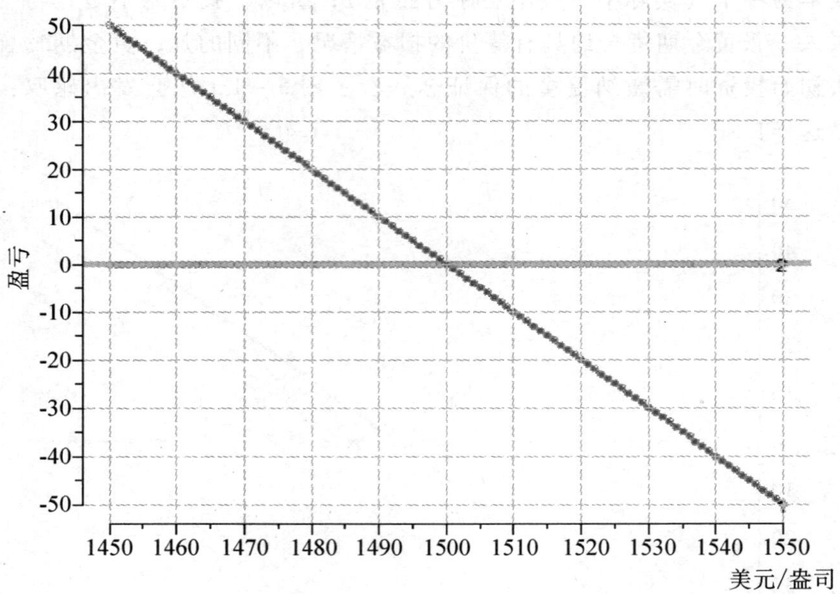

图 5-2 看跌期权多头与看涨期权空头组合

资料来源：长江期货。

3. 合成期权交易策略

合成期权是指由期权与期货组合成的期权部位，它具有期权的风险收益特征。合成期权同样有合成看涨期权和合成看跌期权之分，并且各自都还进一步细分为合成多头和合成空头。我们不妨采用与之前类似的持仓等式来表示这些交易策略的构建方式，具体结构如下：

合成看涨期权多头：+看涨期权 = +期货合约 + 看跌期权

合成看涨期权空头：-看涨期权 = -期货合约 - 看跌期权

合成看跌期权多头：+看跌期权 = -期货合约 + 看涨期权

合成看跌期权空头：-看跌期权 = +期货合约 - 看涨期权

我们仍然是用黄金期权及黄金期货来举例。假定某投资者通过持有期货合约以及看跌期权多头来合成看涨期权多头，如果到期时该黄金期货合约的收盘价高于 1500 美元/盎司，则看跌期权多头处于虚值状态而不具有任何价值，期货合约多头持仓保持不变，由购买看跌期权所付出的30美元/盎司权利金加上期货合约交割价格1500美元/盎司可以计算得出，该组合看涨期权多头的有效价格为1530美元/盎司，这里所说的有效价格是指计入了总的或者净的期权权利金的期货合约价格，因此，我们可以发现，此时该交易策略实际上与以30美元/盎司的价格买入黄金看涨期权并到期行权的结果是一样的。如果到期时黄金期货合约的收盘价低于1500美元/盎司，则看跌期权多头处于实值状态并执行，这意味着看跌期权多头行使期权权利以执行价格1500美元/盎司的价格卖出标的物，而该期货合约多头则面临差价损失，其损失值恰好被看跌期权多头抵补。因此，我们可以发现，此时该交易策略实际上也与以30美元/盎司的价格买入黄金看涨期权并到期放弃行权的结果一样，投资者的最大损失是30美元/盎司的权利金。如果到期时黄金期货合约的收盘价等于1500美元/盎司，那么看跌期权多头不会行权，而期货合约多头持仓保持不变，但该交易策略面临看跌期权多头的30美元/盎司的权利金损失，因此，我们可以发现，此时该交易策略实际上也与以30美元/盎司的价格买入黄金看涨期权并到期放弃行权的结果一样。

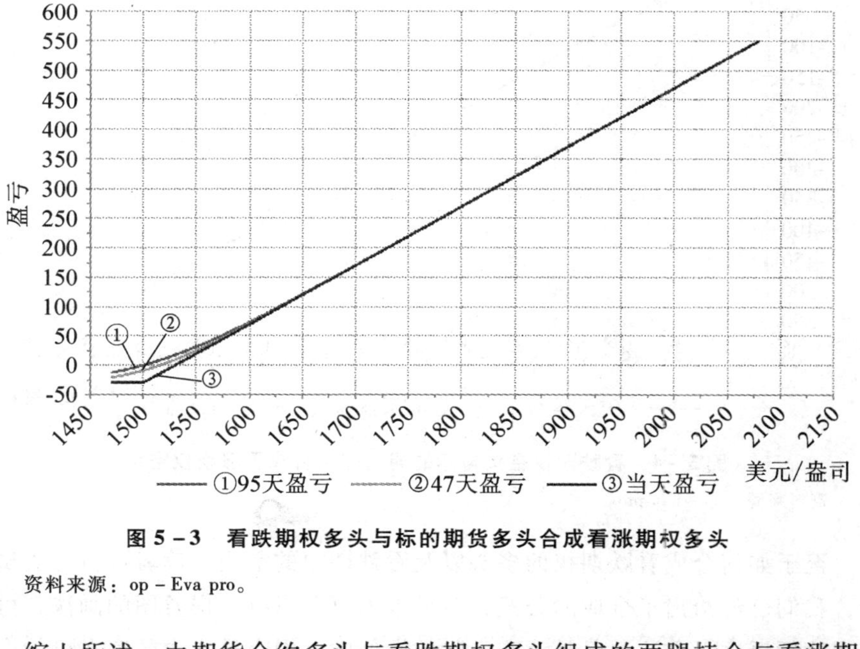

图5－3　看跌期权多头与标的期货多头合成看涨期权多头

资料来源：op－Eva pro。

综上所述，由期货合约多头与看跌期权多头组成的两腿持仓与看涨期权多头持仓的损益结果一样。那么，这种交易策略又适合什么市场行情呢？通过分析我们知道，该交易策略等同于看涨期权的多头持仓，因此，当预期行情会有大的上涨行情且波动会加剧但又担心价格下跌时就可以采取该交易策略。其最大损失等于权利金支出，理论上最大收益没有上限，并且随着到期标的物现货价格的上升不断增加，损益平衡点的价格等于看跌期权行权价格加上权利金支出。

同样，我们也可以采用类似的分析方法对合成看涨期权空头的交易策略进行分析，只需要做空看跌期权并做空期货就可以实现。这种合成的头寸我们可将其与卖出看涨期权同样对待，适用于投资者认为不会有大的上涨甚至预期会下跌的行情。当黄金期货价格下跌时，卖出看跌期权可能会出现亏损，但这时期货的空头部位有盈利，这二者会实现在下跌时的损益相互抵消；在黄金期货的价格上涨时，卖出看跌期权在虚值状态下将赚取权利金，而期货的空头部位将出现亏损，且期货涨得越多，整体的亏损就越大。所以，下跌时可能获得的最大收益固定，理论上上涨时亏损无限，这不正是我们再熟悉不过的卖出看涨期权吗（见图 5－4）？

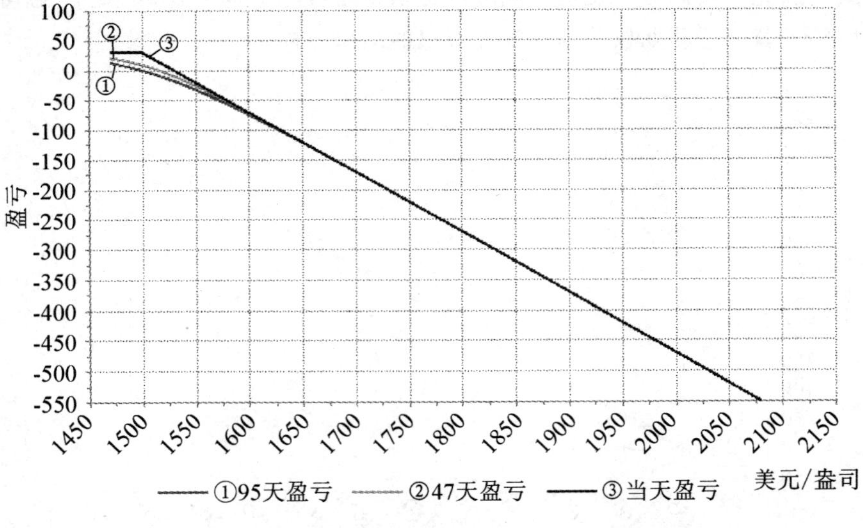

图 5－4　看跌期权空头与标的期货空头合成看涨期权空头

资料来源：op－Eva pro。

至于如何合成看跌期权的多头以及看跌期权的空头，读者可自己尝试分析，我们已经给出了合成的公式，参见本书第九章有关损益图的画法，可以直观地领悟这一方法。只是，在实际的操作中，因交易成本的存在可能会给这种合成操作的结果带来一定影响。

第六章

期权的价格分析

期权的定价是投资者认为最晦涩难懂的。应该说，期权定价过于偏理论，在实际交易中，即使投资者不了解所谓的随机过程、伊藤引理这些数学理论，同样可以得到最终的理论价格，一般的交易软件中都有计算价格的功能。出于完整性考虑，本章我们所谈及的期权价格主要落脚点是在应用上，至于期权的定价模型我们放在附录部分，供有兴趣的读者参考。

1. 权利金的组成——你愿花多少钱买期权

假设有一套市场价值100万元的房子，开发商说现在有个“期权”可以卖给你，你买这个期权后，就有权利在一年的时间内按照100万元的价格买这个房。那么你愿意为买这个权利掏多少钱？也许，你会认为："我为什么要掏钱买这个对我来说没任何价值的'期权'，而不是直接用100万元在市场上买这个房子呢?"。因为，如果房子真的涨价了，投资者行使权利后买到房子的价格也是100万元加上自己掏的买期权的钱。

是的，投资者想的没有错，如果确认房子百分之百会上涨，你也有足够的钱付房款，当然直接掏钱买房划算些。但是，如果投资者担心房子不涨反跌，而又不想因上涨而留下遗憾，这时就完全有必要买"期权"了。这让笔者联想到做期货与做期权的区别，期权虽好，但并不能完全替代股票和期货，只能说各有优势。

回归正题，对于这样一份的平值"期权"，有人愿意掏钱买，他认为在这一年的时间内房价有可能出现上涨，只要上涨幅度超过权利金，这笔买卖就是划算的。所以，笔者这里要引入一组概念，即期权的时间价值与内在价值。用一个简单加法公式表示期权的价格与这两个概念之间的关系是：

期权价格 = 内在价值 + 时间价值

期权的内在价值（Intrinsic Value)，是指期权的买方行使期权时可以获得的收益的现值。对于欧式看涨期权来说，因为多方只能在期权到期时行使，所以其内在价值为 ST – X 的现值。通俗地讲，就是标的资产价格超出看涨期权或低于看跌期权执行价格的部分。如果是买入股指的看涨期权，执行价格是2150点，如果沪深300指数是2160点，那么内在价值就是2160 – 2150 = 10点。至于贴现，就是按照无风险利率（可认为是银行存款利率）折现到当前。一般情况下，这时候我们看到这份期权合约的价格会高于这个内在价值，原因就是有时间价值的存在。

期权的时间价值（Time Value）是指在期权有效期内标的资产价格波动为期权持有者带来收益的可能性所隐含的价值。显然，标的资产价格的波动率越高，期权的时间价值就越大。因为还未到期，所以期权就有可能给自己带来收益，这是时间能给期权买方带来的潜在收益的可能。时间价值怎么去算，这是个本来很复杂的问题，但我们通常是用期权的价格减去内在价值得到时间价值。比如，某股指期权合约的价格是20点，内在价值是10点，那么时间价值就是20 – 10 = 10点。

一般情况下，时间价值和内在价值均大于0，严格意义上的虚值和平值期权是没有内在价值的，即内在价值为0。随着到期日的临近，期权的时间价值会逐渐减少，且会加速减少（见图6 – 1）。

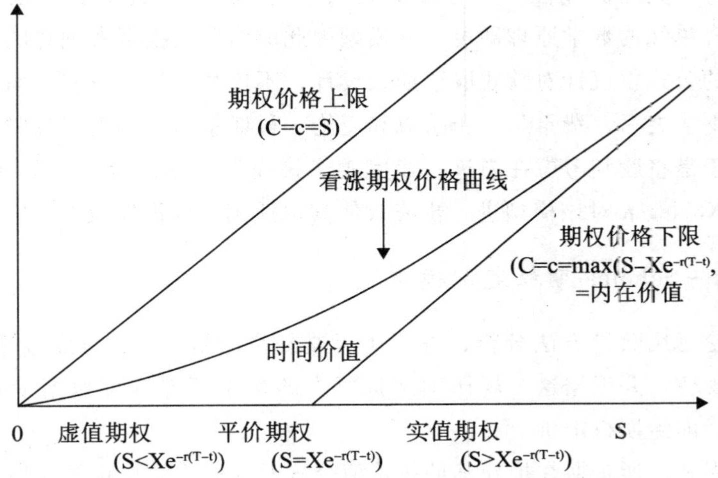

图 6-1 期权内在价值与时间价值的不同变化趋势

2. 理论价格的来龙去脉

凡是接触过期权定价的读者，对于 BS、二叉树这些名称是不会陌生的。下面主要介绍最典型的期权定价模型——布莱克—科斯尔斯期权定价模型（Black - Scholes 模型）的来源和主要思路。

Black - Scholes 模型产生的背景

期权价格是期权合约中唯一随市场供求变化而改变的变量，它的高低直接影响买卖双方的盈亏状况，是期权交易的核心问题。早在 1900 年，法国金融专家劳雷斯·巴舍利耶就发表了第一篇关于期权定价的文章。此后，各种经验公式或计量定价模型纷纷面世，但因种种局限难以得到普遍认同。在 1973 年以前，期权的定价过程涉及非常复杂的数学理论，当人们辛苦计算出结果时市场交易机会往往已经丧失。而且，其中一个难以解决的问题就是无法适当描述标的物价格的波动性及其对期权价格的影响。

期权定价是所有金融应用领域数学上最复杂的问题之一。第一个完整的期权定价模型由费希尔·布莱克（Fisher Black）和麦伦·肖尔斯（Myron Scholes）创立并于 1973 年公之于世。Black - Scholes 定价模型之所以应用如此广泛，在于其定价过程中只考虑少数几种变数，并且这些资料很容易获得，再结合单纯的数学原理即可。该模型因此成为期权投资者理想的分析工具。最初的公式仅仅针对欧式股票期权设计，不仅禁止提前行权，而且不考虑股利。不久之后，费希尔·布莱克和麦伦·科斯尔斯发现大部分股票都发放股利，于是将股利考虑在内进一步完善了该模型。1983 年，Mark Garman 与 Steven Kohlegen 对该模型进一步修改使其也适用于外汇期权。

Black – Scholes 期权定价模型

该理论运用数量方法分析，发现了可交易金融资产（如股票）的市场价格波动规律，并根据这一规律确定该资产的衍生证券（如股指期权）的当前价值，即给期权定价。

布莱克和科斯尔斯在推导其期权价值公式时，假定股票市场和期权市场符合以下的理想条件：

- 无风险利率已知且不随时间变化；
- 股票价格是连续的，并服从对数正态分布，且股票收益的方差不变；
- 股票不付红利或其他收益；
- 期权只能在合约到期日被执行，即欧式期权；
- 买卖股票或期权无交易成本和税的限制；
- 卖空没有限制；
- 市场连续运行，股票价格是连续的。

基于上述假定，经过严密的数学推导，给出了无套利可能性、不确定事件的基于不付红利股票的最基本期权定价公式——欧式看涨期权定价公式：

$$C = SN(d_1) - Xe^{-r(T-t)}N(d_2) \qquad (6-1)$$

公式（6－1）中，C 是欧式看涨期权的价格，S 是股票价格，X 为期权的执行价格，$T-t$ 是期权距到期日的时间，r 为无风险利率，$N(d_1)$ 和 $N(d_2)$ 表示累计正态密度函数，σ 是股票价格的波动率。

$$d_1 = \frac{\ln(S/X) + (r + \sigma^2/2)(T-t)}{\sigma\sqrt{T-t}}$$

$$d_2 = \frac{\ln(S/X) + (r - \sigma^2/2)(T-t)}{\sigma\sqrt{T-t}} = d_1 - \sigma\sqrt{T-t}$$

从公式（6－1）可以看出期权的价格只与 S、X、r、$T-t$ 和 σ 这五个变量有关，其中前四个变量都是已知的，而 σ 可通过历史价格数据估计，投资者风险偏好、股票预期收益率等不确定因素并未出现在期权的定价模型中。因此，可以确定期权定价模型可以通过现有的已知条件推导出期权的确定理论定价。

此外，推导出的看涨期权定价公式，可以根据期权平价关系推导出看跌期权的定价公式。有兴趣的读者可以翻看附录，里面有详细的推导过程，这里仅需要大家对此定价模型有大致认识。

3. 期权定价的应用

为衍生品定价不是目的，我们得到理论价格是为了应用。对于常用期权定价模型的来龙去脉有所了解后，我们介绍几种常用的方法。

从定价模型推导隐含波动率

波动率在期权交易中有举足轻重的地位，本质上度量的是标的资产价格变化的幅度与速度。它是本部分的重点。

在交易中，会常常提到历史波动率和隐含波动率，历史波动率就是从标的物价格变动的历史数据推导出的波动率，观察标的物价格的时间间隔是固定的，例如每天、每周或是每月。在国外券商公布的历史波动率大都是根据每天的价格数据来计算的，然后把日波动率再转换成年波动率。具体方法就是先求出今日收盘价和昨日收盘价之比的对数，即 ln（今日收盘价/昨日收盘价），可得到一组序列，再去算这组序列的标准方差得到日波动率，然后乘以一年中交易天数的平方根，求得的值就是历史波动率。

历史波动率代表的是过去的波动规律，隐含波动率是把期权的价格代入期权定价模型中倒推得到的，代表的是市场对标的物未来一段时间内波动幅度的预期。波动率的准确计算是比较复杂的，一般期货公司或证券公司在对客户服务过程中会直接为客户提供，所以我们不对此做过多的叙述。总体来说，我们介绍和分析 BS 定价模型的一个重要应用是可以通过定价模型倒推出隐含波动率，再借助隐含波动率与已实现的波动率之间的相对关系来制定相应的交易策略。

波动率交易

波动率首先可用作投机的参考指标。国际市场上最著名的波动率指数是标准普尔500的波动率指数，这一指数又被称为恐慌指数。我们统计了过去10年该指数与标准普尔500指数之间的关系后发现，从长期来看，二者的负相关关系是较明显的（见图6－2）。

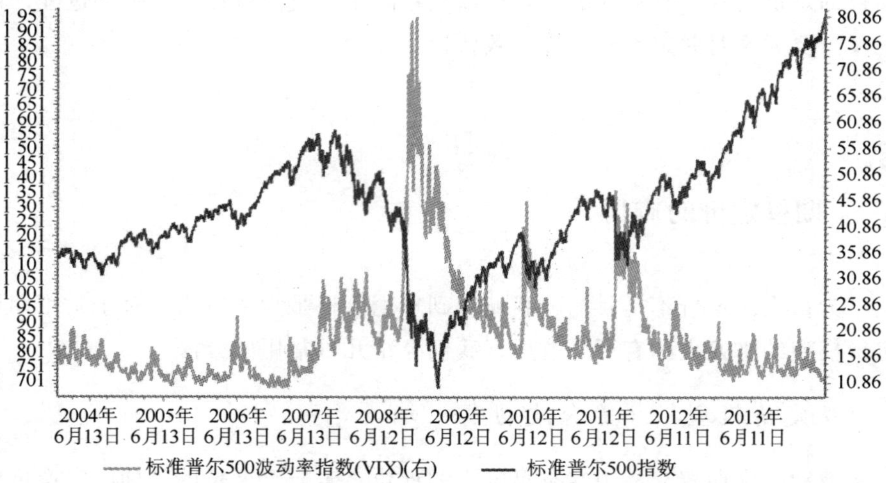

图6－2 标准普尔500指数与波动率指数变化情况

资料来源：同花顺、长江期货。

按照经验，股票类的资产的隐含波动率与标的物价格走势相反。因为如果股票价格下跌了一段时间以后，持有股票的人就开始恐慌，便会出现大量投资者愿意为看跌期权付出“荒唐”的价格，这会使隐含波动率被炒高，但价格上涨则有所不同，隐含波动率倾向于下跌，这可以从统计学的角度来解释：比起价格高的标的物，价格低的标的物更容易有百分比更大的运动，因此，我们可以在预期价格下跌时看到波动率上升，在预期价格上涨时看到波动率下降。对于非股票类资产（如商品期货）则有所不同，隐含波动率变得不是那么明确。另外，国内期权上市之后，隐含波动率与股票指数之间的关系是否有如此明显的负相关，还需要时间的验证，投资者需要关注不同市场特色给这一关系带来的影响。

国外的投资者结合二者之间的关系得出了一些运用波动率的结论。比如，VIX指数出现急速向上攀升时，标普指数也正处于跌势，这时通常意味着指数距离底部位置不远。反之，当VIX指数已来到低档位置并开始作往上翻扬的动作，且同时大盘指数位置也处在多头轨道上，这表示着未来大盘指数反转的时间逐渐逼近。据观察，VIX指数对于买进信号属于同步性指标，而对于卖出信号则是落后指标。借助VIX指数所存在的特性，搭配上当时的消息面及其他技术指标，提高了准确预测未来指数走势形态的几率，操作上的绩效也将获得提升。

以波动率为依托的交易策略的核心是找出隐含波动率的异常点，该策略的原理是基于隐含波动率的历史表现和当前值，寻找合适的隐含波动率异常点。通过选择合适的策略（卖出高隐含波动率的合约组合，买入低隐含波动率的合约组合）进行交易进而获利。而对异常点的判断有两个标准：一个是基于股指期权合约的隐含波动率相对于其历史隐含波动率或者已实现波动率的波动区间来说比较异常；一个是股指期权不同合约的隐含波动率之间差异过大导致的异常。

简单来讲，就是通过比较隐含波动率与历史波动率来发现操作机会。比如，在 2014 年 1 月 22 日上午盘中某个时刻，行权价为 2150 元的 3 月份到期看涨期权的隐含波动率和看跌期权的隐含波动率与沪深 300 现货指数的已实现波动率的差值显著减小，此时我们建仓买入这两个期权。建仓成本为：5000 + 3000 = 8000（元）。

表 6－1 是波动率交易策略案例分析。

表 6－1　　　　波动率交易策略案例分析

日期	已实现波动率	看涨期权隐含波动率	看涨期权价格	看跌期权隐含波动率	看跌期权价格
2014 年 1 月 22 日	0.2398	0.319323	50	0.433253	30
2014 年 2 月 7 日	0.0199	0.418646	80	0.980849	200

2014 年 2 月 7 日上午盘中，上述看涨和看跌期权的隐含波动率与已实现波动率出现了显著的偏离，我们在此时选择平仓结束操作，卖出这两个期权合约。

卖出所得为：8000 + 20000 = 28000（元）

操作期间：16 个自然日

操作期间收益率：（28000 － 800）÷ 8000 × 100% = 250%

定价模型与 PCP 公式

对欧式期权而言，相同到期时间、相同执行价格的看涨期权与看跌期权存在一定的等量关系，这个等量关系我们在本书第五章已有所介绍，在第七章套利里面也会再次出现。这里提出来的目的，是让投资者提前了解其与定价模型之间的关系。我们得到看涨期权的理论价格后，再运用看涨与看跌期权的平价关系，可以得到看跌期权的价格，这就意味着，在T型报价同一行的两份合约（左边看涨，右边看跌，二者相同执行价，相同到期日）理论上应有相同的隐含波动率。说到这里，如果市场交易中，这两份合约的隐含波动率出现了较为明显的偏离，那么投资者就应该意识到，套利机会来了！这其实也是一类波动率交易策略。

从定价模型得到希腊字母（Delta）

有关希腊字母，我们仍然会在本书中单独作为一个章节来阐述，这足以看出其在期权交易中的重要性。这几个字母说的是期权价格对几个影响因素变动的敏感程度。比如，对沪深300股指期权，一个叫“Delta”的东西表示的就是沪深300现货指数变动一个点，期权权利金变动多少，其余的几个字母依次类推，具体内容也可详见后文。

从定价模型得到希腊字母的过程并不复杂，在数学上，是将定价公式对每个影响因素求导，除Gamma是对标的物求二阶导数外，其余的四个字母均是求一阶导数得到。在大多数的期权交易软件中，都有计算器(见图6-3)，投资者只需要输入定价模型中的几个参数的数值，就能得到希腊字母以及看涨期权和看跌期权的理论价格，操作起来十分方便，所以，即使交易者并无太专业的数学功底，也不会对交易有太大的影响，只需要知道每个希腊字母所表示的意思即可。

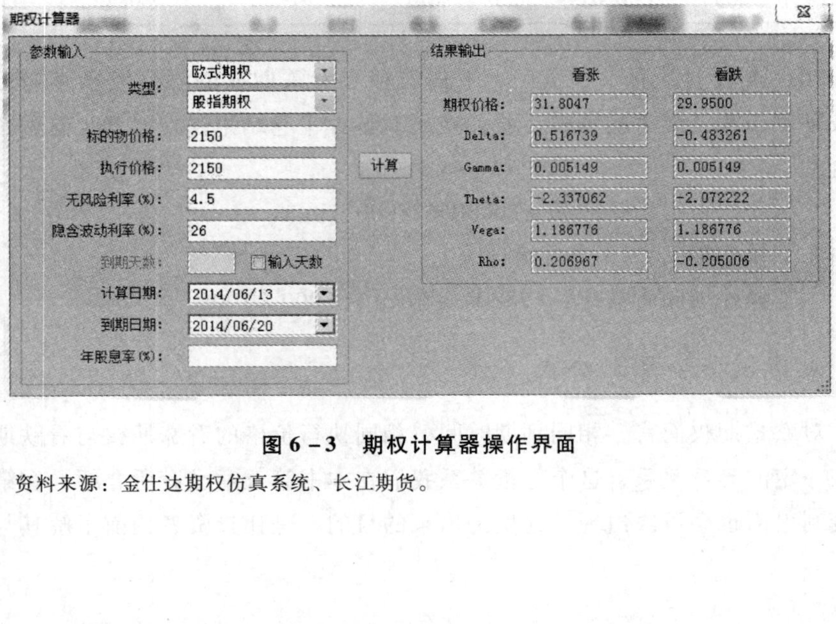

图6-3 期权计算器操作界面

资料来源：金仕达期权仿真系统、长江期货。

希腊字母是期权风险对冲中的关键环节，在交易中能够将复杂的策略组合问题简单化，运用同一标的资产的现货、期权和期货等进行相互套期保值，使证券组合的Δ值等于零，希腊字母在期权风险对冲中几乎必不可少。

定价是产品设计中不可或缺的部分

在非常多的结构化产品中，在设计时会有内嵌期权，而对产品定价更是设计者必须要了解的，对投资者而言，我们在购买银行或者其他机构所发行的产品时，如果能适当了解一些产品构成和定价的基础知识，也有助于识别产品，所谓知己知彼方能百战百胜，道理就在这里。产品选择流程见图6－4。

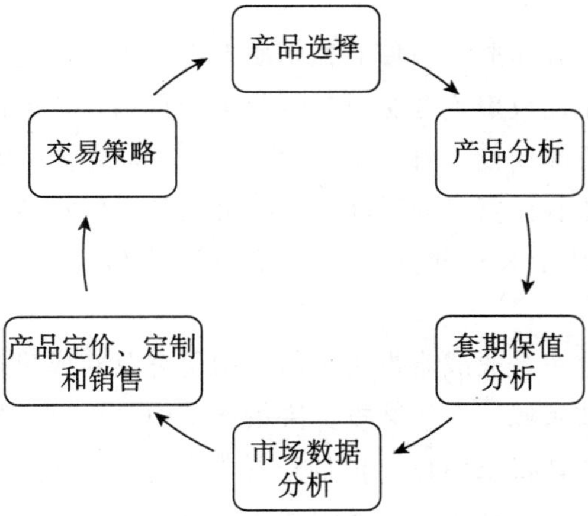

图 6－4　产品选择流程

比如，假设有类似表 6－2 的这种理财产品，我们分析，它可以拆解为一个零息债券与奇异期权，那么若有模型能对这其中的奇异期权定价（零息债券定价相对容易），投资者就能大概知道这个产品值不值得购买。

表 6－2　　理财产品介绍

人民币计价（保本浮动收益）	
发行者	×××公司
发行日期	2014 年 1 月 1 日～2014 年 4 月 1 日
投资期间	2014 年 4 月 5 日～2015 年 4 月 5 日
票面金额	50 万元人民币
发行价格	50 万元人民币

续表

标的股票	中国石油
	中国工商银行
	贵州茅台
	中国平安
收益计算方法	若在此观察期内，4 只标的股票收益率最大值小于某一值（-1.5%），则在产品到期日（t = T）时可获得 M. R. 4 的收益支付及收回本金，否则不支付利息，到期收回本金，R = 2%

资料来源：长江期货。

更广义地说，公司股票、债券在本质上也可被看成是基于公司资产的期权，因而也可以用期权定价方法对其价值进行评估。普通股票是基于发行公司总资产价值的看涨期权，直接采用 Black - Scholes 期权模型估价，那么股票投资者相当于持有该资产的看涨期权；公司债券的价值可被简化为无风险债券的价值减去基于公司价值的看跌期权的价值，公司债券持有人则可“拥有”企业。

期权定价理论在企业战略投资领域应用研究及其成果推广是西方企业管理领域的重要突破领域。在战略投资决策分析中，可以把投资的战略意义或价值也看成一种选择权或期权。根据这样的思路，投资一旦包含战略价值，也就为该投资带来了一种在将来某种情况下争取额外回报的可能性。期权的理论意义在于，不论将来的回报是否成立，目前考虑这一可能性，将为该投资增加一份争取将来更大回报的选择权，并能根据定价公式计算出现值。

第七章

期权的套利策略

熟悉期货套利的投资者，对跨期套利、跨品种套利以及跨市场套利等术语并不陌生。期权因其灵活度极高，在套利上有诸多与期货不同之处，无论是套利原理还是操作手法均表现出其独特的一面。本章我们将重点以期权套利的原理及常见操作策略为主，向投资者展示如何在众多合约之间捕捉到套利机会。

1. 认识期权套利

既然是套利，顾名思义，我们仍然是要寻找不同合约之间的不合理价差，买入价格被低估的合约，卖出价格被高估的合约，等待价格回归“合理”时平仓出局。换言之，套利赚取的就是“错误定价”。

期权的套利我们总结为两大类，一种是有风险的套利，一种是无风险套利。期权有风险套利的基本思想通常是基于统计的方法，结合波动率的区间；市场研究较多的是无风险套利。

期权的套利可以在同一标的的多份看涨期权之间，也可以在看跌期权之间，还可以在看涨与看跌期权之间。如果现实交易中的可操作性较强，我们也可以在标的与期权之间套利。套利是设计来限制风险的，通常也限制了潜在的盈利。这个限制风险的特征也许是套利更为重要的一面。

笔者想谈一点个人对期权套利有关术语的理解。因国内早期的诸多资料均源于国外，在翻译过程中把常见的一些组合策略称为套利，比如牛市差价套利，熊市差价套利等，但在讲述具体的操作时，运用的是纯粹投机的思维。比如，笔者将在组合策略的相关内容提到，投资者认为未来小涨可能会选择买入牛市差价组合。这种纯粹基于对标的资产方向判断而做出的组合操作，严格意义上说是投机组合，并非套利。这也许只是个不起眼的问题，但对于刚开始接触期权的参与者而言这些有可能会给他们带来困惑。

2. 无风险套利的原理介绍

无风险套利，就是投资者抓住了机会交易后不管行情怎么变化，都100%不会亏钱，这叫无风险。是不是市场中真有这种“掉馅饼”的好事？在期权上市的初期，我们认为可能会有一些这样的机会出现，但馅饼掉下来投资者能否接住就另说了。况且，说是无风险套利，但有时也不排除因价格的非理性运动带来一定的损失，将无风险理解为低风险可能会更恰当。

从单个报价看套利——价格上下限

本章开头已经提到，套利就是要找套利机会，套利机会就是价格出现“不正常”的时候卖出相对被高估的合约，买进相对被低估的合约，等价格回归正常后可平仓出局。由此我们想到，要找“不正常”的价格，就要先来找正常的价格区间，当价格脱离这一区间后，就是不合理的或者不正常的报价，就意味着套利机会来了。下面我们介绍最容易理解的一种套利准则，就是围绕期权价格的上下限。

期权价格的上下限意思是，权利金虽然有涨跌，但理论上是有一个上限和下限的。比如，权利金最多为0，不会为负数，而看涨期权的权利金最多不会超过标的物等。下面给出具体公式：

单个看涨期权的上下限：$\max(S-Ke^{-rT}, 0) \leq C \leq S$

单个看跌期权的上下限：$\max(Ke^{-rT}-S, 0) \leq P \leq K$

各个字母的意思是：

S——现货在 t=0 时刻的价格；

K——期权的行权价；

C——看涨期权在 t=0 时刻的价格；

P——看跌期权在 t=0 时刻的价格；

R——资金无风险利率；

T——距离期权到期日的时间长度。

理解上面这两个公式，其实很简单。看涨期权的右边是权利金要小于标的资产的价格，左边是权利金要大于或等于0和实值额的较大值。如果说让投资者花10块钱的权利金获得一个买某个只值8块钱的东西，无论投资者买不买这个东西，这10块钱都收不回来了。这个时候，如果投资者真的想买这个东西，还不如直接掏8块钱把这东西买了，因为不管这东西以后的价格怎么变，都比买这个期权划算。所以，看涨期权的价格是不应该超过标的资产的价格的，如果真的发生了这一事件，投资者会卖出这个期权，买进这个东西，他可以立即获得2块钱，后面不管行情怎么变化，即使投资者被行权了，他把这个东西给买方，至少投资者能赚到这2块钱，这就是无风险套利！

再看看涨期权的左边，通俗地认为权利金不会低于实值额（和0），这是很显然的结论，我们引用许多地方提到过的用资产组合的思路来严格推导这一结论。为了推导出期权价格下限，我们考虑如下两个组合：

组合 A：一份欧式看涨期权加上金额为 $Xe^{-r(T-t)}$ 的现金；

组合 B：一单位标的资产。

在组合 A 中，如果现金按无风险利率投资则在 T 时刻将变为 X，即等于协议价格。此时多头要不要执行看涨期权取决于 T 时刻标的资产价格（S_T）是否大于 X。若 $S_T>X$，则执行看涨期权，组合 A 的价值为 S_T；若 $S_T \leq X$，则不执行看涨期权，组合 A 的价值为 X。因此，在 T 时刻，组合 A 的价值为：$\max(S_T,X)$。

而在 T 时刻，组合 B 的价值为 S_T。由于 $\max(S_T,X) \geqslant S_T$，在 t 时刻组

合 A 的价值也应大于等于组合 B，即：

$$c + Xe^{-r(T-t)} \geqslant S$$

$$c \geqslant S - Xe^{-r(T-t)}$$

因为期权的价值一定为正，所以无收益资产欧式看涨期权价格下限为：$c \geqslant \max[S - Xe^{-r(T-t)}, 0]$。上述推导过程运用了金融工程中的无套利分析方法，感兴趣的读者可以仔细揣摩一下。

对于看跌期权，道理同理，投资者当然不会花 10 块钱买一个收 8 块钱就把某个东西卖掉的权利，因为这时投资者直接在市场上把这东西卖了就能收到 8 块钱，而投资者何必要为了获得这最大的 8 块钱（行权价）掏出去 10 块钱呢？

既然已经获得了无套利的公式，就找到了线索，在任何时候，标的资产的市场价格是已知的，期权的执行价格是已知的，权利金的报价也是已知的，几乎公式中的任一个字母都是已知的，那么，一旦上面的公式不成立，理论上就是套利机会出现了。分别以看涨期权上界与看跌期权的下界为例。

看涨期权的价格大于标的价格：C > S。按照低买高卖的原则，卖出看涨期权，买入标的资产进行套利，为便于理解，我们以单只个股作为标的资产。

假设中国平安的股价为 40 元，对应行权价为 35 元的看涨期权价格高达 45 元，此时我们发现套利机会，立刻卖出该看涨期权，同时买入中国平安的股票，该投资组合在到期日的损益可以用图 7－1 中的实线表示。可以看到，无论未来股价如何变化（假设股票不分红），我们都能获得正收益。

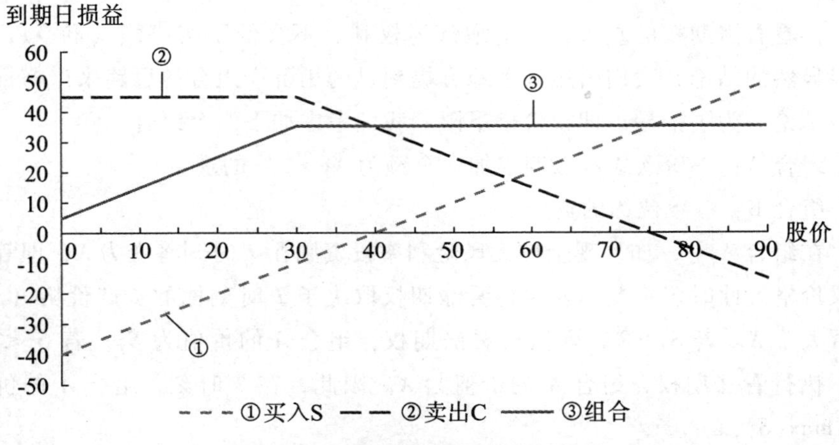

图 7－1　中国平安股票套利损益图

不失一般性，给出现金流的变化情况（见表 7－1）。

表 7－1　　卖出看涨期权、买入标的资产的现金流变化表

t＝0 头寸	t＝0 现金流	t＝T 现金流	
		$S_T > K$	$S_T < K$
卖出 C	＋C	$-S_T + K$	0
买入 S	－S	S_T	St
存款（－）或融资（＋）	－（C－S）	$(C-S) \cdot e^{rT}$	$(C-S) \cdot e^{rT}$
现金流之和	0	$K + (C-S) \cdot e^{rT}$	$S_T + (C-S) \cdot e^{rT}$

需要说明的是：现金流入记为正，现金流出记为负。例如，我们卖出期权 C，收到权利金，现金流入为＋C。两幅图都表明了在到期时，无论行情是如何变动的，都能获得正的收益，也就是获得无风险收益。

看跌期权小于下限：P，买看跌期权，卖出“右边”。

某日，沪深 300 指数价格为 2300 点，对应的行权价为 2500 点的看跌期权合约还剩 20 天到期，价格为 100 元，此时我们发现有套利机会，立刻买入该看跌期权，同时做多沪深 300 指数，该投资组合在到期日的损益可以用图 7－2 中的实线表示。可以看到，无论指数未来如何变化，我们都能获得正收益。

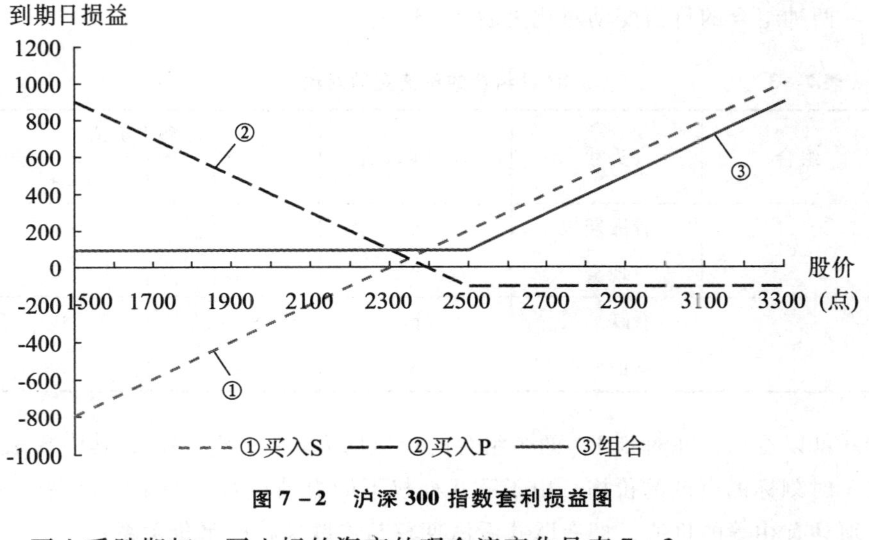

图 7－2　沪深 300 指数套利损益图

买入看跌期权、买入标的资产的现金流变化见表 7－2。

表 7－2　　买入看跌期权、买入标的资产的现金流变化表

t＝0 头寸	t＝0 现金流	t＝T 现金流	
		$S_T > K$	$S_T < K$
买入 P	$-P$	0	$K - S_T$
买入 S	$-S$	S_T	S_T
存款（－）或融资（＋）	$+(P+S)$	$-(S+P)\cdot e^{rT}$	$-(S+P)\cdot e^{rT}$
现金流之和	0	$S_T-(S+P)\cdot e^{rT}$	$K-(S+P)\cdot e^{rt}$

PCP（期权的平价关系）公式变形的套利组合

期权平价关系指的是对于同一标的资产、同一执行价格、同一到期日的看涨期权和看跌期权，在某一时点满足的等量关系。用数学式子可表示为：$c + Xe^{-r(T-t)} = p + S$。这里 c 和 p 分别指看涨期权和看跌期权的价格（权利金），$Xe^{-r(T-t)}$ 为执行价格的现值，S 为标的资产现货价格（若是期货期权，这里也可以是期货合约价格）。上述这一等量关系式的得出，可以按照无套利原则构造两个投资组合。比如，考虑如下两个组合：

组合 A：一份欧式看涨期权加上金额为 $Ke^{-r(T-t)}$ 的现金；

组合 B：一份有效期和协议价格与欧式看涨期权相同的欧式看跌期权，加上一单位标的资产。

两种组合的价值变动对比见表 7－3。

表 7－3　　两种组合的价值变动对比

组合	头寸	时刻 t 价值	时刻 T 价值	
			$S_T < K$	$S_T > K$
A	看涨期权	c	0	$S_T - K$
	现金	$Ke^{-r(T-t)}$	K	K
B	看跌期权	p	$K - S_T$	0
	标的资产	S	S_T	S_T

可以看出，在时刻 T，两个组合的价值均为 max（S_T，K），其中 S_T 表示在 T 时刻标的资产的价格。由于欧式期权不能提前执行，两个组合在时刻 t 必须具有相等的价值，即有欧式看涨期权与看跌期权的平价关系：

$$c + Ke^{-r(T-t)} = p + S$$

此处我们的记号表示的是组合的价值，和表 7－2 中的现金流量是不一样的，需要投资者稍作区别。

其中，c 和 p 分别表示看涨期权和看跌期权的权利金，K 是两个期权中标的资产的交割价，S 代表标的资产的现在价格。这一关系需要假设：标的资产在期权存续期内不发生分红事件；利率在存续期内不发生变动，且借贷利率相等；忽略交易成本以及保证金的机会成本。

（1）期权与现货标的之间的套利——直接从公式出发

通过平价关系可以看出，当等式两边的价值不相等的时候即出现了价格的失衡状况，此时套利空间便出现了，投资者可以通过构造相应的套利组合进行期权套利。当等式左边大于等式右边的时候，采用买低卖高的做法，可以买入组合 B 而卖出组合 A，从而达到套利的目的，这一策略因为是买入的标的资产的现货，所以又称为买入现货套利策略。同理，当等式右边大于等式左边时，可以通过买入组合 A 而卖出组合 B 的方式套利，因为这一策略卖出了标的资产的现货，所以又称为卖出现货套利策略。

由于在时刻 T，无论标的资产的价格是多少，套利策略的净现金流均为 0，当采用买入现货套利策略时，期初净现金流 $= c + Ke^{-r(T-t)} - p - S > 0$；当采用卖出现货套利策略时，期初净现金流 $= p + S - c - Ke^{-r(T-t)} > 0$。若考虑交易成本，可以得到，买入现货套利策略的期初净现金流 $= c + Ke^{-r(T-t)} - p - S - \tau > 0$，而卖出现货套利策略的期初净现金流 $= p + S - c - Ke^{-r(T-t)} - \tau$。其中 τ 表示时刻 t 与时刻 T 两个时刻的交易费用总和。如果在扣除相应的交割费用之后，套利策略对应的期初净现金流依然大于 0，则表明该套利策略是可行的。

下面举例说明套利策略的净现金流情况，假设 H 股票在 t 时刻的价格为 32 元，以该股票为标的物的期权交割价为 30 元，期权交割期限为一年，资金借贷市场的年利率为 5%。当该期权的看涨期权价格为 4 元，看跌期权的价格为 0.5 元时，或者看涨期权价格为 3.8 元，看跌期权价格为 0.6 元时，投资者均可以发现其中的价格失衡之处，于是分别采用买入现货套利策略和卖出现货套利策略，其资金流量情况分别可以用表 7－4 表示：

表 7-4 两种现货套利策略的资金流量对比

买入现货套利策略		卖出现货套利策略	
交易事项	资金流量	交易事项	资金流量
当期 t 时刻（S=32）		当期 t 时刻（S=32）	
卖出一份看涨期权（c=4）	400	买入一份看涨期权（c=4）	-380
借入现金	2857.14	贷出现金	-2857.14
买入一份看跌期权（p=0.5）	-50	卖出一份看跌期权（p=0.6）	60
买入 100 股 H 股票	-3200	卖出 100 股 H 股票	3200
一年后到期（$S_T=33$）		一年后到期（$S_T=33$）	
看涨期权被行权	-300	行使看涨期权	300
还款	-3000	收回贷款	3000
卖出股票	3300	买入股票	-3300
套利利润	7.14	套利利润	22.86
一年后到期（$S_T=29$）		一年后到期（$S_T=29$）	
行使看跌期权	100	看跌期权被行权	-100
还款	-3000	收回贷款	3000
卖出股票	2900	买入股票	2900
套利利润	7.14	套利利润	22.86

注：表中负号代表资金流出，正号代表资金流入。

通过比较期权一年后到期的情况可以看出，无论是股票价格高于期权的交割价还是低于交割价，投资者看到套利空间时，采取的买入现货套利策略或者卖出现货套利策略均可以获得相应的套利利润（见图 7-3），当然此套利利润是在未考虑交易费用的情况下的利润，如果两种套利组合分别的交易费用总和均小于表中相应的套利利润大小，那么，所采取的套利策略即为可行的。因此，在此时，看涨期权和看跌期权的差价在覆盖交易过程中的交易成本之后还有剩余。在采用卖出现货套利策略时，投资者还面临融券成本，且这一成本往往是占到了交易费用的大部分，所以，投资者在使用此策略时应当充分考虑相应的融券成本，在现实操作中，期权也可能面临提前平仓的情况，不论采用哪种套利策略，投资者只要将提前平仓的选择考虑到相应的策略中，通过计算发现，提前平仓同样可以获得利润甚至是超额利润时，就可以采取提前平仓的方式对所有头寸进行提前了结，从而获取相应的利润。

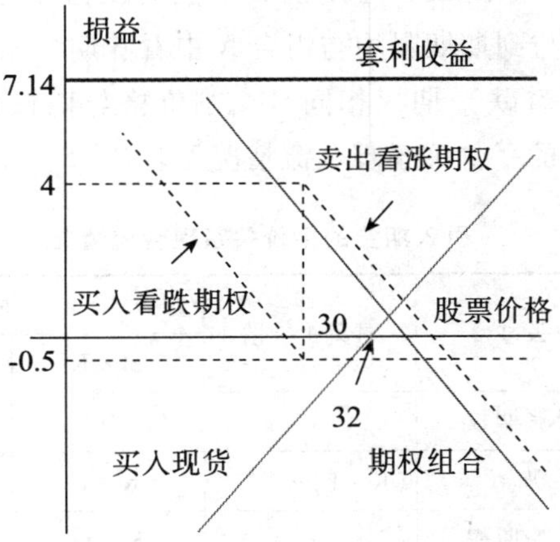

(a) 买入现货套利

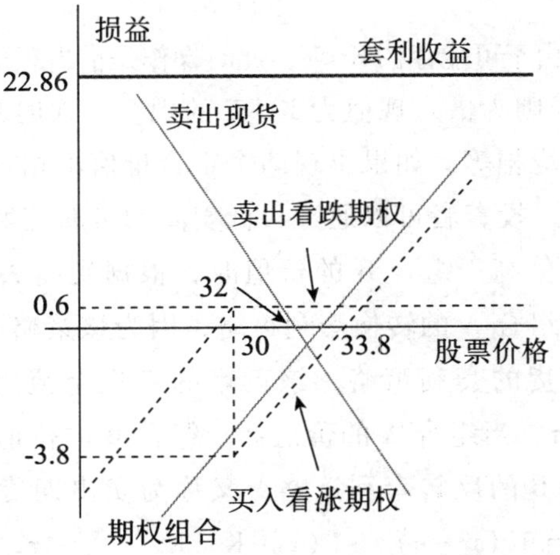

(b) 卖出现货套利

图 7－3　买入现货与卖出现货套利策略的损益图对比

（2）期权与对应的期货合约之间的套利

Tucker 于 1991 年在欧式看涨期权与看跌期权的平价关系基础上，将标的资产从现货变期货或使用期货进行操作，可以得到引入期货后的平价关系，其相应的数学表达式为：

$$C + Ke^{-rT} = p + Fe^{-rT}$$

其中，F 表示期货价格。

类似于期权的平价关系，我们对等式两边同样分别构造组合 A 与组合

B，组合 A 为一份看涨期权和与期权交割值的现值相等的现金 Ke^{-rT}；组合 B 为一份执行价格与到期期限均与组合 A 中看涨期权相同的看跌期权和一份到期期限与看涨（看跌）期权相同且交割价格与期权合约尽可能相近的期货合约。引入期货的平价关系现金流情况见表 7－5。

表 7－5　　引入期货的平价关系现金流情况

组合	头寸	时刻 t 价值	时刻 T 价值	
			St＜K	St＞K
A	看涨期权	c	0	St－K
	现金	$(K-F)e^{-r(T-t)}$	K－F	K－F
B	看跌期权	p	K－St	0
	期货	0	St－F	St－F

在表 7－5 中，由于可能存在 K＜F，此时操作是借出现值为（F－K）$e^{-r(T-r)}$ 的现金，若 K＞F，则为借入现值为 K＞F 的现金。在时刻 t 与时刻 T，组合 A 与组合 B 的价值均相等。如果出现两个组合价值不相等的情况，即可以认为套利机会的出现，投资者可以通过买低卖高的策略获取相应的利润。

当组合 A 的价值高于组合 B 的价值时，根据卖高买低的策略可以采用买入组合 B 而卖出组合 A 的转换套利策略，因为该策略中买入了期货合约，所以又称为买入期货的套利策略，该策略的净现金流为 $\varepsilon=\theta(c-p)+(K-F)e^{-r(T-r)}-\tau$。当组合 A 的价值低于组合 B 的价值时，可以采取买入组合 A 而卖出组合 B 的反转套利策略，又称为卖出期货的套利策略，该策略的净现金流为 $\varepsilon=\theta(p-c)+(F-K)e^{-r(T-r)}-\tau$，其中 τ 表示策略在时刻 t 与时刻 T 总的交易费用之和。因为期权合约与期货合约之间的规格不一样，所以运用 θ 作为比率来进行调整，为便于后面的计算，在本书中取 θ 为 1。现举例说明两种策略的具体过程。

假设现在黄金价格为 1610 美元/盎司，期权执行价格为 1600 美元/盎司，期权合约与期货合约的到期期限均为一个月。看涨期权权利金为 4 美元/盎司，看跌期权权利金为 0.5 美元/盎司；或者看涨期权权利金为 2.3 美元/盎司，看跌期权权利金为 1.5 美元/盎司时，由于套利空间的存在，投资者可以分别采取转换套利策略和反转套利策略（这里用黄金期货期权是考虑到国内曾出现过商品期货期权的仿真）。

基于期货合约的转换与反转套利策略对比见表 7－6。

表 7－6　　基于期货合约的转换与反转换套利策略对比

转换套利策略		反转换套利策略	
交易事项	资金流量	交易事项	资金流量
当前 t 时刻（S＝1610）		当前 t 时刻（S＝1610）	
卖出一份看涨期权（c＝3）	300	买入一份看涨期权（c＝2.3）	－230
借出现金	－95.24	借入现金	95.24
买入一份看跌期权（p＝0.5）	－50	卖出一份看跌期权（p＝1.5）	150
买入一份期货合约	0	卖出一份期货合约	0
一个月后到期（S_T＝1611，F＝1611）		一个月后到期（S_T＝1611，F＝1611）	
看涨期权被行权	－1100	行使看涨期权	1100
期货合约	1000	期货合约	－1000
收回资金	100	返还资金	－100
套利利润	154.76	套利利润	15.24
一个月后到期（S_T＝1599，F＝1599）		一个月后到期（S_T＝1599，F＝1599）	
行使看跌期权	100	行使看跌期权	－100
收回资金	100	返还资金	－100
期货合约	－200	期货合约	200
套利利润	154.76	套利利润	15.24

注：表格中的负号表示资金流出项，正号表示资金流入项。

通过采用转换套利与反转套利策略，在期权、期货到期时，无论价格如何变动，这两种策略都可以在各自的套利空间中获得收益（见图 7－4），上述所举的两个例子中并未包含交易过程中的交易成本，在实际操作过程中却面临着交易费用等成本，所以当通过上面例子中的方法所获得的套利利润能够覆盖交易过程中的所有交易成本时，投资者就可以采用这些套利策略进行套利。实际运用中，可能同样面临着提前平仓的情况，在此情况下投资者根据测算如果能发现其中的套利空间，也可以运用这些策略获取套利利润。

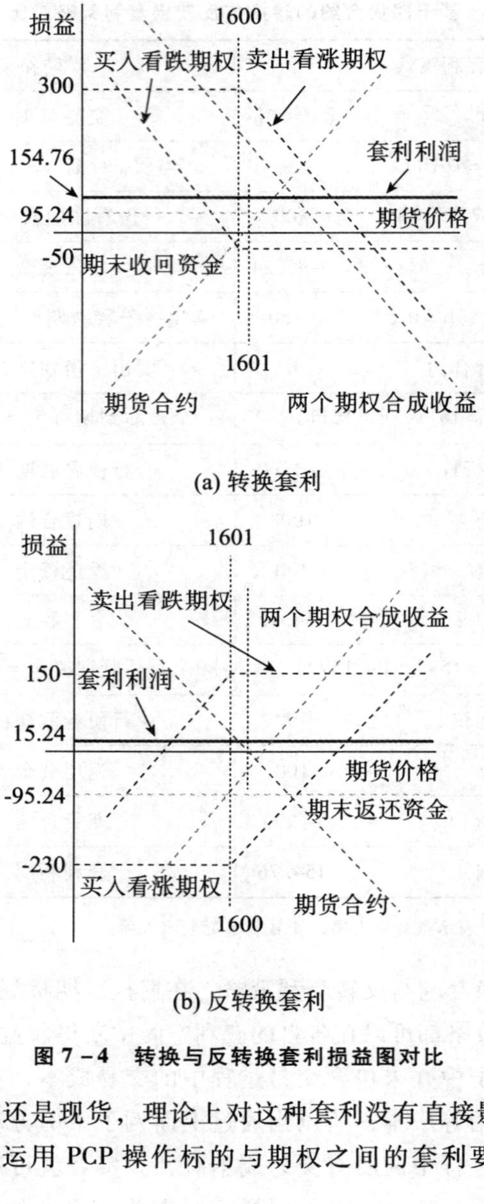

(a) 转换套利

(b) 反转换套利

图 7－4　转换与反转换套利损益图对比

标的物是期货还是现货，理论上对这种套利没有直接影响，但在国内需要注意，这种直接运用 PCP 操作标的与期权之间的套利要考虑到现实的可操作性。

（3）PCP 与垂直套利

除了利用期权与现货、期权与期货之间的组合套利以外，还可以运用两个期权之间的组合进行组合套利，如垂直套利。这种策略是通过买进一个期权同时卖出一个相同品种、相同到期日期但执行价格不同的期权，这两个期权同时为看涨期权或者看跌期权，这种策略将风险点和收益均限定在了一个特定的范围。因为利用的两个期权仅存在执行价格之间的差异，所以又称为差价套利策略，按照组合中的期权类型划分为看涨期权组合套利和看跌期权组合套利。两份同种期权进行组合时的合理价格关系应该表现为：$(K_2-K_1)e^{-r(T-t)}\geqslant c_1-c_2$，或者$(K_2-K_1)e^{-r(T-t)}\geqslant p_2-p_1$。

其中，K_1、K_2 分别为期权的执行价格，且有 $K_1<K_2$。当市场上期权的价格使得上述两个价格关系不成立，即不等式的左边小于不等式的右边时，即可认为市场套利机会的出现。我们这里可以对上述不等式进行简单推导。由平价关系可以简单移项后得到：$c_1-p_1=(S-K_1)e^{-r(T-t)}$ 和 $c_2-p_2=(S-K_2)e^{-r(T-t)}$，两式直接相减后得到：$(c_1-c_2)+(p_2-p_1)=(k_2-k_1)e^{-r(T-t)}$（＊），由于 $K_1\leqslant K_2$，那么对于看跌期权而言有 $p_2\geqslant p_1$，从而$(p_2-p_1)\geqslant 0$，由此得到$(k_2-k_1)e^{-r(T-t)}\geqslant(c_1-c_2)$，对于看跌期权之间的不等式关系可同理得到。带（＊）的等式也是后面要介绍盒式套利的理论依据。

运用看涨期权进行套利需要结合不等式$(K_2-K_1)e^{-r(T-t)}\geqslant c_1-c_2$，当这一不等关系被打破，即发现$(K_2-K_1)e^{-r(T-t)}<c_1-c_2$ 时，我们便可以进行卖出低执行价格的看涨期权同时买入高执行价格的期权，并借出$(K_2-K_1)e^{-r(T-t)}$现金。

这个策略在 T 时刻的现金流并不像前面两类策略那样等于 0，而是大于等于 0 的，所以采用看涨期权进行套利是只需在 t 时刻的现金流大于 0，即 $\varepsilon=c_1-c_2-(K_2-K_1)e^{-r(T-t)}>0$，便可以最终获利。

下面我们还是用一个具体的案例来解释。假定 H 股票在 t 时刻的价格为 32 元，资金借贷市场的年利率为 5%。一年期执行价格为 30 元的看涨期权 1 的价格为 3 元，一年期执行价格为 31 元的看涨期权 2 的价格为 2 元，那么在熊市情况下，运用看涨期权进行差价套利的过程可以如表 7－7 所示。

表 7－7　　看涨期权套利策略现金流量情况

头寸	t 时刻现金流	T 时刻现金流		
		$S_T\leqslant K_1$	$K_1<S_T<K_2$	$K_2\leqslant S_T$
卖出看涨期权 c_1	c_1	0	$-(S_T-K_1)$	$-(S_T-K_1)$
买入看涨期权 c_2	$-c_2$	0	0	S_T-K_2
借出 K_2-K_1 的现值	$-(K_2-K_1)e^{-r(T-t)}$	K_2-K_1	K_2-K_1	K_2-K_1
现金流量	$c_1-c_2-(K_2-K_1)e^{-r(T-t)}>0$	$K_2-K_1>0$	$K_2-S_T>0$	0

有了上面看涨期权的套利分析，则不难理解看跌组合的套利了。当出现$(K_2-K_1)e^{-r(T-t)}<p_2-p_1$时，投资者可以在期权市场上买入低执行价格的看跌期权，卖出高执行价格的看跌期权，同时借出现金。在持有到期后，我们发现，在T时刻的资金流是大于或等于0的，所以只要投资者在到期时能得到不小于0的现金流，那么在套利过程中就能获利（不考虑其他费用）。

再拿案例来直观解释。假定H股票在t时刻的价格为32元，资金借贷市场的年利率为5%。一年期执行价格为34元的看跌期权2的价格为2元，一年期执行价格为35元的看跌期权1的价格为3元，那么运用看跌期权进行差价套利的过程可以如表7－8所示。

表7－8　　看跌期权套利策略现金流情况

头寸	t时刻现金流	T时刻现金流		
		$S_T\leqslant K_1$	$K_1<S_T<K_2$	$K_2\leqslant S_T$
买入看跌期权p_1	$-p_1$	K_1-S_T	0	0
卖出看跌期权p_2	p_2	$-(K_2-S_T)$	$-(K_2-S_T)$	0
借出K_2-K_1的现值	$-(K_2-K_1)e^{-r(T-t)}$	K_2-K_1	K_2-K_1	K_2-K_1
现金流量	$P_2-P_1-(K_2-K_1)e^{-r(T-t)}>0$	0	$S_T-K_1>0$	$K_2-K_1>0$

从表7－9中可以看出，采用看跌期权的套利策略，在T时刻，无论现货价格发生如何的变动，均可以获得介于4.76和104.76之间的套利利润，只要交易过程中的费用支出小于4.76，该套利策略即为可行。在现实操作中，还面临着提前平仓的可能，所以在期限还未到时，也可以利益最大化为原则选择平仓。

表7－9　　看跌期权套利策略过程分析

交易事项	资金流量
当前t时刻（S＝32）	
买入K＝34的看跌期权（c＝2）	－200
借出现金	－95.24
卖出K＝35的看跌期权（c＝3）	300
一年后到期（$S_T=33$）	
收回资金	100

续表

交易事项	资金流量
执行 K = 34 的看跌期权	100
K = 35 的看跌期权被执行	-200
套利利润	4.76
一年后到期（S_T = 34.5）	
K = 35 的看跌期权被行权	-50
收回资金	100
套利利润	54.76
一年后到期（S_T = 35）	
收回资金	100
套利利润	104.76

看跌期权套利策略损益见图 7 -5。

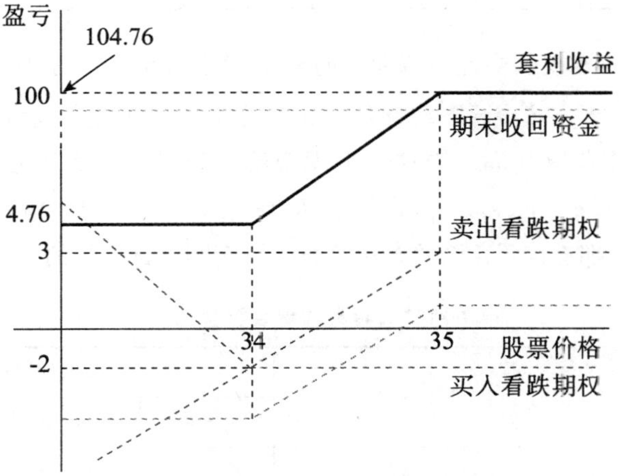

图 7 -5　看跌期权套利策略损益图

(4) 盒式套利

下面我们来分析一种更为复杂的套利，三份期权间可以套利，四份合约之间同样可以寻找套利机会。盒式差价套利组合可以看成是一个牛市组合与一个熊市组合的再组合，这里又要提到前文中的（*）等式：$(c_1 - c_2) + (p_2 - p_1) = (k_2 - k_1)e^{-r(T-t)}$，其中，$c_1$（$p_1$）是执行价为 K_1 的看涨（看跌）

期权的价格，c_2（p_2）是执行价为 K_2 的看涨（看跌）期权的价格，且 $K_2 > K_1$，这个关系式与垂直套利中的关系式来源相同。这个关系式表明牛市差价组合与熊市差价组合构造的盒式差价的价值应该与资金 $k_2 - k_1$ 的现值相同，当市场中存在不符合上述关系式的价格时，可以通过借入资金购买该组合（等式左边小于右边），或者将卖出该组合的资金所得贷出后获得无风险收益（等式左边大于右边）。

盒式差价套利策略现金流情况见表 7 - 10。

表 7 - 10　　盒式差价套利策略现金流情况

头寸	t 时刻现金流	T 时刻现金流		
		$S_T \leqslant K_1$	$K_1 < S_T \leqslant K_2$	$K_2 < S_T$
买入看涨期权 c_1	$-c_1$	0	$S_T - K_1$	$S_T - K_1$
卖出看涨期权 c_2	c_2	0	0	$-(K_2 - S_T)$
卖出看跌期权 p_1	p_1	$-(K_1 - S_T)$	0	0
买入看跌期权 p_2	$-p_2$	$K_2 - S_T$	$K_2 - S_T$	0
净现金流	$c_2 - c_1 + p_1 - p_2$	$K_2 - K_1$	$K_2 - K_1$	$K_2 - K_1$

当市场中的期权价格能够满足 t 时刻的净现金流不等于 0，即使得 $\varepsilon = c_1 - c_2 + p_2 - p_1 - (K_2 - K_1)e^{-r(T-t)} \neq 0$，那么就可以通过买入或者卖出盒式差价组合来进行操作获取利润，当这一净现金流在绝对值上大于套利过程中的交易费用，即 $\varphi = |c_1 - c_2 + p_2 - p_1 - (K_2 - K_1)e^{-r(T-t)}| - \tau > 0$，其中 τ 为操作过程中的交易费用，那么，采用盒式差价策略进行套利就是可行的（见表 7 - 11）。

表 7 - 11　　两种盒式套利的现金流量比较

头寸	t 时刻现金流	T 时刻现金流		
		$S_T \leqslant K_1$	$K_1 < S_T \leqslant K_2$	$K_2 < S_T$
买入盒式差价组合	$c_2 - c_1 + p_1 - p_2$	$K_2 - K_1$	$K_2 - K_1$	$K_2 - K_1$
借入资金现值	$(K_2 - K_1)e^{-r(T-t)}$	$-(K_2 - K_1)$	$-(K_2 - K_1)$	$-(K_2 - K_1)$
净现金流	$(K_2 - K_1)e^{-r(T-t)} - c_1 + c_2 + p_1 - p_2 > 0$	0	0	0
卖出盒式差价组合	$c_1 - c_2 + p_2 - p_1$	$-(K_2 - K_1)$	$-(K_2 - K_1)$	$-(K_2 - K_1)$
借出资金现值	$-(K_2 - K_1)e^{-r(T-t)}$	$K_2 - K_1$	$K_2 - K_1$	$K_2 - K_1$
净现金流	$c_1 - c_2 + p_2 - p_1 - (K_2 - K_1)e^{-r(T-t)} > 0$	0	0	0

假定 H 公司的股票现价为 30 元，其相对应的执行价为 31 元的看涨期权价格为 3 元，看跌期权的价格为 1.8 元；执行价为 32 元的看涨期权的价格为 2.4 元，看跌期权的价格为 1.9 元，期权的期限均为一个月，此时投资者可以通过买入盒式差价套利策略获取利润。相反，如果相对应的执行价为 31 元的看涨期权价格为 3.1 元，看跌期权的价格为 1.85 元；执行价为 32 元的看涨期权的价格为 2.15 元，看跌期权的价格为 2 元，此时投资者则可以通过卖出盒式差价套利策略获取利润。具体分析见表 7－12。

表 7－12　　　　盒式差价套利案例分析

买入盒式差价套利策略		卖出盒式差价套利策略	
交易事项	现金流	交易事项	现金流
t 时刻（S＝30）		t 时刻（S＝30）	
买入 $K_1=31$ 的看涨期权（$c_1=3$）	－300	卖出 $K_1=31$ 的看涨期权（$c_1=3.1$）	310
卖出 $K_2=32$ 的看涨期权（$c_2=2.4$）	240	买入 $K_2=32$ 的看涨期权（$c_2=2.15$）	－215
卖出 $K_1=31$ 的看跌期权（$p_1=1.8$）	180	买入 $K_1=31$ 的看跌期权（$p_1=1.85$）	－185
买入 $K_2=32$ 的看跌期权（$p_2=1.9$）	－190	卖出 $K_2=32$ 的看跌期权（$p_2=2$）	200
借入资金	95.24	借出资金	－95.24
一个月后到期（$S_T=30.5$）		一个月后到期（$S_T=30.5$）	
$K_1=31$ 的看跌期权被执行	－50	执行 $K_1=31$ 的看跌期权	50
执行 $K_2=32$ 的看跌期权	150	$K_2=32$ 的看跌期权被执行	－150
返还资金	－100	收回资金	100
套利利润	25.24	套利利润	14.76
一个月后到期（$S_T=31.5$）		一个月后到期（$S_T=31.5$）	
执行 $K_1=31$ 的看涨期权	50	$K_1=31$ 的看涨期权被执行	－50
执行 $K_2=32$ 的看跌期权	50	$K_2=32$ 的看跌期权被执行	－50
返还资金	－100	收回资金	100
套利利润	25.24	套利利润	14.76

续表

买入盒式差价套利策略		卖出盒式差价套利策略	
一个月后到期（$S_T=32.5$）		一个月后到期（$S_T=32.5$）	
执行 $K_1=31$ 的看涨期权	150	$K_1=31$ 的看涨期权被执行	-150
$K_2=32$ 的看涨期权被执行	-50	执行 $K_2=32$ 的看涨期权	50
返还资金	-100	收回资金	100
套利利润	25.24	套利利润	14.76

两种盒式差价套利策略损益见图 7-6。

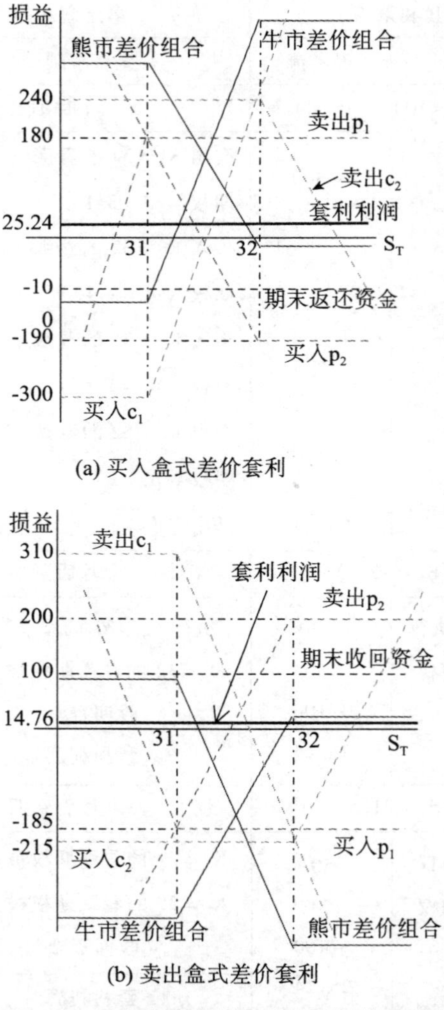

(a) 买入盒式差价套利

(b) 卖出盒式差价套利

图 7-6　两种盒式差价套利策略损益图对比

从以上套利策略的过程分析我们可以看出，当出现打破等量关系的情况进行买入或卖出盒式套利时，无论期权到期时的股票价格如何变化，投资者均可以通过套利策略获取一个对应的恒定利润。当投资者在到期日期到来之前，也可以选择平仓。

（5）价格凸性

前面的讨论中我们分析了两份同种期权合约之间的套利，下面我们将紧接着讨论稍微复杂一些的套利策略。使用三个基于同一标的物的同种性质且到期日相同但执行价格各不相同的期权之间的套利被称作蝶式差价套利，如 $K_1 < K_2 < K_3$，它们分别为三个看涨（看跌）期权 c_1（p_1）、c_2（p_2）、c_3（p_3）的执行价格。构造蝶式组合时，三个期权之间应该有以下合理关系：

$$\lambda c_1 + (1-\lambda) c_3 \geqslant c_2$$

$$\lambda p_1 + (1-\lambda) p_3 \geqslant p_2$$

其中，$\lambda = \dfrac{K_3 - K_2}{K_3 - K_1}$。

对于这一合理的不等式关系的推导，我们只进行简单的提示，两个不等式的由来可以从凸函数的性质得到，期权价格与执行价之间的关系表现为下凸的曲线，故有 $\dfrac{c_1 - c_2}{K_2 - K_1} < \dfrac{c_2 - c_3}{K_3 - K_2}$ 成立，然后进行简单的数据计算便可得到。因为在该套利中运用的是期权的凸性原理，所以该套利策略又称为凸性策略（Convexity Strategy）。同样的，在发现不等式关系被打破时，投资者可以选择运用这种策略进行套利。下面我们通过表 7－13 来说明采用蝶式差价套利时的现金流情况。

通过对蝶式差价套利现金流的分析，我们可以看出，采用看涨期权或者看跌期权进行套利，在 T 时刻均可得到大于 0 的现金流，所以当 t 时刻的现金流大于 0，则可认为是套利机会的出现，此时投资者可以获得正的收益。在所有套利的操作中，我们都没有考虑具体的交易成本和保证金的占用成本，只是将套利原理进行阐述，若要考虑实际的成本问题，只需将其从最后的净现金流中扣除，即净现金流可以覆盖全部的交易成本时，投资者可以获取套利利润。

下面举例说明蝶式差价套利策略的过程（见表 7－14）。假定 t 时刻 H 公司股票价格为 30 元，其对应的一个月后到期的执行价为 31 元、32 元、33 元的三个看涨期权的价格分别为 2.8 元、2.5 元和 2 元；执行价为 27 元、

表 7－13　　　　蝶式差价套利现金流情况表

期权类型	头寸	t 时刻现金流	T 时刻现金流			
			$S_T \leqslant K_1$	$K_1 < S_T \leqslant K_2$	$K_2 < S_T \leqslant K_3$	$K_3 < S_T$
涨期权	购买 λ 份 c_1	$-\lambda c_1$	0	$\lambda\ (S_T - K_1)$	$\lambda\ (S_T - K_1)$	$\lambda\ (S_T - K_1)$
	卖出 1 份 c_2	c_2	0	0	$-\ (S_T - K_2)$	$-\ (S_T - K_2)$
	购买 $(1-\lambda)$ 份 c_3	$-\ (1-\lambda)\ c_3$	0	0	0	$(1-\lambda)\ (S_T - K_3)$
	净现金流	$c_2 - \lambda c_1 - (1-\lambda)\ c_3 > 0$	0	$\lambda\ (S_T - K_1)\ > 0$	$(1-\lambda)\ (K_3 - S_T)\ > 0$	0
跌期权	购买 λ 份 p_1	$-\lambda p_1$	$\lambda\ (K_1 - S_T)$	0	0	0
	卖出 1 份 p_2	p_2	$-\ (K_2 - S_T)$	$-\ (K_2 - S_T)$	0	0
	购买 $(1-\lambda)$ 份 p_3	$-\ (1-\lambda)\ p_3$	$(1-\lambda)\ (K_3 - S_T)$	$(1-\lambda)\ (K_3 - S_T)$	$(1-\lambda)\ (K_3 - S_T)$	0
	净现金流	$p_2 - \lambda p_1 - (1-\lambda)\ p_3 > 0$	0	$\lambda\ (S_T - K_1)\ > 0$	$(1-\lambda)\ (K_3 - S_T) > 0$	0

28 元、29 元的三个看跌期权的价格分别为 0.7 元、1 元和 1.1 元。此时 $\lambda = 0.5$，现实操作中不能买入 0.5 份的期权，所以对三个期权的份数分别扩大为整数，则有买入一份看涨（看跌）期权 c_1（p_1），卖出两份看涨（看跌）期权 c_2（p_2），买入一份看涨（看跌）期权 c_3（p_3）。

表 7－14　　　　蝶式差价套利策略过程

看涨期权套利		看跌期权套利	
交易事项	现金流	交易事项	现金流
t 时刻（S＝30）		t 时刻（S＝30）	
买入一份 K＝31 的看涨期权（$c_1 = 2.8$）	－280	买入一份 K＝27 的看跌期权（$p_1 = 0.7$）	－70
卖出两份 K＝32 的看涨期权（$c_2 = 2.5$）	500	卖出两份 K＝28 的看跌期权（$p_2 = 1$）	200
买入一份 K＝33 的看涨期权（$c_3 = 2$）	－200	买入一份 K＝29 的看跌期权（$p_3 = 1.1$）	－110
净现金流	20	净现金流	30

续表

看涨期权套利		看跌期权套利	
一个月后到期（$S_T=30.5$）		一个月后到期（$S_T=26.5$）	
套利利润	20	执行看跌期权 p_1	50
一个月后到期（ST =31.5）		看跌期权 p_2 被执行	-300
执行看涨期权 c_1	50	执行看跌期权 p_3	250
套利利润	70	套利利润	30
一个月后到期（$S_T=32.5$）		一个月后到期（$S_T=27.5$）	
执行看涨期权 c_1	150	看跌期权 p_2 被执行	-100
看涨期权 c_2 被执行	-100	执行看跌期权 p_3	150
套利利润	70	套利利润	80
一个月后到期（$S_T=33.5$）		一个月后到期（$S_T=28.5$）	
执行看涨期权 c_1	250	执行看跌期权 p_3	50
看涨期权 c_2 被执行	-300	套利利润	80
执行看涨期权 c_3	50	一个月后到期（$S_T=29.5$）	
套利利润	20	套利利润	30

两种蝶式差价套利策略损益见图 7-7。

重复一下，实际操作过程中，只要这些正的利润足以支付交易费用的总和，该套利就是可行的。若投资者发现在到期日到来之前平仓结束头寸可以获取预期的利润，那么投资者也可以提前平仓。

从上面的例子可以看出，套利空间存在时，运用两个看涨期权进行差价套利，标的资产价格无论是上涨还是下跌均可以获取相应的套利利润。在实际操作中，类似于例子中所述的利润能够覆盖交易过程中的交易费用时，便可采取相应的套利策略。当然，现实中还存在提前平仓的可能，只要提前平仓时有利可图也能取得很好的效果。看涨期权差价套利策略过程分析及损益见表 7-15、图 7-8。

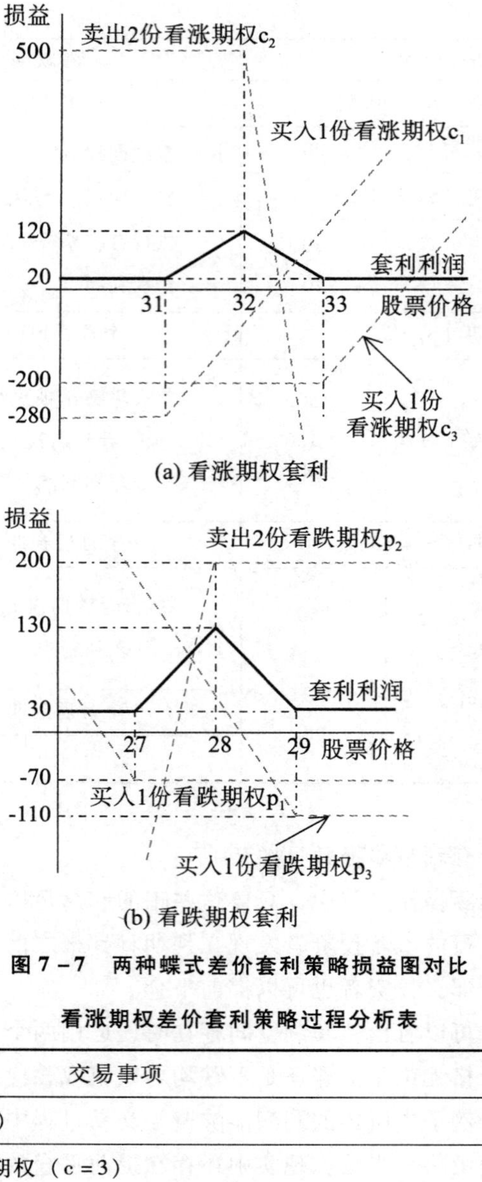

图7-7 两种蝶式差价套利策略损益图对比

表7-15 看涨期权差价套利策略过程分析表

交易事项	资金流量
当前t时刻（S=32）	
卖出K=30的看涨期权（c=3）	300
借出现金	-95.24
买入K=31的看涨期权（c-2）	-200
一年后到期（S_T=29）	
收回资金	100
套利利润	104.76

续表

交易事项	资金流量
一年后到期（S_T = 30.5）	
K = 30 的看涨期权被行权	-50
收回资金	100
套利利润	54.76
一年后到期（ST = 33）	
K = 30 的看涨期权被行权	-50
行使 K = 31 的看涨期权	50
收回资金	100
套利利润	4.76

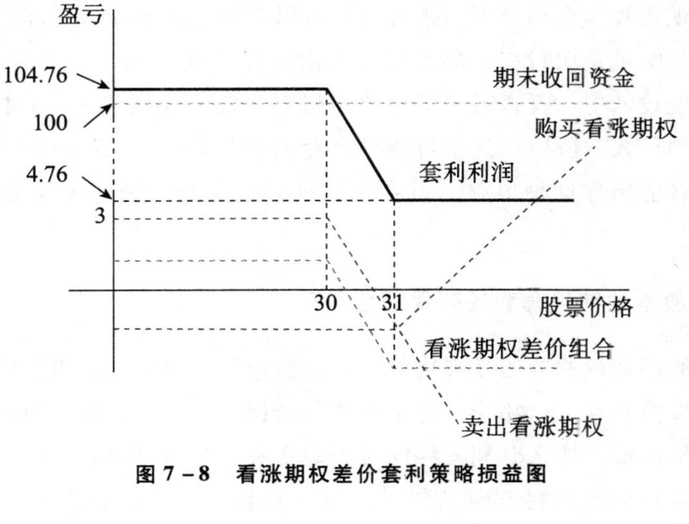

图 7-8　看涨期权差价套利策略损益图

无风险套利并非严格上的零风险

从期权的平价关系及凸性特征等方面可以推导出理论上的无风险套利，但在实际交易中，这些看上去万无一失的操作仍然存在多方面的风险。

(1) 各头寸能否同时成交影响最终套利能否成功

在最常见的转换套利中，投资者需要同时操作看涨期权、看跌期权以及基础资产，整个组合中存在3个子头寸。在实际交易中，极有可能因为流动性或其她原因使得这三条腿无法同时建立。如果成交不同步，不仅将错失套利机会，且有可能会因暴露的风险承担损失。比如，当沪深300指数期权的报价出现正向套利机会时，投资者可构造做多期货合约，做空合成期货（看涨期权空头+看跌期权多头），若无同时成交的组合指令，在实际期货多头和看涨期权空头成交后，看跌期权多头未能及时成交，则投资者则暴露了下行风险，这与套利初衷明显不符。

（2）交割方式不同会使得行权风险的存在

同为金融类期权品种，股票期权与股指期权一个是实物交割，一个是现金交割，现金交割大大方便了投资者进行套利交易，股指期权也无行权风险，但个股期权则不同。个股期权在最后交易日，对于一个持有实际现货多头和合成现货空头的正向转换套利，如果在正股现货的收盘价刚好等于行权价，套利者认为合成现货空头中的看涨期权空头部位会被行权，理论上应该继续持有现货较为合理，因为被行权后可以用持有的实际现货部位交割，而如果认为不会被指派行权，那么应该卖出实际的现货部位，了结套利头寸。但由于制度设计中，投资者未平仓的期权空头头寸要到T+1日才知道是否会被指派到行权，所以，这很可能导致套利者在T+1日留有不该有的头寸。如果投资者能预见这种风险，可在到期前提前平仓，减小整个套利头寸的规模。

（3）股指的转换套利还有保证金风险

由于股指期权的标的是现货指数，为操作上的简便，常用股指期货与期权来构造转换套利，这相当于跨了期货与期权两个市场，若套利组合无保证金上的特别政策，那么套利者将同时为期货头寸及期权空头支付保证金。可以想象，若指数朝不利方向剧烈波动时，套利者可能需要缴纳额外的保证金。比如，正向套利时指数大幅下跌，实际期货多头部位可能面临补充保证金，这不仅会产生更多的利息成本，在行情较大时，投资者有时会因为期货头寸无法缴纳足够的保证金而被迫强行平仓，从而导致整个套利组合被打破。相比较而言，个股期权的套利的保证金风险要小很多。个股期权的正向转换套利可以备兑开仓，所以几乎不存在保证金风险，反转换套利由于卖空股票收取的保证金较高存在一定风险，但相对较小。

（4）实际操作中，个股期权的转换套利还有来自于利率和分红方面的风险

正股分红时，对应的期权合约将调整行权价和合约单位，套利者此时要对头寸的数量进行调整。比如，正向转换套利，如果持有期间标的发生现金分红，则合约乘数会变大。此时，投资者必须要额外买入相应证券，从而保持套利头寸。利率则主要影响到资金成本，当利率上升时，无论对于正向转换套利还是反向转换套利，都意味着更高的资金成本，从而会压缩套利利润。但利率对股指期权与个股期权的转换套利利润影响大小不用，这与现金流发生的时间点有关，股指期权的主要现金流发生在到期日，所以利率对其影响更小。

第八章

期权组合策略

应该说，期权的灵活性主要体现在其组合策略上。所谓的组合策略，就是在交易时买卖不同的期权合约，而不再是前面章节中提到的单腿操作。本章的内容实际上可发散得非常多，但过于复杂的组合对大多数期权参与者而言并不适用，因此，我们主要介绍常见的垂直组合、水平组合、跨式组合及对角组合。

1. 垂直差价组合

在第四章中，我们已经介绍了四种期权交易的基本头寸：买入看涨或看跌期权，卖出看涨或看跌期权。这四种基本策略的选择主要基于投资者对市场方向与波动的判断。例如，买入看涨期权的投资者最期望的结果是，不仅市场上涨而且大幅上涨；买入看跌期权的投资者最期望的结果是，不仅市场下跌而且大幅下跌。如果最后面对的实际情况是买入看涨期权的投资者经历了市场的上涨，然而标的资产涨幅不大。这个时候，投资者的整个交易或许并不能实现盈利，因为期初买入期权的时候支付了一笔不小的权利金。反之，当市场小跌幅度较小的情况，卖出看跌期权的投资者的盈利同样受限。

在这种情况下，十分有必要引入垂直组合（又叫差价交易）的策略。垂直差价组合是指投资者在买进一个期权的同时又卖出另一个期权，一般要求这两个期权是同种类型（看涨或看跌）、相同到期日的不同执行价格的合约。垂直差价交易的核心理念在于，在买入一份期权合约的同时还卖出一份期权合约，可以实现降低交易成本的目的。虽然这种垂直差价交易看上去限制了最大盈利的空间，然而这一策略可以有效将风险降低，是期权交易中运用得最广泛的策略之一。

垂直差价交易大体上可以分为两大方向，多头（牛市）差价期权与空头（熊市）差价期权。这里的多头与空头指的是投资者对后市的看法。通俗地讲，构造的组合头寸如果在标的资产价格上涨的时候有利，就是多头差价组合，如果是资产价格下跌时有利就是空头差价组合。接下来我们一一介绍。

牛市差价组合：温和市场中的低风险策略

牛市差价期权是差价期权中比较受欢迎的一种。假如投资者预期股指在未来会以一定幅度上涨，但他又不想投入太大的成本，冒太大的风险，这时他可以选择较低成本的牛市差价期权，在指数有一定幅度的上升以后，发挥止盈止损的功效。投资者要实现该种策略的做法是：买入一份看涨期权，同时卖出一份到期日相同但执行价格较高的看涨期权。卖出期权的权利金可以抵消一部分低执行价格期权的权利金成本。

比如，某投资者看多沪深 300 指数后市，但认为上涨的空间可能不大，压力位在 2230 点附近，所以他买入一份执行价格为 2150 元的看涨期权，同时卖出一份执行价格为 2200 元的看涨期权。这两份合约在 T 型报价上是相邻的合约，均处于执行价格的左侧，所以，看上去是在 T 型报价的界面上“垂直操作”（见图 8－1）。

定位平值期权 IO1406

总成交量	总持仓量	涨跌	卖出价	卖出量	买入价	买入量	最新价	执行价	最新价	买入量	买入价	卖出量	卖出价	涨跌
164	14515	1.7	278.6	14	276.1	11	278.3	1900	0.1	1175	0.1	1801	0.2	-0.1
204	3324	0.4	227.8	10	227.2	10	227.6	1950	0.1	458	0.1	658	0.3	-0.5
728	19579	0.4	178.4	10	177.5	10	177.6	2000	0.2	699	0.1	64	0.2	-0.6
643	15265	-0.7	128.2	10	127.6	10	127.2	2050	0.3	246	0.3	385	0.4	-0.9
1705	41370	1.1	79.6	10	79.0	40	78.9	2100	1.8	190	1.7	290	1.8	-0.9
6722	32166	-0.4	37.8	101	37.7	21	37.7	2150	10.0	21	9.9	50	10.0	-3.4
9083	58688	-1.7	11.8	30	11.6	85	11.8	2200	34.0	129	33.8	82	34.0	-3.9
5995	30385	-0.3	2.8	443	2.7	23	2.8	2250	74.8	10	74.4	99	75.1	-3.0
5429	24784	0.7	0.8	345	0.7	41	0.7	2300	122.9	20	122.5	10	123.0	-0.8
2918	21240	-0.2	0.2	740	0.1	334	0.1	2350	172.5	1	172.4	10	172.5	-1.0
2061	15249	-	0.3	190	0.1	243	0.3	2400	223.9	1	223.8	11	224.0	-2.5
461	22605	-	0.2	3115	0.1	146	0.2	2500	322.3	1	321.1	1	329.6	-0.7
96	58816	-0.1	0.2	1009	0.1	63	0.2	2600	421.9	1	422.7	1	426.4	-1.1
568	402138	-	0.1	578	-	-	0.1	2700	522.3	1	521.3	10	529.5	-0.6

图 8-1 T形报价界面上的牛市差价组合垂直操作

对于该投资者来说，他的成本是25.9点（即2590元），若持有至到期，当指数上涨至2200点以上，其获得的最大盈利为24.1点，当指数下跌至2150点甚至以下时，投资者将出现其最大25.9点的亏损。具体的损益情况参照图8-2。

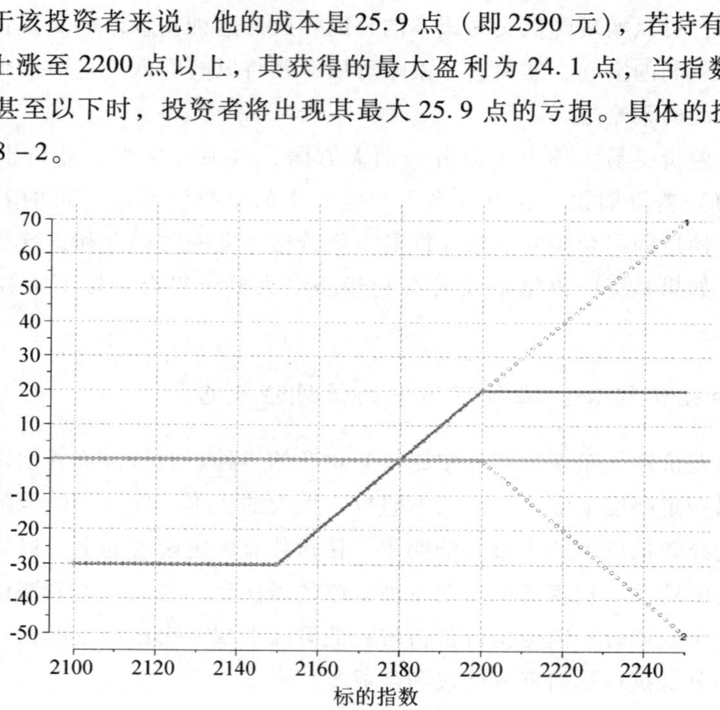

图 8-2 看涨期权牛市差价组合损益图

数据来源：长江期货。

这种到期损益结构，形态上是上封顶，下封底，也就是说，一开始投资者就知道自己的最大盈利和最大亏损。最大盈利出现的情况是当指数的价格超过所卖出的高执行价格，这时候投资者可以想象，假设指数涨到2210点，买进的看涨期权这时候是实值的，行权是赚钱的，但卖出的执行价格为

2200元的合约此时也是实值的，卖方行权后投资者将出现亏损，所以一赚一亏就锁定了最高的盈利。当然，指数下跌，最大的损失也是被锁定的。比如，指数下跌至2000点，买入执行价为2150元的合约是虚值的，不会行权，亏损为买这份合约的权利金，卖出执行价为2200元的合约同样是虚值的，对方也不会行权，所以赚取了最开始收取的权利金，此时最大的亏损就是权利金的净差价。对应图8－2，我们给出用符号表示的在指数点位不同时的损益情况（见表8－1）。

表8－1　　看涨期权牛市差价期权盈亏计算表

股价范围	看涨期权多头的盈亏	看涨期权空头的盈亏	组合总盈亏
$S_T >= K_2$	$S_T - K_1 - C_1$	$C_2 - (S_T - K_2)$	$K_2 - K_1 + C_2 - C_1$
$K_1 < S_T < K_2$	$S_T - K_1 - C_1$	C_2	$S_T - K_1 + C_2 - C_1$
$S_T <= K_1$	$-C_1$	C_2	$C_2 - C_1$

构造这种牛市差价组合也可以用看跌期权，到期的损益图形态也是一样，构造方法是买入低执行价格的看跌期权，同时卖出高执行价格的看跌期权，到期月份也一样。到后面的组合策略越来越多，投资者不容易记住牛市差价组合究竟是如何构造的，其实，只需要记住“买低卖高”为牛市就可以，这里的高低指的是执行价格。

看跌期权牛市差价组合损益见图8－3。

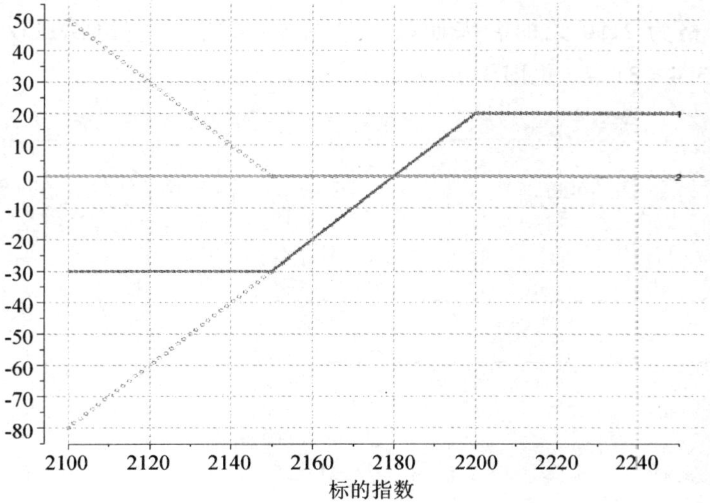

图8－3　看跌期权牛市差价组合损益图

当然，我们给出的这种损益图都是投资者将头寸持有至到期时候的情况，在实际交易中，很多投资者并非一定要将单子一直拿着到期，可以在到期前平仓，赚取权利金的差价。一般情况下，我们用看涨期权构造牛市差价组合，买低执行价的合约、卖高执行价的合约之后，低执行价的合约对标的指数的变动更为敏感，因为其 Delta 更大。这就意味着，投资者在方向看对的情况下，低执行价格合约的权利金上涨的幅度要比高执行价格合约上涨幅度大，因为投资者是买进低执行价格，卖出高执行价格，所以在到期前平仓的话仍然是盈利的，赚的权利金比亏的多。

熊市差价组合：温和下跌的低成本策略

能理解牛市差价组合，那么很自然地就能联想到熊市差价。投资者若判断未来一段时间内标的指数（或其他标的物）会温和下跌，就可以运用这种策略。构造方法是卖出低执行价格的合约，买入高执行价格的合约，这里的合约可以同为看涨期权，也可同为看跌期权，但仍然要求有相同的到期日。

我们以看涨期权为例，投资者认为后市指数将下跌，且在到期前这段时间里会跌至 2100 点附近，如果单纯买入看跌期权，需要支付较高的权利金，成本较高；如果是卖出看涨期权，投资者尽管是收到权利金，但面临的风险也较大，因为如果实际走势与预判的大相径庭，那么投资者在到期时可能面临大的亏损。为既能实现获得下跌的收益，又能将方向做错时的亏损控制在一定范围内，投资者可以选择卖出执行价格为 2100 元的看涨合约，同时买进执行价格为 2150 元的看涨期权（见图 8－4），在期初收到权利金为：114.8－83.4＝31.4，也即 3140 元。

期权T型报价 普通行情

定位平值期权 IO1407

总成交量	总持仓量	涨跌	卖出价	卖出量	买入价	买入量	最新价	执行价	最新价	买入量	买入价	卖出量	卖出价	涨跌
1039	1506	13.9	245.1	10	244.1	10	245.0	1950	6.5	13	6.5	2	6.7	-1.6
1743	3623	12.8	199.1	8	196.8	10	199.1	2000	10.6	10	10.6	10	10.8	-2.9
6196	5826	8.6	155.9	10	155.0	20	155.8	2050	17.1	4	17.1	20	17.3	-3.7
1463	9219	7.9	115.1	7	114.8	20	115.1	2100	26.8	10	26.7	3	26.8	-6.2
5597	12565	8.3	83.4	7	82.7	20	83.4	2150	44.3	7	44.3	10	44.5	-8.6
2790	11568	3.5	56.3	20	55.8	20	56.0	2200	68.4	21	68.3	11	69.3	-10.3
2717	9757	2.5	37.4	5	37.3	3	37.4	2250	98.0	10	97.7	10	98.4	-13.4
2021	8284	1.3	22.9	50	22.8	10	22.9	2300	134.1	10	134.5	2	134.8	-14.6
2239	5744	0.3	13.6	10	13.2	27	13.6	2350	174.0	10	173.2	10	174.4	-13.8

图 8－4 T 形报价界面上的熊市差价组合垂直操作

那么，这样做进去以后，投资者的盈亏情况会是怎么样的呢？我们仍然是用到期的损益图（见图8－5）来直观地展示。

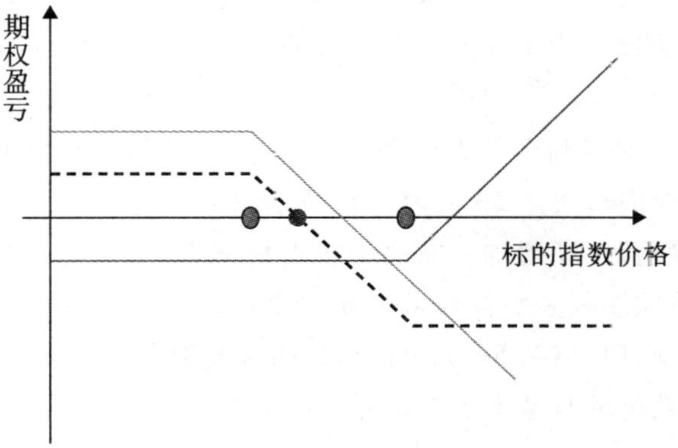

图8－5 用看涨期权构造的熊市差价组合

2. 构造波动率组合

对于投资者来说，期货市场上除了牛熊市之外，更多的时间是处于一种无法辨别价格走势或者价格没有大幅变化的状况。此时的交易策略可以根据市场波动率的大小具体细分。当市场预期波动较小价格变化不大时，可采取卖出跨式组合和卖出宽跨式组合的策略。当预期市场波动较大但对价格上涨和下跌的方向不能确定时，可采取买入跨式组合和买入宽跨式组合的策略。下面，我们就来介绍一下在大幅波动的市场行情中常用的投资策略。

跨式组合期权：捕捉波动市场回报

我们知道期权是一种与市场波动有关的衍生品工具，一般来说，当市场经历某备受关注的重大事件之前，没有人知道市场对事件结果的反映是上涨还是下跌，但大家都明白当突发事件发生，市场的波动一定会变得更加剧烈。如果此时投资者买入跨式组合期权，那么无论后市行情大涨或者大跌，投资者都能收获甚丰。该策略由相同执行价格以及相同到期日的看涨和看跌期权组合而成。下面我们以一个简单的买入期权跨式组合为例，来谈谈该策略的具体应用情况。

假设某投资者认为A股票的价格到12月之前将发生大幅度上升或下降，该股票的现行市场价格为53元，那么该投资者就可以通过同时购买12月份到期执行价格为53元的一个看涨期权和一个看跌期权来构造跨式组合。假定看涨期权的成本为150元（每手100股），看跌期权的成本为140元，则初始总成本为290元。当预期错误，到期时股价仍为53元时，该投资者面临最大损失，即权利金总支出290元，表现为图8-6中组合盈亏线的最低点；当到期时股价大于53元时，看涨期权多头行权可以获得收益，并且随着股价上升收益不断增加，右侧平衡点价格为55.9元；当到期时股价低于53元时，看跌期权多头行权可以获得收益，并且随着股价下降收益不断增加，左侧平衡点价格为50.1元；当到期时股价在左右平衡点价格之间时，投资者行权所获得的收益不足以抵补权利金的总支出，仍然要面临亏损。

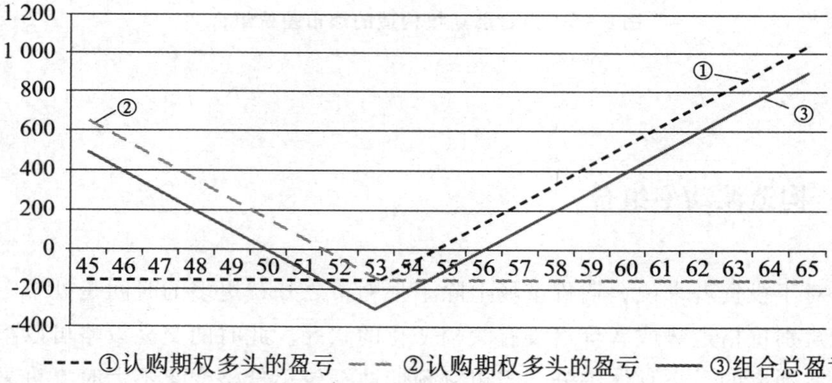

图8-6 买入跨式组合期权损益图

可以看出，随着股价的波动幅度增大，该策略的利润越来越丰厚。对于投资者来说，这种策略不需要投资者去判断方向，是投机性较高而风险有限的投资方式。但该策略也存在着成本过高，市场波动不大时亏损较多的缺点。通过分析我们可以知道，该策略的最大损失为权利金的总支出，而最大利润则是无限的，其左侧平衡点价格等于执行价格减去总权利金，右侧平衡点价格等于执行价格加上总权利金。

如果我们将上面策略中所有的买卖方向逆转，那么就得到反跨式组合策略，使用这种策略的投资者在价格维持不变或变化范围很小时会获得盈利，而当价格向任意方向大幅变动时，将承受亏损，变动越大，亏损将越大。

宽跨式组合期权：低成本捕捉波动市场回报

从刚刚的例子中可以看出，当市场波动很小时，买入跨式组合策略将会承担较大的损失，为了平衡这种损失与收益，我们来介绍一种可以降低收益与成本的宽跨式组合策略。相对于跨式组合期权，宽跨式期权需要更大的股价波动才能获利，同时，当市场波动很小时投资者承受的损失也将大幅减少。宽跨式期权也称为底部垂直价差组合，是指买进不同执行价格同一到期日的一份看涨期权合约和一份看跌期权合约。下面我们还是接着采用之前的例子来说明该策略的应用情况。

假定该投资者认为市场行情会有大幅波动，那么该投资者就可以通过构建宽跨式组合来进行套利，具体策略如下：以 80 元的价格买入一份执行价格为 55 元的看涨期权，再以 40 元买入一份执行价格为 50 元的看跌期权，则初始总成本为 120 元。当到期时股价在 50 元到 55 元之间时，该投资者放弃行权并面临最大亏损，即权利金总支出 120 元，表现为图 8 - 7 中组合盈亏线平衡于横轴的部分；当到期股价大于 55 元时，通过看涨期权多头行权可以获得收益，并且随着股价上升收益不断增加，其右侧平衡点的价格为 56.2 元；当到期股价小于 50 元时，通过看跌期权多头行权可以获得收益，并且随着股价下降收益不断增加，其左侧平衡点价格为 48.8 元。

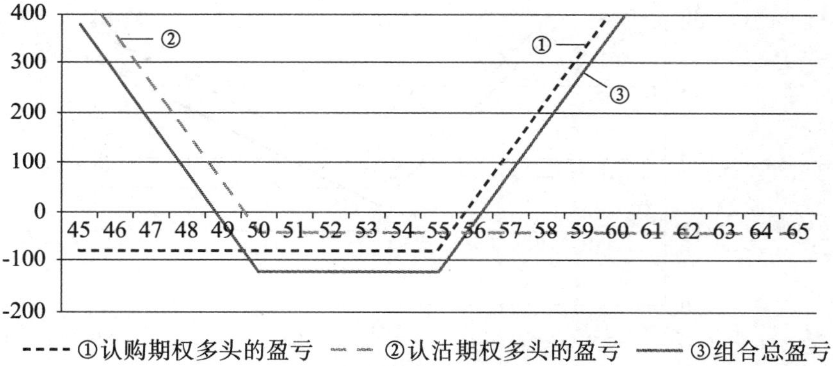

图 8 - 7　宽跨式组合期权损益图

可以看出，投资者若利用该种策略，其成本确实比跨期组合期权要少，但要求股价变动的幅度更高，如果市场波幅较小，投资者同样要面临成本亏损的风险。通过分析我们可以知道，该策略的最大损失为权利金的总支出，其右侧平衡点的价格等于高执行价格加上总权利金支出，左侧平衡点的价格等于低执行价格减去总权利金支出。

同样，如果我们将上面策略中所有的买卖方向逆转，那么就可以得到反宽跨式组合策略，使用这种策略的投资者在价格维持不变或变化范围很小时会获得有限的盈利，而当价格向任意方向大幅变动时，将承受亏损，变动越大，亏损将越大。这种策略只有在对价格波动幅度非常确定时才会使用，用法与之前提到的反跨式策略比较起来最高收益较低，但只有当市场发生更大范围波动时才会承受亏损风险。

条式组合

我们上面所说的波动率组合策略都是买卖一手期权来进行获利的，但当投资者认为股票价格会有很大波动，并且股价下降的可能性要大于股价上升的可能性时，如果继续采用上述组合策略可能会造成收益的大幅减少，此时，该投资者应选择采用条式组合来进行获利。条式组合是由具有相同执行价格、相同期限的一份看涨期权和两份看跌期权组成，分为多头构成的底部条式组合和空头构成的顶部条式组合。下面，我们就以底部条式组合为例，来讨论该组合策略的损益情况。

我们可以通过分别购买执行价格相同、到期时间相同的一份看涨期权和两份看跌期权来构建底部条式组合，其盈亏结构如图 8－8。

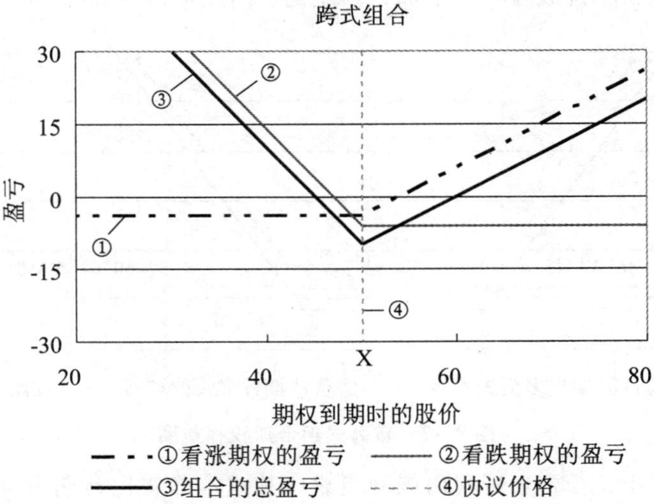

图 8－8　底部条式组合损益

可以看出，当到期股价等于执行价格时，该投资者面临最大损失，即为该组合策略的总权利金支出；当到期股价大于执行价格时，看涨期权多头行权获利，投资收益随着股价上升不断增加，右侧平衡点价格等于执行价格加上总权利金支出除以2；当到期股价低于执行价格时，看跌期权多头行权获利，投资收益随着股价上升不断下降，左侧平衡点价格等于执行价格减去总权利金支出。因此，标的价格变化越大，该组合策略更为有利。采用同样的分析方法可以对顶部条式组合进行损益分析，在此不做赘述。

带式组合

与条式组合相反，当投资者认为股票价格会有很大波动，并且股价上升的可能性要大于股价下降的可能性时，投资者应选择带式组合进行获利。带式组合是由具有相同执行价格、相同期限的两份看涨期权和一份看跌期权组成，同样也分为由多头构成的底部带式组合和由空头构成的顶部带式组合。下面我们就以底部带式组合为例来讨论该组合策略的损益情况。

我们可以通过分别购买执行价格相同、到期时间相同的两份看涨期权和一份看跌期权来构建底部条式组合，其盈亏结构见图8－9。

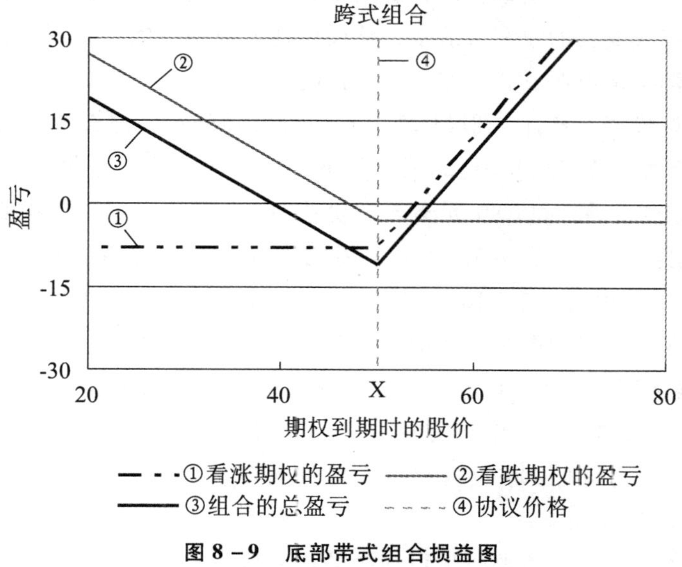

图8－9　底部带式组合损益图

可以看出，当到期股价等于执行价格时，该投资者面临最大损失，即为该组合策略的总权利金支出；当到期股价大于执行价格时，看涨期权多头行权获利，投资收益随着股价上升不断增加，右侧平衡点价格等执行价格加上总权利金支出除以2；当到期股价低于执行价格时，看跌期权多头行权获利，投资收益随着股价上升不断下降，左侧平衡点价格等于执行价格减去总权利金支出。因此，标的价格变化越大，该组合策略越为有利。采用同样的分析方法可以对顶部带式组合进行损益分析，在此不做赘述。

3. 无趋势策略

蝶式差价期权：追求市场稳定时的获利机会

我们在第七章曾经介绍过，如果市场较为平稳，可以通过构建蝶式策略获取收益。事实上，它是由牛市看跌价差期权组合和熊市看涨价差期权组合而成的。

蝶式策略的具体执行包括：买入一个较低执行价格的看涨期权，买入一个较高执行价格的看涨期权，同时又以介于上述两个执行价格之间的中等的执行价格卖出两个看涨期权。在蝶式策略中，卖出两个期权的权利金能覆盖部分其余买入期权的权利金成本，从而体现低成本的优势。下面我们接着采用之前的例子来说明蝶式策略的应用情况。

假定该投资者预计 A 股票 12 月份股价波动较小，那么该投资者就可以采用蝶式策略进行套利，具体策略如下：以 280 元买入一份执行价格为 51 元的看涨期权，同时以 80 元买入一份执行价格为 55 元的看涨期权，再以 160 元卖出两份执行价格为 53 元的看涨期权，合计收取 320 元的权利金，则初始成本为 40 元。若到期时股价维持在 53 元不变，则该投资者获得最大收益 160 元，表现为图 8－10 中组合总盈亏线的最高点；当到期股价上升超过 55 元或者下降超过 51 元时，该投资者面临的最大损失为权利金总支出 40 元，表现为图 8－10 中组合总盈亏线平行于横轴的部分；当到期股价在 51 元至 55 元之间时，该投资组合左侧的平衡点价格为 51.4 元，右侧平衡点的价格为 54.6 元。

可以看出，蝶式策略可以以很少的资金从一定范围内变化的标的物价格中获利，同时，与潜在收益相比，其风险具有上限，如果标的资产价格保持在一定范围内，该策略将具有较高的获利可能性，但这也意味着该策略仅仅适用于窄幅盘整的阶段。通过分析我们可以知道，该策略左侧的损益平衡点价格等于低执行价格加上净权利金，右侧的损益平衡点价格等于高执行价格减去净权利金。

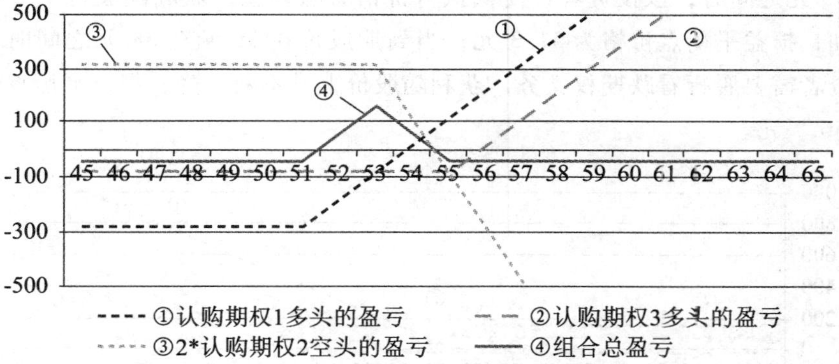

图 8－10　蝶式差价组合损益图

同样，如果我们将上面策略中所有的买卖方向逆转，那么就可以得到空头蝶式套利的组合策略，使用这种策略的投资者在价格维持不变或变化范围很小时会蒙受损失，最大损失对应的股价为中执行价格，而价格向任意方向波动幅度越大，投资者获得的收益越有可能达到最大值，即为净权利金。

飞鹰式差价期权：市场小幅震荡中的获利武器

通过刚才的介绍我们知道，市场较为平稳时蝶式策略可以带来较高的获利可能，但实际市场的振幅往往出乎投资者预料，市场的小幅震荡有可能就超出蝶式期权所提供给投资者的获利区间，使得投资者蒙受亏损。于是当市场较为平稳时，我们可利用飞鹰式差价策略来捕捉小幅震荡市场的获利的机会。策略的具体执行包括：买入一个较低执行价格的看涨期权，卖出两个较高执行价格的看涨期权，最后再买入一个更高执行价格的看涨期权。该策略以较高的成本来给予投资者高于蝶式差价期权的获利区间。下面我们同样还是采用之前的例子来说明飞鹰式差价策略的应用情况。

假定该投资者预计该股票 12 月份股价在一定范围内小幅波动，那么他可以构建如下飞鹰式差价组合来进行套利：以 350 元买入一份执行价格为 50 元的看涨期权，同时以 160 元和 80 元卖出一份执行价格为 53 元和一份执行价格为 55 元的看涨期权，最后以 20 元买入一份执行价格为 58 元的看涨期权，则初始成本为 130 元。当到期股价上升超过 58 元或者下降超过 50 元时，该投资者面临最大损失 130 元，即净权利金支出，表现为图 8－11 中横轴下方的水平线；当到期股价在 53 元至 55 元之间时，该投资者获得最大收益为 170 元，表现为图 8－11 中横轴上方的水平部分；当到期股价在 50 元至53元之间时，该投资者行使低执行价格看涨期权，获利随股价上升不断增加，损益平衡点价格为51.3元；当到期股价在55元至58元之间时，该投资者需要履行看跌期权义务，获利随股价上升不断下降，损益平衡点价格为56.7元。

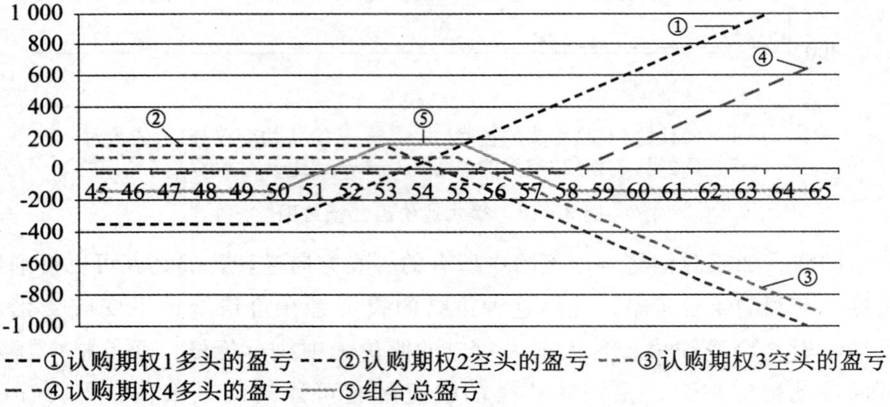

图8－11　飞鹰式差价组合损益图

可以看出，对于投资者而言，由于卖出两个看涨期权的权利金能够分摊部分买入期权的成本，但由于在低执行价格的期权认购时已经是深度价内期权，其对应的权利金也较高，与前面蝶式期权的例子相比较，投资者会付出较高的成本。通过分析我们知道，飞鹰式差价组合的左侧损益平衡点的价格等于低执行价格加上净权利金，右侧损益平衡点的价格等于高执行价格减去净权利金。

值得一提的是，若我们把上述策略中所有的看涨期权改为看跌期权，也能构成飞鹰式期权，为投资者带来相似的损益情况，在此不做赘述。

4. 对角套利

对角套利是指利用相同标的资产、不同执行价格、不同到期期限的看涨期权或看跌期权的价格差异赚取无风险利润的行为。其中，买进期权的合约期长于卖出期权的合约期并且有着不同的执行价格。它是一种期权常用的交易策略，属于进阶期权策略。对角组合有八种类型，分别为：看涨期权的牛市正向对角组合、看涨期权的牛市反向对角组合、看涨期权的熊市正向对角组合、看涨期权的熊市反向对角组合、看跌期权的牛市正向对角组合、看跌期权的牛市反向对角组合、看跌期权的熊市正向对角组合、看跌期权的熊市反向对角组合。下面，我们就以看涨期权的牛市正向对角组合为例来谈谈对角套利的特点。

我们可以通过买入看涨期权（X_1，T^*）的同时卖出看涨期权（X_2，T）来构建看涨期权的牛市正向对角组合，其中，$X_1 < X_2$，$T^* > T$。那么看涨期权的牛市正向对角组合的损益见表 8－2。

表 8－2　看涨期权牛市正向对角组合损益表

股票价格范围	（X_1，T^*）多头损益	（X_2，T）空头损益	总损益
$S_T \to \infty$	$\to S_T - X_1 - c_1$	$X_2 - S_T + c_2$	$\to X_2 - X_1 - c_1 + c_2$
$S_T = X_2$	$X_2 - X_1 + c_{1T} - c_1$	c_2	$X_2 - X_1 + c_2 + c_{1T} - c_1$
$S_T \to 0$	$\to -c_1$	c_2	$\to c_2 - c_1$

为了更形象地说明看涨期权的牛市正向对角组合的损益情况，我们不妨假设某投资者买入一份 90 天的执行价格为 90 元的看涨期权，权利金为 12.6 元，同时卖出一份 30 天的执行价格 110 元的看涨期权，权利金为 0.6 元，则该组合策略的盈亏结构见图 8－12。

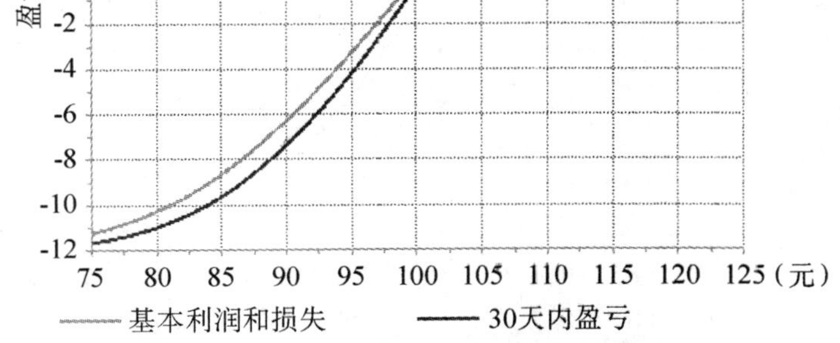

图 8－12　看涨期权牛市正向对角组合损益图

根据之前的损益表计算可知，当股价趋近于 0，该投资者面临的最大损失近似值即为净权利金 = 12.6 − 0.6 = 12 元；当股价趋近于无穷大时，该投资者可以获得的最大收益近似值 = 110 − 90 + 0.6 − 12.6 = 8 元。

同样，如果我们将上面策略中所有的买卖方向逆转，那么就可以得到看涨期权的熊市反向组合，采用同样的分析方法可知，该组合策略的损益平衡点的价格 $= X_1 + C_1 - C_2 - C_{1T}$；当标的价格趋近于无穷大时，投资者面临最大亏损近似值，最大近似亏损 $= X_1 - X_2 + C_1 - C_2$。

接下来我们讨论看涨期权的熊市正向对角组合策略，我们可以通过买入看涨期权（X_2，T^*），同时卖出看涨期权（X_1，T）进行组合构建，假定某投资者买入一份 90 天的执行价格为 110 元的看涨期权，权利金为 2.7 元，同时卖出一份 30 天的执行价格 90 元的看涨期权，权利金为 10.7 元，那么该组合策略的损益表及盈亏结构图如表 8−3、图 8−13。

表 8−3　看涨期权熊市正向对角组合损益表

股票价格范围	（X_2，T^*）多头损益	（X_1，T）空头损益	总损益
$S_T \to \infty$	$\to S_T - X_2 - c_1$	$X_1 - S_T + c_2$	$\to X_1 - X_2 + c_2 - c_1$
$S_T = X_2$	$+ c_{1T} - c_1$	$X_1 - X_2 + c_1$	$X_1 - X_2 c_2 - o_1 + c_{1T}$
$S_T \to 0$	$\to - c_1$	c_2	$\to c_2 - c_1$

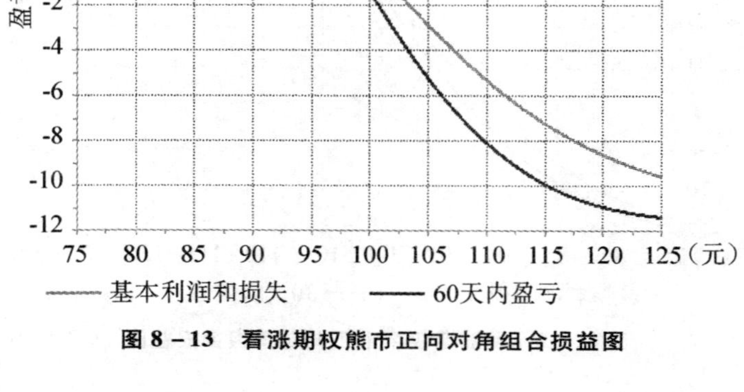

图 8−13　看涨期权熊市正向对角组合损益图

通过分析我们知道，当标的资产价格趋近于无穷大时，该组合策略的最大损失近似值 =90 - 110 + 10.7 - 2.7 = - 12 元；相反，当标的价格趋近于0时，该组合策略的最大收益近似值 =10.7 - 2.7 =8 元。

同样，如果我们将上面策略中所有的买卖方向逆转，那么就可以得到看涨期权牛市反向对角组合。采用同样的分析方法可知，当标的资产价格不断上升时，该组合策略可以获得最大近似收益 $=X_2-X_1+C_1-C_2$；当标的资产价格趋近于0时，该组合策略面临最大亏损额 $=C_1-C_2$。

类似的，投资者可以通过两份相同标的资产、不同执行价格、不同有效期的看跌期权的价格差异赚取无风险利润，具体分析过程与上述看涨期权组合类似，感兴趣的读者可以自己分析一下。

5. 水平组合

接下来我们介绍一下日历期权，它的构建包含执行价格相同，但到期日不同的两个看涨（看跌）期权。

水平价差，也称为日历价差或时间价差，是指投资者买进离到期日较远的期权，同时又卖出相同执行价格、相同数量但离到期日较近的期权，以获得利润的期权交易方式。下面我们还是采用之前的例子对该组合策略的应用情况进行分析。

假定该投资者以160元卖出一份执行价格为53元、一个月后到期的平价看涨期权，同时再以230元买入一份两个月后到期的平价看涨期权，初始投资成本为70元。日历期权的损益涉及到期权的时间价值衰减特性，对比投资者卖出的近月看涨期权和买入的远月看涨期权，近月期权在临近到期日时，其时间价值会以更快的速度衰减。正是因为近月与远月在时间价值衰减上的快慢程度，造就了时间价差，使得投资者能够从中获利。对于这个例子，如果一个月后股价仍为53元，则该投资者可以获得最大收益，最大收益 $=C_{2T}-C_2+C_1$，表现为图8-14中的组合总盈亏线的最高点；如果一个月后股票价格低于53元，此时随着股价的上升，总收益增加，当股价无限小时，最大亏损近似值 $=C_2-C_1$；如果一个月后股价高于53元，该投资者的收益随股价上升而逐渐下降，当股价趋于无穷大时，该投资者面临最大亏损近似值 $=C_1-C_2$。

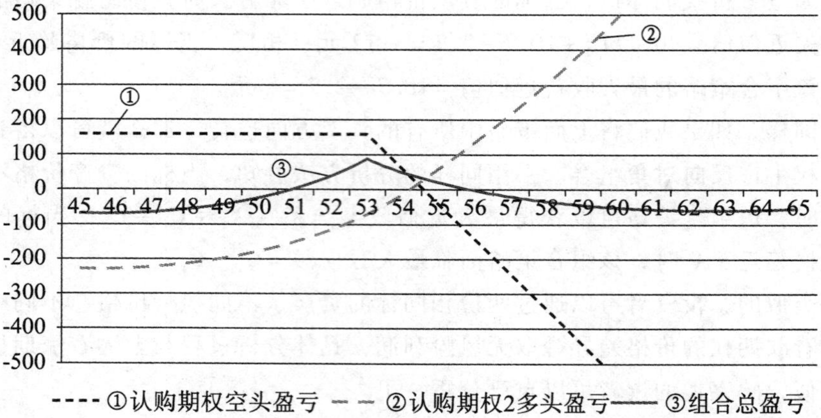

图 8－14　水平组合损益图

同样，如果我们将上面策略中所有的买卖方向逆转，那么就可以得到看涨期权反向差价组合。采用同样的分析方法可知，该组合策略的最大亏损值等于 C_2减去 C_1减去 C_{2T}；其最大收益的近似值等于 C_2减去 C_1，随着股价波动越大，该组合策略所获得的收益越大。

类似地，投资者也可以通过两份相同标的资产、相同执行价格、不同有效期的看跌期权的价格差异来赚取利润，具体分析过程与上述看涨期权组合类似，在此不做赘述。

第九章

期权盈亏结构图的创建与应用

由于期权收益的非线性导致只用普通数学公式表示的盈亏情况显得过于复杂抽象，再加上期权与期权组合，期权与期货组合等多种灵活的操作糅杂在一起又给初期接触期权的投资者带来更大的困惑，而用图形来表示所持期权头寸的盈亏则相对简单、直观，因此，本章将阐述盈亏图的创建。

1. 期权盈亏结构图的要素

我们常说的期权盈亏图是到期的盈亏图，这是第一个要明确的问题，所有用折线描述的损益图，对期权而言都是到期损益图，不同到期月的组合损益图表述的也是短期合约到期时的情形。另外，损益图表述的是标的资产价格变动与期权或组合的损益情况，也就是说，如果是股指期权，那么横轴就是股指的点位数，如果是白糖期权，横轴就是白糖期货合约的价格，纵轴就是投资者的盈亏情况。

以股指期权为例，任意一个沪深 300 的点位数，在盈亏结构图（见图 9－1）上都有唯一的一个点与之对应，盈亏线延伸与纵轴的交点是指买入该看涨期权所支付的权利金，而与横轴的交点则代表了该看涨期权的盈亏平衡点，这个交点所对应的标的价格就是平衡价格，盈亏线平行于横轴的部分是指在此标的价格的区间内，期权多头在到期时不行权所面临的损失，而最后盈亏线无限上升则意味着随着标的价格的上涨，该期权的持有人在未来行权时所获得的收益是无穷大的。

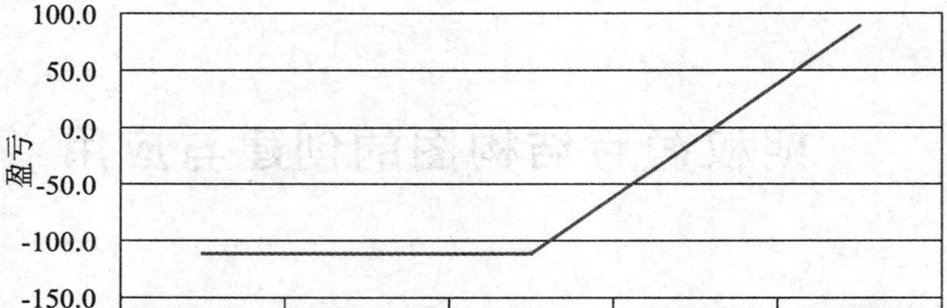

	2800.0	2900.0	3000.0	3100.0	3200.0
—— 期权盈亏	-111.4	-111.4	-111.4	-11.4	88.6

图 9－1 看涨期权多头盈亏结构图

2. 如何创建期权盈亏结构图

因为我们多次用到期货和现货的损益图，所以，在介绍期权损益图之前先提一下现货与期货的状况。

现货和期货多头

现货和期货的盈亏结构图十分简单，根据其盈亏公式 S－K，S 代表到期日的价格，K 为买入价格，那么现货多头的盈亏线就是一条斜率为 45 度的直线，其与横轴的交点便是盈亏平衡点，也就是买入价格。

现货和期权空头

多头和空头是一场零和游戏，因此，现货空头和期权空头的盈亏线与各自的多头盈亏线关于横轴对称（见图9-2）。

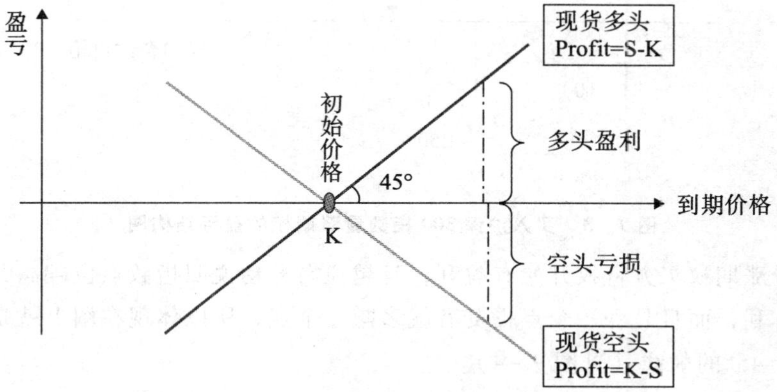

图9-2　现货多头与空头的盈亏结构图

单一期权盈亏图

下面我们以一份沪深300指数看涨期权为例，来说明如何构建看涨期权多头的盈亏结构图。假设期权的对应的执行价格是2500点，权利金为100点，则所对应的绘图步骤如下：

（1）创建坐标轴体系；

（2）如果相应标的价格小于2500点，期权多头放弃行权，面临的最大损失为权利金100点；

（3）如果到期日标的价格大于执行价格2500点，则期权多头行权获利，直到标的价格达到2600点（执行价格加上权利金）时，投资者才开始有行权盈利，也就是说，2600点是该看涨期权的盈亏平衡点，之后盈亏线就是一条斜率为45度的直线，意味着随着标的价格的上升投资者理论收益无限增大（见图9-3）。

上面这种表达略显晦涩，如果投资者仍旧无法理解具体的步骤，可这样操作：首先将问题简化，不考虑权利金的影响，那么以执行价格为主要的分界。对看涨期权而言，指数小于2500点的时候显然是不会行权的，这时候无论往横轴左边移多少，投资者的损益都是一样的，这时候是与横轴重合的一条线段。再考虑执行价（2500点）的右边，这时候标的指数大于2500

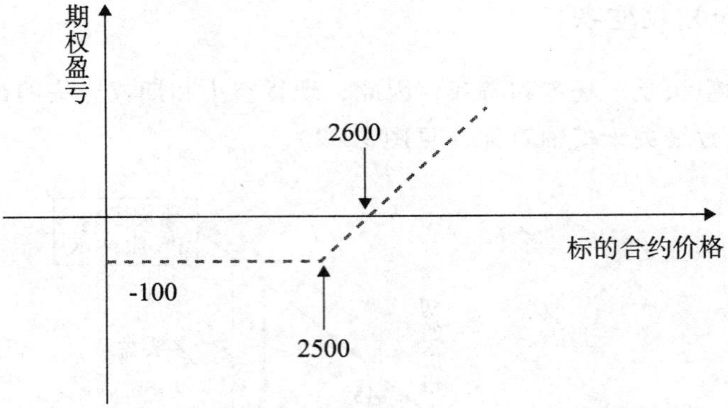

图 9－3 买入沪深 300 指数看涨期权的盈亏结构图

点，看涨期权买方行权开始有盈利，且越往右移动说明指数点位越高，越是行权有利，而且是涨一个点投资者就多赚一个点，所以体现在图上就是一条斜向上 45°的射线（见图 9－4）。

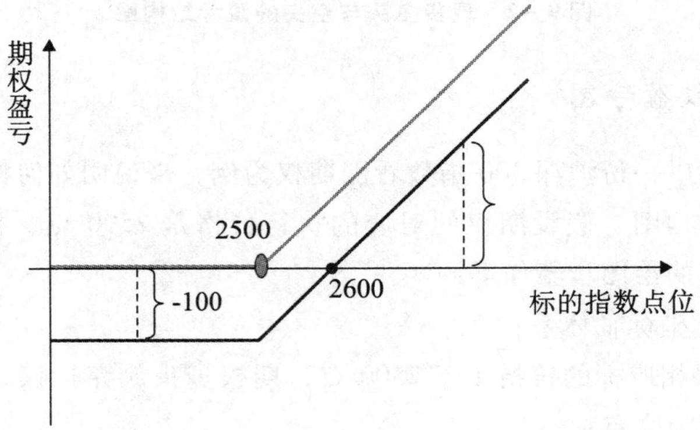

图 9－4 买入沪深 300 指数看涨期权的盈亏结构图

再来考虑权利金，因为在到期时投资者没平仓，那么其权利金将成为沉没成本被损失掉，意思是无论否行权，这个钱都已经从买方账户划扣了，不再是买方的，所以，整个损益图要向下平移，平移多少？平移的数量就是权利金！这样一来，看涨期权的损益图就画完了。

看跌期权多头

道理同上，我们可以买入一份沪深 300 指数的看跌期权，其执行价为 2500点，价格为 100 元。通过上述的绘图步骤可知，该期权所对应的盈亏平衡点是 2400 点（执行价格减权利金），当标的价格高于 2400 点时，投资者面临最大损失为权利金 100 元；当标的价格低于 2400 点时，投资者所获得的收益跟标的价格成负相关关系（见图 9－5）。详细的画图步骤，不再赘述。

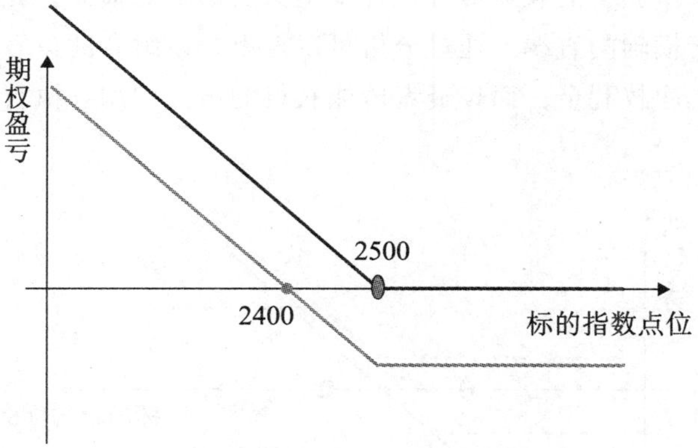

图 9－5　买入沪深 300 指数看跌期权的盈亏结构图

这种单腿的操作损益图相对简单，看涨期权的卖方与看跌期权的卖方损益图分别与其买方关于横轴对称，所以，只需翻转过来就是。

3. 期权组合盈亏结构图的分析

上一章中，我们分析了常见的期权组合包括垂直价差组合、跨式组合、宽跨式组合。其中，垂直价差组合是由同种期权的多空头寸构建而成，跨式组合和宽跨式组合则是由不同种期权构建而成。

通过之前介绍的六种基本盈亏图像（四种期权、两种期货或现货）的搭配，我们可以借此构建出多种多样的盈亏结构图，并且对应于不同期权策略的投资组合。下面，我们就对上述期权组合进行盈亏结构图分析。

垂直价差组合

（1）牛市差价组合

图 9－6 中，①线代表买入执行价格较低的看涨期权，②线代表卖出执行价格较高的看涨期权，虚线则代表了该投资组合的整体盈亏，是两种期权

盈亏的加总。当标的价格小于较低的执行价格时，组合盈亏等于净权利金；当标的价格在较低执行价格与较高执行价格之间时，随着标的资产价格的上升，组合盈亏同比上升，且斜率为45度；当标的资产价格大于较高的执行价格时，多头所获得的收益恰好抵补了空头所面临的损失，此时组合盈亏线为一条平行于横轴的直线。通过分析可以得出，该组合的盈亏平衡点等于低执行价格加上净权利金，而投资者所能获得的最大利润 = 执行价格之差 - 净权利金。

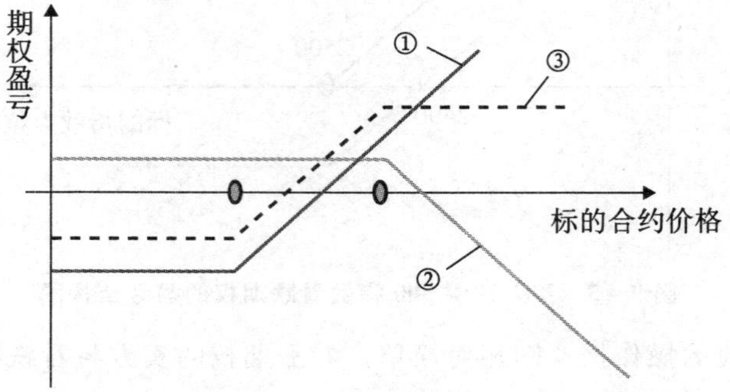

图9-6 看涨期权牛市差价组合盈亏结构图

我们采用同样的分析方法可以得出，看跌期权牛市差价组合的盈亏平衡点等于高执行价格减去净权利金，投资者所能获得的最大利润为两个权利金之差（见图9-7）。

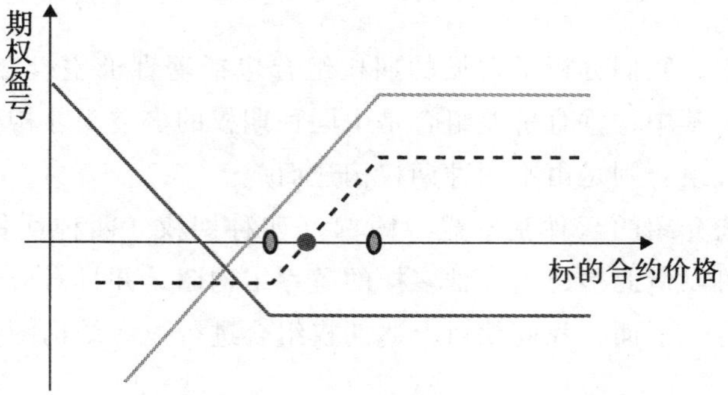

图9-7 看跌期权的牛市差价组合盈亏结构图

牛市差价组合适用于波动率较小的牛市行情。在一定区间内，期权盈利随着标的资产价格的增加而增加，对应盈亏图中间段的线条斜率为正。与单独买入看涨期权相比，看涨期权牛市差价组合中空头的权利金收入部分抵消了多头权利金的支出，更节省初始资金投入。

（2）熊市差价组合

所谓看涨期权熊市差价，是指投资者在买进一个执行价格较高的期权的同时再卖出一个到期日相同但执行价格较低的期权，亦即同种期权，买高卖低。同样，通过绘制该组合的盈亏结构图，我们可以看到，组合的盈亏平衡点等于低执行价格加上净权利金，而投资者所能获得的最大利润为两个权利金之差（见图9－8）。

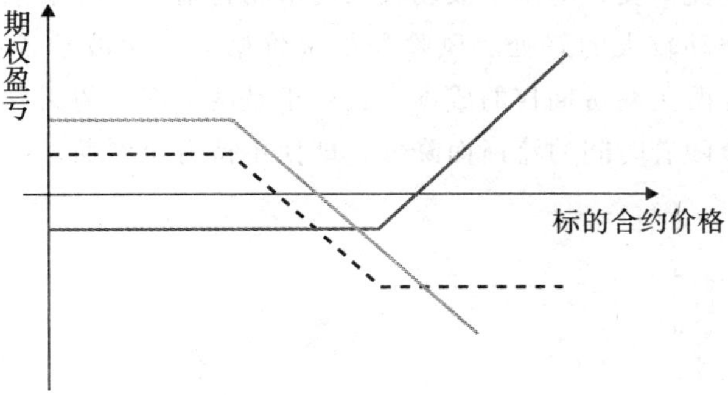

图9－8　看涨期权熊市差价组合的盈亏结构图

看跌期权熊市差价组合的盈亏平衡点等于高执行价格减去净权利金（见图9－9），而投资者所能获得的最大利润等于执行价格之差减去净权利金。

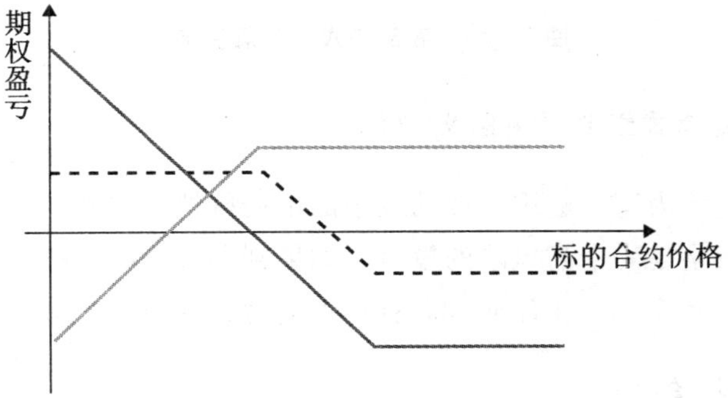

图9－9　看跌期权熊市差价组合的盈亏结构图

熊市差价组合适用于波动率较小的熊市行情。在一定区间内，期权盈利随着标的资产价格的增加而减少，对应盈亏图中间段的线条斜率为负。与单独买入看跌期权相比，期权熊市差价组合中空头的权利金收入部分抵消了多头权利金的支出，更节省初始资金投入。

跨式组合

跨式组合同样是应用很普遍的策略，它由具有相同执行价格、相同期限、同种标的的一份看涨期权和一份看跌期权组成，同时买进时我们称之为底部跨式组合（见图9－10），反之则为顶部跨式组合。

（1）底部跨式组合

初始现金流为负，适用于波动较大的市场行情。这种策略使期权的购买者享受价格波动较大的好处。风险是如果价格只小幅波动，价格的变化过小，无法抵偿购买两份期权的成本。且由于是两个部位的买方，小的波动也会使得权利金随着时间的流逝而降低，即使不持有至到期，也会有权利金的亏损。

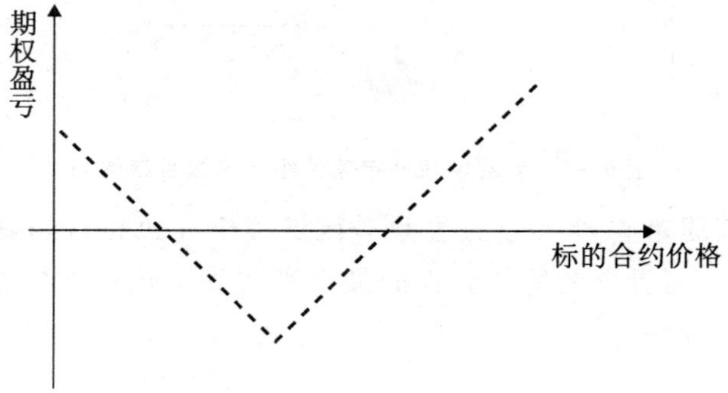

图9－10　底部跨式组合盈亏结构

（2）顶部跨式组合（见图9－11）

初始现金流为正，适用于波动较小的市场行情，这其实是上面底部跨式的卖方。此策略是一个高风险的策略。如果到期日标的物接近履约价格，则有大量利润；然而一旦在任何方向有重大变动，其损失巨大。

宽跨式组合

宽跨式组合是由投资者购买相同到期日但执行价格不同的一份看涨期权和一份看跌期权组成，其中看涨期权的执行价格高于看跌期权。宽跨式期权与跨式期权类似，预期价格会有大波动，但是不确定方向。与跨式期权相比，标的资产的价格必须有更大的波动才能获利，但是当估价位于中间价态时，

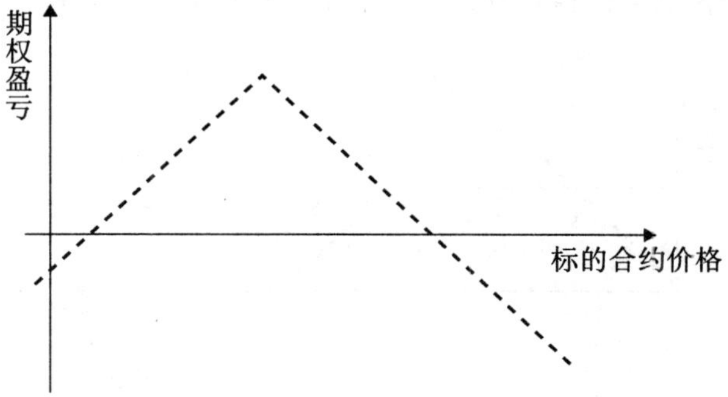

图 9-11　顶部跨式组合盈亏结构

宽跨式期权的损失也较小。其中，宽跨式期权利润大小取决于两个执行价格的接近程度，距离越远，潜在损失越小，为获得利润，标的资产的变动需要更大一些。同样的，宽跨式组合也有底部跟顶部之分，在买进一份看涨期权的同时，再买进一份期限相同、执行价格较低的看跌期权的方式，我们称之为底部宽跨式组合（见图 9-12），反之称为顶部宽跨式组合（见图 9-13）。

（1）底部宽跨式组合

初始现金流为负：
低盈亏平衡点 = 低执行价格 -（看涨期权权利金 + 看跌期权权利金）
高盈亏平衡点 = 高执行价格 +（看涨期权权利金 + 看跌期权权利金）

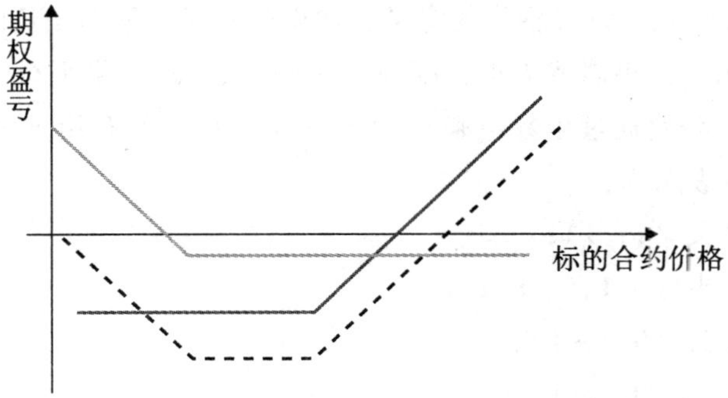

图 9-12　底部宽跨式组合盈亏结构

（2）顶部宽跨式组合

初始现金流为正：
低盈亏平衡点 = 低执行价格 -（看涨期权权利金 + 看跌期权权利金）

高盈亏平衡点 = 高执行价格 + （看涨期权权利金 + 看跌期权权利金）

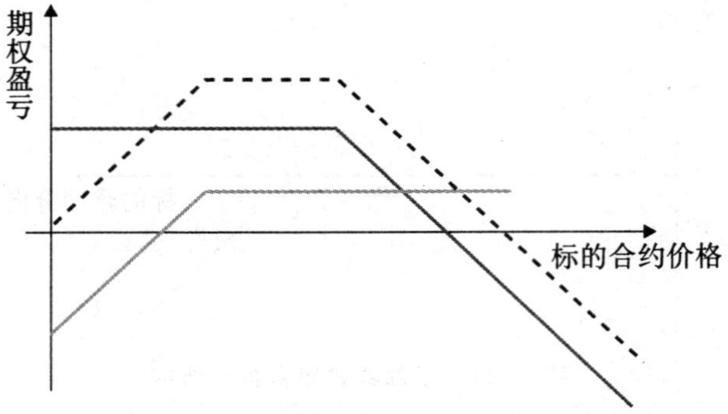

图 9－13 顶部宽跨式组合盈亏结构图

4. 期权组合盈亏结构图的计算

通过上面的介绍我们已经知道，使用盈亏结构图可以大大方便投资者的决策分析，下面我们再来谈谈期权组合盈亏结构图的计算问题。这种简单的计算，可以让投资者不用动笔，通过最后的计算结果就可以在脑海里大致勾勒出单腿或组合的最终损益情况。

首先，解释几个符号指代的意义：如果盈亏线的斜率是负的，我们就用（－1）来表示；如果斜率为正，则用（＋1）表示；如果平行于横轴，就用（0）来表示。我们通过用数组来表示盈亏线，则之前介绍的六种基本盈亏图像可以分别表示为：

①现货多头（1，1）；

②现货空头（－1，－1）；

③看涨多头（0，＋1）；

④看涨空头（0，－1）；

⑤看跌多头（－1，0）；

⑥看跌空头（＋1，0）。

通过对这些数组的简单加减运算，我们可以得到期权组合对应的数组，继而推出盈亏线的形态。比如，底部（宽）跨式组合的投资策略，其数组可以表示为：（0，＋1）＋（－1，0）＝（－1，＋1）。也就是说，底部

（宽）跨式组合的盈亏线由左侧负斜率的直线和右侧正斜率的直线组合而成。

我们进一步延伸一下，如果有两个不同的执行价格，该如何表示。比如，买一个其他条件都相同，只是执行价格不同的看涨期权与看跌期权。下面以宽跨式为例。买一个低执行价格的看跌期权，买一个高执行价格的看涨期权。这个低看跌期权此时需要引入一个三维的数组：（-1，0，0），这是怎么得到的呢？我们将看跌期权的标的指数分为三个区间：一是指数小于低执行价格，二是指数在低执行价格与高执行价格之间，三是指数大于高执行价格。我们接下来以具体数字来说明。

假设投资者买入一个执行价格为2000点的看跌期权，并买入一个执行价格为2100点的看涨期权，那么沪深300指数（标的指数）可能的区间有三个：一是小于2000点，二是在2000~2100点之间，三是大于2100点。如果是小于2000点，对于买入这份看跌期权而言，是有利的，离2000点越远，赚钱越多，这在前面已分析过，所以，这时候应该是一条负斜率的直线，用-1表示。指数在2000~2100点之间时，看跌期权不会行权，买方损失权利金，且在这期间的损失是固定的平行于横轴，我们用0表示。指数大于2100点时，看跌期权买方仍不会行权，所以继续用0表示。

采用同样的逻辑，可以得到看涨期权多头的三维数组表示为：（0，0，1），所以，再来做加法（-1，0，0）+（0，0，1）=（-1，0，1），这用图形画出来就是图9-14。

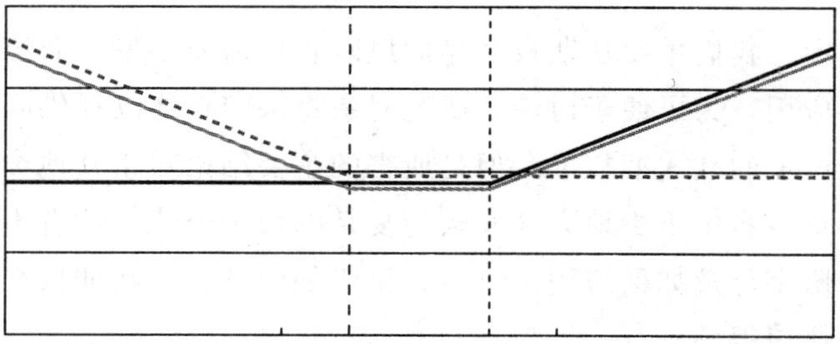

图9-14　不同执行价格组合策略的盈亏结构图

对于更复杂的组合策略，可依次类推。需要注意的是，每加一个不同的执行价格，所用的数组维数就要多一位，如果是三个不同执行价格的合约，就要用四维的数组表示。

第十章

初识希腊字母

在本章中，我们主要从期权交易的风险管理需要出发，介绍期权希腊值的概念及其应用。为了便于讨论，研究对象将限定在连续提供固定收益率收益的基础资产上的欧式期权上，但是所得的主要结论对于其他类型的期权同样适用。本章内容中不少地方涉及较为复杂的数学公式，读者不必困惑，了解什么是希腊字母及如何应用是重点，至于如何计算，在期权交易软件中都可以直接、快捷得到。

1. 关于希腊字母的简述

我们在前文已经介绍过，期权价格受到基础资产价格、无风险利率、剩余期限、波动率等因素的影响。这些影响变量的值在现实中是不断变动的，这也使得期权价格会随之发生不断的变动。对于交易者来说，这就构成了期权交易的风险。尽管承担一定的交易风险往往是不可避免的，但如果对于风险的程度没有认识，不能将风险控制在自己的承受范围内，那么出局将是最有可能的结果。希腊值的引入正是为了实时、精确地衡量期权交易面临风险的程度，因此在交易实务中有着特别重要的地位，并被广泛使用。

对于期权价格来说，存在比较多的影响因素，如果要同时考虑这些影响因素的变动情况，需要预测这些影响因素的变动大小，这种判断是非常困难的，且其中不可避免地掺杂风险管理者的主观判断。在实践中，考虑多种影响因素同时变动的研究思路往往是通过情景分析的方法展开的，即风险管理者选定其特别关注的时间区段，针对这一时间区段的长度依靠主观判断或者模型给出几个情景，即期权价格影响变量值的组合，再使用期权定价模型算出每一情景下的期权价格及盈亏状况，CME 的 SPAN 系统就是建立在这种方法之上，且运行良好。这种方法在思路上没有困难之处，选择合适、有效的情景则是其中的难点所在。由于情景分析涉及比较多的情景，使得其要进行比较多的运算，其结果的呈现也比较复杂，这使得这种方法更适合于使用频率相对低的风险管理部门，而对于进行实时交易的交易员来说，需要更为高效的风险度量方式。

希腊值就是这样一种更为简明、实时的度量工具，它所衡量的是假设其他因素都不变的情况下，一个影响因素值的变动对于期权价格的影响。这种研究方法被称为比较静态分析。根据影响变量的不同，期权的希腊值包括以基础资产价格为被考察影响变量的 Delta 和 Gamma、以剩余期限为被考察影响变量的 Theta、以无风险利率为被考察变量的 Rho、以波动率为被考察变量的 Vega 等，下面将逐一介绍。

2. Delta

Delta 的涵义

期权价格首先受到基础资产价格的影响，因此我们需要解决的第一个问题是如何度量这种影响。以股指期权为例，Delta 能回答的是指数变动 1 个点，所对应的期权价格涨跌多少，当然，换成其他品种的期权，同样如此。

期权 Delta 定义的是期权价格变动与其标的资产价格变动的比率，如果 Delta 为0.5，投资者需要明白，该期权持仓意味着指数上涨时，权利金也会上涨（假设其他因素不变）。换句话说，指数的上涨对期权部位有利。更进一步说，0.5 的 Delta 还说明指数若涨1个点，权利金上涨0.5个点。

小贴士：Delta 的计算原理

Delta 是指期权价格相对于基础资产价格的一阶偏导数，即

$$Delta = \frac{\partial Option}{\partial S} \tag{10-1}$$

这里 Option 表示期权价格，S 表示基础资产价格。我们在第六章中已经基于 BSM 模型给出了连续提供固定收益率收入的基础资产上的欧式期权的定价公式，我们将使用这一公式来帮助展开对于希腊值的讨论，这可能需要一定的数学基础。

$$c = S_0 \cdot e^{-q(T-t)} \cdot N(d_1) - K \cdot e^{-r(T-t)} N(d_2)$$

$$p = K \cdot e^{-r(T-t)} N(-d_2) - S_0 \cdot e^{-q(T-t)} \cdot N(-d_1)$$

这样，我们只需要对于上面两式求偏导，即可得到相应的 Delta 计算公式：

$$\frac{\partial c}{\partial S} = e^{-q(T-t)} N(d_1) \tag{10-2}$$

$$\frac{\partial p}{\partial S} = e^{-q(T-t)} [N(d_1) - 1] \tag{10-3}$$

案例 1

沪深 300 指数为 2000 点，无风险利率为 4%，红利率为 2%，看涨期权执行价格为 2000 点，隐含波动率为 20%，剩余期限为 0.25 年，求这个看涨期权的 Delta。

$$d_1 = \frac{\ln(\frac{S_0}{K}) + (r - q + \frac{\sigma^2}{2}) \times (T-t)}{\sigma \sqrt{T-t}}$$

$$= \frac{\ln(\frac{2000}{2000}) + (0.04 - 0.02 + \frac{0.2 \times 0.2}{2}) \times 0.25}{0.2 \times \sqrt{0.25}} = 0.1$$

查标准正态分布表可知：

$N(0.1) = 0.5398$，这样我们可以算出：

$$\frac{\partial c}{\partial S} = e^{-q(T-t)}N(d_1) = e^{-0.02\times0.25}\times0.5398 = 0.9950\times0.5398 = 0.5371$$

这表示基础资产价格变动比较小时，如由2000点上升至2001点，可以认为看涨期权价格将上升0.5371个点。

同样的，我们也可以算出同执行价格、同剩余期限的看跌期权的Delta为：

$$\frac{\partial p}{\partial S} = e^{-q(T-t)}[N(d_1)-1] = e^{-0.02\times0.25}\times[0.5398-1] = -0.9950\times0.4602$$
$$= -0.4579$$

这表示基础资产价格变动比较小时，如由2000点上升至2001点，可以认为看跌期权价格将下降0.4579个点。

从数学的角度看，表现在期权价格（Y轴）—基础资产价格（X轴）的图形上，Delta为该曲线在特定点上的斜率，如图10－1所示：图中根据4%的无风险利率、2%的红利率、20%的隐含波动率、2000点的执行价格、91天的合约剩余天数，画出看涨期权价格随着基础资产价格变动而变动的情况。

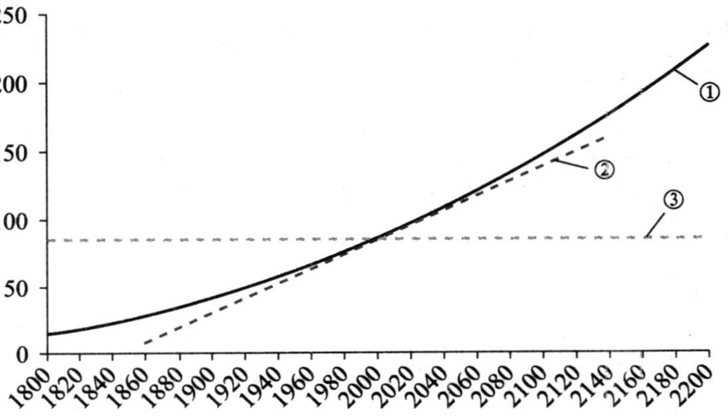

图10－1　Delta的几何含义

图10－1中实线①表示看涨期权价格—基础资产价格曲线，对于我们的目的来说，我们要度量“当基础资产价格变动X单位时，看涨期权价格将变动多少”，我们在图中沿用了案例1的情况，即考虑当前的沪深300指数为2000点，此时看涨期权价格为虚线②所示的84.10，这是我们任意选定的，不会影响后续的讨论。图中虚线③表示的是在该点处的切线，切线的斜率即为在当前价格处的Delta值。我们看到实线①是一条曲线，而Delte值在曲线上的特定点是唯一的，即用直线（图中为虚直线③）去替代表现实

曲线①表达的实际风险特征。函数在特定点导数在几何表现为曲线特定点处切线的斜率，这使得我们过（2000，84.10）点画出该点的切线，如图中虚线③。考虑基础资产价格从2000点上涨到2100点，涨幅这里标记为A，这时直线③上看涨期权价格上升到137.81，涨幅计为C，图中用虚线表示，则Delta = C/A。从图中我们可以看到，用Delta度量基础资产价格变动带来的风险时，基础资产价格变动得越小，这种近似度量会越有效，曲线在特定点的附近会比较贴近其切线，这也就使得Delta更适合配合实时、动态的交易，在短期内控制基础资产价格变动的风险，而一旦需要考虑比较长的时段，或者面临基础资产价格的剧烈波动，我们需要同时考虑曲线的形状，以弥补实际的期权价格变动B与预期的期权价格变动C之间的差异。

我们从图10－1中可以注意到：实线①上每个点的切线斜率会有不同，对于看涨期权来说，Delta会随着基础资产价格的上升而增大，我们将这种关系用图10－2能更清晰的表现。从这个图10－2中我们可以看到，随着基础资产价格的不断增加，看涨期权的Delta由0一直上升逼近1，看跌期权的Delta由－1上升逼近0，在基础资产价格远离期权执行价格时，看涨期权、看跌期权价格的变动都是比较平缓的，而在两者接近时，期权Delta值随着基础资产价格的上升增长得很快。平值看涨期权的Delta接近0.5，而看跌期权的则接近－0.5。

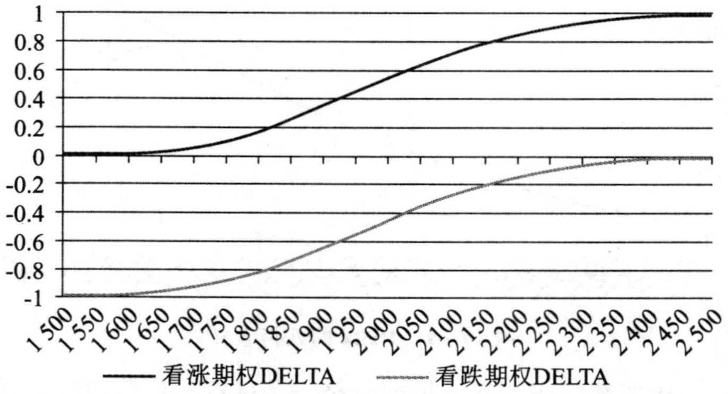

图10－2　看涨期权、看跌期权的Delta

期权Delta是在其他影响变量不变的假设下定义出来的，反映的是期权价格与基础资产价格之间的关系。但由于Delta对冲策略被广泛使用，而Delta又是实时变化的，有时候不单要考虑一阶的情况，还需要考虑二阶的情况，其中比较典型的是Delta随剩余期限的变动而变动的情况，以及Delta随波动率变动而变动的情况。我们在图10－3中呈现了看涨期权Delta随着剩余期限变动而变动的情况，图 10－3 中我们画出的曲线分别代表了实值期权、虚值期权、平值期权的 Delta 随着剩余期限的变动而变动的情况。图 10－3中，沪深 300 指数为 2000 点，无风险利率为 4%，红利率为 2%，波动率为 20%，实值期权的执行价格设定在 1800 点，虚值期权的执行价格设定在 2200 点，平值期权的执行价格为 2000 点。尽管我们这里选择了一个具体的例子来绘图，但图中曲线的形状具有代表性。需要说明的是平值期权的 Delta 随着剩余期限变动得比较缓慢，因此图 10－3 中将这种变化通过右边坐标轴上比较小的间隔放大了。在这个图中画切线，那么通过计算其斜率我们就可以算出影响因素对于期权价格的二阶影响。至于波动率对于 Delta 的影响也可以通过这样的方式研究。我们在此给出几点 Delta 的性质：

①无论是看涨期权还是看跌期权，Delta 均是随着标的资产的价格上涨而上涨，随着行权价格的增大而减小。

②到期时间越远 Delta 越接近 0.5，因为时间越远，到期处于实值或虚值的不确定性也就越大。这点从我们给出的图 10－3 中有体现。

③波动率越大 Delta 越接近 0.5，道理与②一样，波动率越大，到期处于实值或虚值的不确定性越大。

对于交易者来说，懂得如何计算期权价格相对影响因素的偏导数，懂得如何画出这些图固然很好，其实各类交易软件都能完成这些工作，更重要的是懂得这些偏导数的意义，并且做到快速反应，以实时控制交易风险。

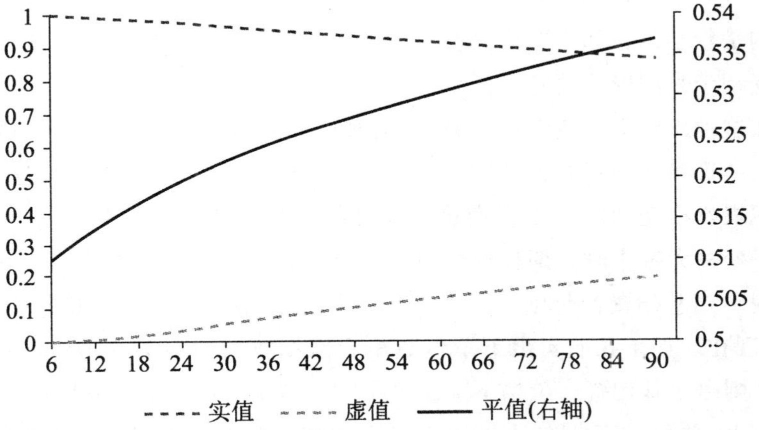

图 10－3　看涨期权 Delta 与剩余期限关系

Delta 对冲与波动率交易

影响价格的因素较多，使期权交易的风险管理变得困难的同时也使得期权交易更具魅力，这种魅力体现在可以将其他影响因素的风险对冲掉，而只去承担那些交易者对其方向和幅度最为熟悉、最有把握的风险。举例来说：在黄金期货的交易中，我们经常预见未来一段时间将有很大的行情到来，这可能源于美联储的一个重大决策，如开始缩减 QE 规模面前犹豫不决，而市场已经做了一定程度的提前反应，又如国际政治局势的动荡存在巨大不确定性，交易者可能对这些时点有自己特别的判断，而这种判断可能与市场的判断是不同的。在没有黄金期货期权的情况下，投资者即使对这些可能性有自己独到的看法，但由于对方向没有足够的把握往往犹豫不决，不能实现自己的交易意图，甚至由于最终的行情方向刚好跟自己持仓选定的方向相反，结果遭遇重大损失。在这种情况下，投资者有好的交易思路，却亏钱了！也有一些相反的时候，投资者比市场更坚定地认为，未来黄金期货价格波动会很小，这个时候投资者也需要一个合适的交易工具。

对于期权这一独特的金融工具来说，蕴含的利率风险、基础资产价格风险都有其他更为直接、高效的交易工具可以使用，如国债期货、各种基础资产现货与期货等，而波动率风险则是其独特的风险，因此将波动率隔离出来，单独进行交易的策略对于期权交易来说显得尤其重要。在期权交易中，我们对与剩余期限的流逝往往是无可奈何的，而无风险利率的变动对于价格的影响（除非在高通货膨胀的情况下）一般相对于基础资产价格、波动率的影响是较小的，如果要隔离波动率进行交易，我们主要是要把基础资产价格的变动带来的影响消除掉。

在这种思路下，我们引入 Delta 对冲交易：我们在前面已经提到过，在基础资产价格变动不太大的情况下，Delta 很好地预测短期内基础资产变动时，期权价格变动与基础资产价格变动的比，即通过告诉我们“当基础资产价格变动无穷小时，期权价格随基础资产价格变动了多少”，让我们近似了解到“当基础资产价格变动不大时，期权价格随基础资产价格变动了多少”。现在，如果我们卖出 1 单位数量看涨期权的同时买入 Delta 数量基础资产，则由于基础资产价格下降 1 单位时，基础资产多头看涨期权头寸亏损接近 Delta 单位，而持有的基础资产头寸将为我们带来 Delta 单位的盈利，那么总盈亏接近为 0。由于此时整个交易组合的 Delta 为 0，这种交易策略被称为 Delta 中性策略。这种组合交易模式使得我们近似地将波动率的风险分离出来，因为此时基础资产价格的变动近似不再起作用，而波动率的变动仍将影响到组合的价值。

我们考虑接下来波动率下降的情况，此时看涨期权价格会下降，因此看涨期权空头头寸带来的盈利将超过 Delta 单位，而基础资产多头头寸仍然损失 Delta 单位，所以成功的预测波动率的变化就使得我们获得了正的收益。在情况相反时，即波动率上升，此时这个 Delta 对冲交易组合就会带来负的收益，但是我们可以构建反向的头寸来基于新的判断来进行交易。

案例 2

沪深 300 指数为 2000 点，无风险利率为 4%，红利率为 2%，看涨期权的执行价格为 2000 点，隐含波动率为 20%，剩余期限为 0.25 年，认为波动率被市场高估，合理的波动率在 25% 左右，但是对于沪深 300 的走势方向没有把握，应如何构建交易策略？

在本例中，沪深 300 看涨期权的 Delta 为 0.5371，由于我们要做多波动率，此时应选择买入看涨期权，卖出沪深 300 股指期货。由于沪深 300 股指期货空头的 Delta 近似为 -1，为了使得组合 Delta 中性，需要使得期权多头、期货空头的数量比为 1∶0.5371。

Delta 对冲与风险管理

Delta 对冲既是对波动率进行交易的一种常规做法，也是控制期权交易风险的重要方法，对于期权做市商、对冲基金等大型机构来说，需要严格将组合的 Delta 控制在限定范围内，以防止承担过度的风险暴露。

这里我们遇到的一个新问题是，对于一个大型的交易主体来说，它手中可能同时有某种基础资产的期权、期货、现货等，这就使得对于整个组合计算 Delta 变得必要起来。首先，基础资产现货多头的 Delta 显然为 1，空头的 Delta 则为 -1，期货的 Delta 与此略有不同，但差别也不会很大。

小贴士：

根据期货的定价公式：

$$F_0 = S_0 e^{(r-q)(T-t)} \tag{10-4}$$

我们可以认为：

- 期货多头的 Delta 为 $e^{(r-q)(T-t)}$。
- 期货空头的 Delta 为 $-e^{(r-q)(T-t)}$。

这些头寸的 Delta 表示同一个基础资产价格变动引起的相应期权、期货、现货价格的变动，使得通过单一头寸的 Delta 的简单加权就可以得到组合 Delta，也即：

$$\Delta = \sum_{i=1}^{n} W_i \Delta_i \tag{10-5}$$

其中 i 表示第 i 个头寸，W 表示头寸的数量，正号表示买入，负号表示卖出，Δ 表示 Delta，组合中共有 n 个头寸，我们下面举例来说明组合 Delta 的计算。

案例 3

考虑一个期权交易商面临的情况。沪深 300 指数为 2000 点，无风险利率为 4%，红利率为 2%，市场上的沪深 300 指数期权隐含波动率均为 20%。它的持仓情况如下，请问整个组合的 Delta 为多少？

- 1000 手沪深 300 股指看涨期权多头，执行价格为 2000 点，剩余期限 30 天，每份期权的 Delta 为 0.5220，沪深 300 股指期权合约乘数为 100。
- 2000 手沪深 300 股指看涨期权空头，执行价格为 2200 点，剩余期限 30 天，每份期权的 Delta 为 0.0542，沪深 300 股指期权合约乘数为 100。
- 1500 手沪深 300 股指看跌期权空头，执行价格为 1900 点，剩余期限 90 天，每份期权的 Delta 为 -0.2677，沪深 300 股指期权合约乘数为 100。
- 500 手沪深 300 股指期货多头，剩余期限 60 天，沪深 300 股指期货合约乘数为 300。

这时，整个组合 Delta 为：

1000 × 100 × 0.5220 - 2000 × 100 × 0.0542 - 1500 × 100 × （-0.2677）+500 × 300 × e^［（0.04 - 0.02）×60/365］=232009

经过上面的计算，我们可以知道该交易商持有的是关于沪深 300 指数的一个净多头头寸，且当沪深 300 指数变动一个比较小的数值而期权的其他影响变量不变时，如沪深 300 指数由 2000 点上升 1 个点至 2001 点时，组合近似带来 232009 元的收益。

通过上面的例子我们可以看出，组合的 Delta 很简洁地反映了基础资产价格变动对于整个头寸的盈亏影响，因此它是一个非常好用的风险控制工具。

期权 Delta 在组合持仓中的基础应用

一个具有正 Delta 的持仓意味着标的资产价格上涨时会盈利，这一点对于期货同样成立。期货多头实际上拥有正的 Delta，空头持有负的 Delta。Delta 并非期权独有，所以本部分在介绍 Delta 时会表明是期权的 Delta。

在期权操作四个最基本的头寸中，买入看涨期权与卖出看跌期权有正的 Delta，买入看跌期权和卖出看涨期权有负的 Delta，简单理解就是买入看涨期权和卖出看跌期权在标的资产价格上涨时（其他影响因素不变的情况下），期权部位是赚钱的；买入看跌期权与卖出看涨期权是在标的资产价格下跌时，期权部位是赚钱的。或许在单一期权头寸的操作中，Delta 并不能凸显其使用的重要性，但面对稍微复杂一些的组合策略，熟悉 Delta 就会事半功倍！

我们最熟悉的组合操作是差价策略，比如牛市差价、熊市差价以及蝶式、秃鹰式等。一般在投机中对牛市差价的适用时机定义为温和看涨。其实，从 Delta 来看，能更好理解这点。最常见的牛市差价组合是买入低执行价格的看涨期权同时卖出高执行价格的看涨期权（也可用看跌期权构造）。这里买卖的期权合约要求具有相同标的、相同到期日。用看涨期权构造的牛市差价中，买入的低执行价格的 Delta 要大于卖出的高执行价格的 Delta，所以，一买一卖的结果是整体的 Delta 变小，但仍是正值，这就是温和看涨的实现！

比如，我们构造如下的牛市差价组合（见图 10－4）。投资者买入执行价格为 95 元的看涨期权同时卖出执行价格为 100 元的看涨期权，合约其余因素均相同。组合的两条腿 Delta 分别为 0.99 与 0.55，组合的 Delta 为 0.44。

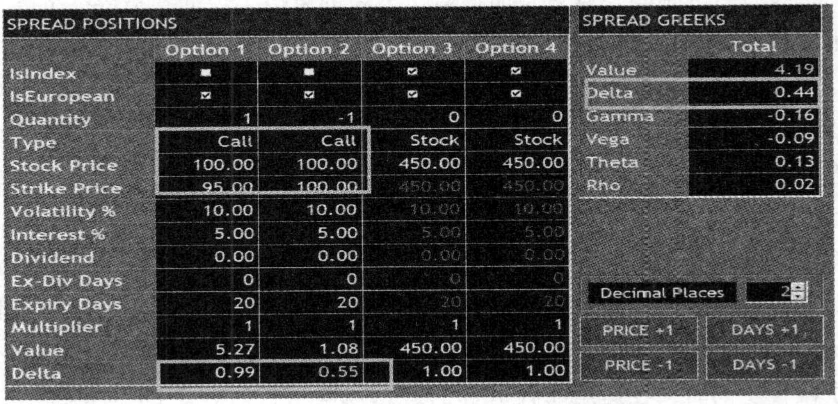
SPREAD POSITIONS

	Option 1	Option 2	Option 3	Option 4
IsIndex	■	■	☑	☑
IsEuropean	☑	☑	☑	☑
Quantity	1	-1	0	0
Type	Call	Call	Stock	Stock
Stock Price	100.00	100.00	450.00	450.00
Strike Price	95.00	100.00	450.00	450.00
Volatility %	10.00	10.00	10.00	10.00
Interest %	5.00	5.00	5.00	5.00
Dividend	0.00	0.00	0.00	0.00
Ex-Div Days	0	0	0	0
Expiry Days	20	20	20	20
Multiplier	1	1	1	1
Value	5.27	1.08	450.00	450.00
Delta	0.99	0.55	1.00	1.00

SPREAD GREEKS

	Total
Value	4.19
Delta	0.44
Gamma	-0.16
Vega	-0.09
Theta	0.13
Rho	0.02

图 10－4　牛市差价组合 Delta 计算界面

还有一种经典的组合策略（见图 10－5），称之为跨式和宽跨式，这种组合也是我们十分熟知的。构造方法为同时买入一份看涨期权和看跌期权。这种策略的好处是投资者不需要考虑标的资产的方向性，而只需考虑波动大小即可，对于持有这种跨式组合的投资者，一旦标的资产价格有大的波动，无论是大涨和大跌，都有不菲的收益。能实现这一点，是因为策略中的 Delta 几乎可以完全对冲掉！而 Delta 所表示的正是头寸对标的资产价格变化的敏感性。

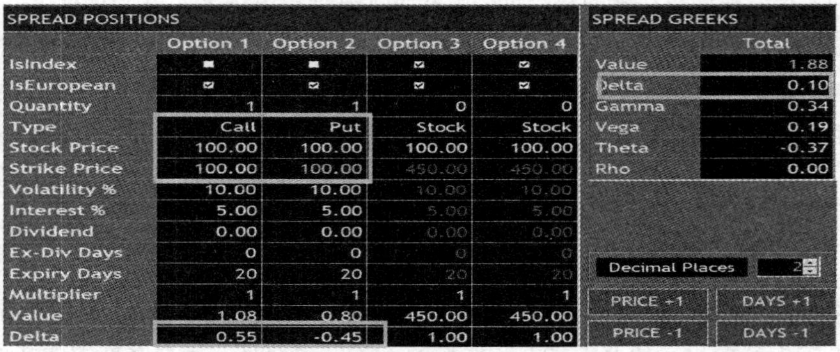

SPREAD POSITIONS	Option 1	Option 2	Option 3	Option 4
IsIndex	■	■	☑	☑
IsEuropean	☑	☑	☑	☑
Quantity	1	1	0	0
Type	Call	Put	Stock	Stock
Stock Price	100.00	100.00	100.00	100.00
Strike Price	100.00	100.00	450.00	450.00
Volatility %	10.00	10.00	10.00	10.00
Interest %	5.00	5.00	5.00	5.00
Dividend	0.00	0.00	0.00	0.00
Ex-Div Days	0	0	0	0
Expiry Days	20	20	20	20
Multiplier	1	1	1	1
Value	1.08	0.80	450.00	450.00
Delta	0.55	-0.45	1.00	1.00

SPREAD GREEKS	Total
Value	1.88
Delta	0.10
Gamma	0.34
Vega	0.19
Theta	-0.37
Rho	0.00

图 10－5　买入跨式组合 Delta 计算界面

我们常见的最简单的组合策略一般都是按照 1∶1 的头寸来搭配的，所以理解起来并不困难，还有很多构造组合的方法中并非 1∶1，比如，同时买一份看涨期权两份看跌期权会如何？同时买两份看跌一份看涨又会如何？特别是对于有四条腿、六条腿及其以上更复杂的策略时，投资者如何知道自己是在标的资产涨了赚钱还是跌了赚钱？当然，只有拥有相当丰富市场经验和知识的投资者才能运用这种策略。对于复杂的策略，投资者不得不了解 Delta 的运用。

有一种称为条式组合的策略（见图 10－6）与跨式组合类似，但不对称性更明显。尽管大涨与大跌均能赚钱，但大跌时候赚的钱比大涨时多，这种组合是由两份看跌期权与一份看涨期权组合而成，组合的结果为 Delta 偏负。

期权的组合有时很复杂，主要根据投资者对后市研判而制定，在看涨与看跌期权混合，多头与空头期权混合或者期货与期权混合时，我们需要借助 Delta 这一风险指标，因为 Delta 至少能让我们知道是标的资产涨了赚钱还是跌了赚钱。同时，在运用期权对标的进行风险对冲时，Delta 也是绕不过的话题。期权上市、交易逐渐深入后，我们会感受到 Delta 的功能。

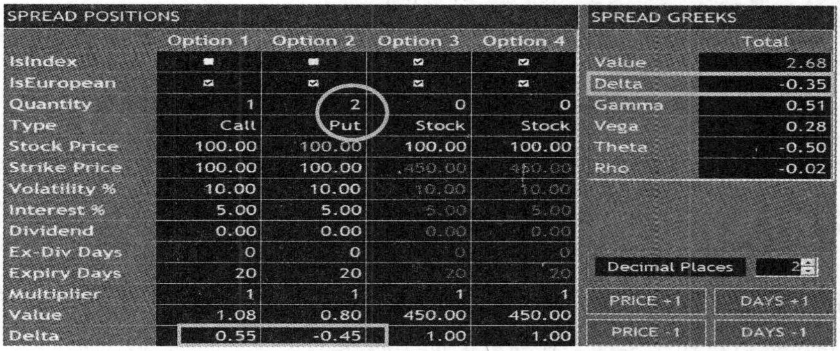

图 10－6　条式组合 Delta 计算界面

3. Gamma

Gamma 的涵义

前面我们已经分析过用 Delta 来度量基础资产价格变动风险，在价格变动较大时切线斜率刻画的 Delta 精确度较差，图 10－1 中的差异是由于期权价格和基础资产价格之间的关系是非线性的，而曲线存在着一定的曲率造成的，而且随着基础资产价格变动幅度的增加，这种度量差异就越大，因此我们需要一种工具，可以度量曲线的曲率，于是我们引入一个新的希腊字母 Gamma。

Gamma 是指在其他条件不变的情况下，期权价格相对于基础资产价格的二阶偏导数，意思是 Delta 对基础资产的敏感性。

小贴士：期权 Gamma 的计算公式：

$$\Gamma = \frac{\partial^2 Option}{\partial S^2} = \frac{\partial Delta}{\partial S} \tag{10－6}$$

同样的，我们基于 BSM 模型，可以针对连续提供固定收益率收入的资产上的欧式期权计算其 Gamma 值，可得到：

$$\Gamma(call) = \Gamma(put) = \frac{N'(d_1)\,e^{-q(T-t)}}{S_0\sigma\sqrt{T-t}} \tag{10－7}$$

由于公式右端的式子恒大于 0，这个公式告诉我们一个重要的结论：看涨期权、看跌期权多头的 Gamma 均为正，而空头的则为负。

在数学上可以证明，BSM 模型假设的情境中，在其他条件不变的情况下，对期权价格函数在特定基础资产价格上进行泰勒展开，得：

$$\Delta Option = Delta \cdot \Delta S + 1/2 \cdot Gamma \cdot \Delta S \cdot \Delta S + o(\Delta t) \quad (10-8)$$

式子中的第三项表示时间间隔 Δt 的高阶无穷小项，因此在时间间隔很小的时候，可以将这一项去掉。同时，我们注意到，当 ΔS 较大时，去除包含 Gamma 的第二项就会产生比较大的偏差，这也就是我们在上面讨论的单独用 Delta 度量基础资产价格风险的偏差。以上公式同时向我们解释了为什么 Gamma 可以用于解决上述曲线的曲率问题。

案例 4

沪深 300 看涨期权多头的 Delta 为 0.5371，Gamma 为 0.0020，请问沪深 300 指数下跌 40 点，持有的这个期权头寸的盈亏如何？

这里沪深 300 指数的价格变动较大，因此我们考虑 Gamma 的影响，代入上面的公式，我们可以知道：

$$\Delta Option = 0.5371 \times (-40) + 1/2 \times 0.0020 \times (-40) \times (-40) = -19.884 \text{ 点}$$

因此，期权头寸近似亏损 19.884 点，而如果只考虑 Delta 的影响，则亏损为 21.484 个点，相差 1.6 个点。

对上面的公式做一个小小的变化，我们可以得到：

$$\Delta \prod = \Delta Option - Delta \times \Delta S = 1/2\ Gamma \cdot \Delta S \cdot \Delta S + o(\Delta t) \quad (10-9)$$

这个式子表示的是 Delta 对冲头寸的盈亏，我们看到，对于这种交易来说，Gamma 的影响应该得到充分重视，且此时读取 Gamma 蕴含的信息将变得更为容易，通过计算 0.5 Gamma · ΔS^2 即可。

因为 Gamma 也是 Delta 对于基础资产价格的一阶偏导数，所以正如我们在讨论 Delta 的几何含义的时候看到的那样，Gamma 也是 Delta——基础资产价格曲线（如图 10-2）在特定基础资产价格点上切线的斜率。我们在图 10-7 画出了和图 10-2 相同情境下看涨期权、看跌期权的 Gamma 跟随基础资产价格变动的情况。我们可以发现，这两条曲线完全重合，即对于其他条件相同，且等执行价格的看涨期权、看跌期权来说，它们的 Gamma 值相等。另外，这两条曲线都是“钟形”的，即在平值附近 Delta 变动得比较快，这意味着 Delta 对冲的难度也会增强，而在远离执行价格时，Delta 变动

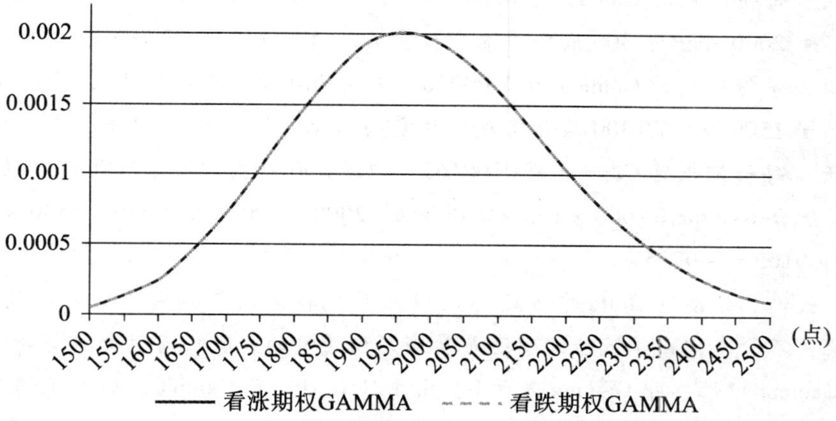

图 10－7　看涨期权、看跌期权的 Gamma

则是比较缓慢的，此时期权与相应的期货头寸更为相似，从这个角度就不难理解“钟形”形成的原因了。

组合 Gamma 中性

与组合 Delta 一样，我们也有必要计算整个组合的 Gamma，以更好地发挥 Gamma 的作用。我们看到无论基础资产现货或者期货的 Delta 都不受基础资产价格本身的影响，因此，这些资产都没有 Gamma，或者我们可以认为 Gamma 等于 0。对于相同基础资产上的期权而言，由于期权价格变动受到基础资产价格变动影响的部分与 Gamma 之间是线性关系，只要像计算组合 Delta 时一样，将单一期权 Gamma 按期权数量累加即可得到可用于衡量全部期权组合价格变动的组合 Gamma，即：

$$组合\ \Gamma = \sum_{i=1}^{n} W_i \Gamma_i \qquad (10-10)$$

式子中 Γ 表示 Gamma，i 表示第 i 种期权头寸，n 表示组合中的期权种类数目，同样 W 在这里表示期权数量。

案例 5

考虑一个期权交易商面临的情况。沪深 300 指数为 2000 点，无风险利率为 4%，红利率为 2%，市场上的沪深 300 指数期权隐含波动率均为 20%。它的持仓情况如下，请问整个组合的 Gamma 为多少：

- 1000 手沪深 300 股指看涨期权多头，执行价格为 2000 点，剩余期限

30 天，每份期权的 Gamma 为 0.00347，沪深 300 股指期权合约乘数为 100。

- 2000 手沪深 300 股指看涨期权空头，执行价格为 2200 点，剩余期限 30 天，每份期权的 Gamma 为 0.00096，沪深 300 股指期权合约乘数为 100。
- 1500 手沪深 300 股指看跌期权空头，执行价格为 1900 点，剩余期限 90 天，每份期权的 Gamma 为 0.00165，沪深 300 股指期权合约乘数为 100。

组合 Gamma $= 1000 \times 100 \times 0.00347 - 2000 \times 100 \times 0.00096 - 1500 \times 100 \times 0.00165 = -92.5$

我们已经谈过 Delta 中性还不足以应对比较大的基础资产的短期波动，因此，不管我们出于风险管理还是复制期权的目的，我们有时会希望令组合的 Gamma 中性，即 Gamma 等于 0。由于只有期权有 Gamma，如果我们对于一个 Delta 中性组合进行 Gamma 对冲，我们必须使用其他期权工具，但是一旦引入这种对冲工具，又不可避免地带入其 Delta 值，此时再用不会带入新的 Gamma 值的期货或者现货来对冲，即我们应该遵循以下原则：

先用期权对冲组合 Gamma，再用期货或者现货对冲掉新期权组合的 Delta。每个步骤的具体对冲过程和前面谈过的 Delta 对冲没有区别，此处不再赘述。

其他影响因素对 Gamma 的影响

Gamma 也会受到其他变量的影响，如我们在图 10－8 看到的那样，Gamma 会随着剩余期限的变动而变动，特别的，在临近到期时，Gamma 对于剩余期限会变得非常敏感。对于 Delta 中性策略来说，关注 Gamma 受到的此类影响就变得非常重要。当其他因素，如波动率、利率等发生变动时，Gamma 同样会发生变动。由于图 10－8 中左边部分虚值期权 Gamma 高于平值的情况往往出现在剩余期限只有两三个交易日的情况下，且对执行价格的选择有所要求，图 10－8 中没有按照实际的数据绘制，这里只反映了一个大概的情形。

最后，我们在这里对 Gamma 的一些性质做简单总结：

（1）相同执行价、相同到期日的看涨与看跌期权的 Gamma 值相同；

（2）无论是看涨还是看跌期权，买入期权的 Gamma 始终是正的；

（3）期权越接近到期日，Gamma 的峰越陡，峰值越高，峰尾越扁；

（4）期权波动率越小，Gamma 的峰越陡，峰值越高，峰尾越扁。

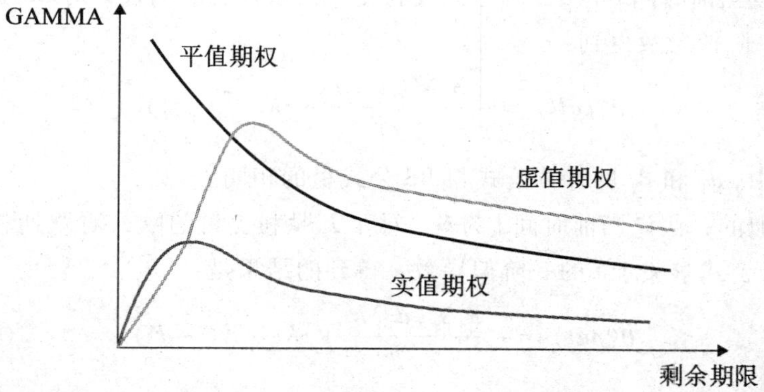

图 10－8　实值、虚值、平值期权 Gamma 随剩余期限的变动

4. Theta

Theta 的含义

Theta（θ）是用来衡量期权价格相对于时间变量的敏感性指标，表示的是在其他条件不变的前提下，期权的价格变动与时间变动的比率。因为时间是不断流逝的，所以 Theta 一般衡量的是随着时间推移期权价值的逐渐衰减的程度，因此，它又被称为期权的时间损耗（Time Decay）。为了方便讨论，我们考虑欧式股票期权的情况，但其实只要连续支付固定收益率收益的 BS 公式有效，得出的结论对于其他期权也都适用，这里只是为了使讨论更有针对性，且减少一些专业名词的困扰。

小贴士：

（1）无股利支付的欧式期权 Theta

期权 Theta 的计算方法是用期权定价公式对时间求一阶偏导数。如果考虑的是无股利支付的欧式期权，根据 BSM 期权定价模型，对相应的 BS 公式求一阶偏导数即可：

$$\theta = \frac{\partial Option}{\partial t} \qquad (10-11)$$

这里 Option 表示期权价格，t 表示当前的时间，这里用 $T-t$ 表示剩余期限。假设当前时间 t 为 0，对于无股利支付的欧式看涨期权，对 BS 公式求关于 t 的一阶偏导数得到：

$$\theta(call) = -\frac{S_o N'(d_1)\sigma}{2\sqrt{T}} - rKe^{-rT}N(d_2) \qquad (10-12)$$

其中，d_1 和 d_2 的计算公式与 BS 公式里的相同。

类似的，假设当前时间 t 为 0，对于无股利支付的欧式看跌期权，用相应的 BS 公式求关于 t 的一阶偏导数，得到的结果是：

$$\theta(put) = -\frac{S_o N'(d_1)\sigma}{2\sqrt{T}} + rKe^{-rT}N(-d_2) \qquad (10-13)$$

（2）连续股利支付的欧式期权 Theta

如果我们考虑有连续股利支付的情况，只需要对连续股利支付的 BS 定价公式求一阶偏导数即可。假设当前时间 t 为 0，我们可得到连续股利支付的欧式看涨期权的 Theta（$\theta(call)$）的表达式是：

$$\theta(call) = -\frac{S_o N'(d_1)\sigma e^{-qT}}{2\sqrt{T}} + qS_o N(d_1)e^{-qT} - rKe^{-rT}N(d_2) \qquad (10-14)$$

同样的，我们也得到连续股利支付的欧式看跌期权 Theta（$\theta(put)$）的表达式是：

$$\theta(put) = -\frac{S_o N'(d_1)\sigma e^{-qT}}{2\sqrt{T}} - qS_o N(-d_1)e^{-qT} + rKe^{-rT}N(-d_2)$$

(10-15)

在这些公式中对时间 t 的计算上，都是以年为单位的。也就是说，若计算得到 Theta = -5，则表示如果时间增长 1 年，期权价值将衰减 5。但是通常情况下，我们都是以天为单位来计算和监测 Theta，这就需要对计算出来的结果进行时间单位上的调整。调整的方法有两种：一种是按照“日历天数”调整，即每天的时间单位是 1/365；另一种是按照“交易日天数”调整，即每天的时间单位是 1 除以一年交易日天数，在中国，一年交易日天数通常用 242 来代替。因此，我们把按照公式算出来的 Theta 乘以每天的时间单位，那么就可以得到一天的 Theta 值。

案例 6

假设沪深 300 指数为 2000 点，无风险利率为 4%，红利率为 2%，期权的执行价格为 2000 点，波动率为 20%，剩余期限为 0.25 年，那么：

无股利支付的欧式看涨期权 Theta 为：

$$\theta(call) = -\frac{S_o N'(d_1)\sigma}{2\sqrt{T}} - rKe^{-rT}N(d_2) = -198.9730$$

有股利支付的欧式看涨期权 Theta 为：

$$\theta(call) = -176.1057$$

无股利支付的欧式看跌期权 Theta 为：

$$\theta(put) = -\frac{S_o N'(d_1)\sigma}{2\sqrt{T}} + rKe^{-rT}N(-d_2) = -119.7690$$

有股利支付的欧式看跌期权 Theta 为：

$$\theta(put) = -136.7022$$

对于无股利支付的欧式看涨期权，每个日历日的 Theta 为 -198.9730/365 = -0.5451。而每个交易日的 Theta 为 -198.9730/242 = -0.8222，其中的经济意义是，每度过一个交易日，期权的理论价值将衰减 0.8222。

Theta 的特征

综合来看，欧式看涨期权和看跌期权的 Theta 有以下的特征：

（1）无股利支付的欧式看跌期权的 Theta 比欧式看涨期权要更大。也就是说，无股利支付的欧式看跌期权随着时间流逝价值衰减得更慢一些。原因是，对比无股利支付的欧式看涨期权和看跌期权 Theta 的计算公式（因为 $N(x)$ 为标准正态分布的密度函数，所以有 $N(-d_2) = 1 - N(d_2)$），可以看到，看跌期权的 Theta 比看涨期权多了一个 rKe^{-rT} 的项，而这一项恒为正值，所以看跌期权的衰减速度更慢。而对于有股利支付的欧式期权来说，看跌期权的 Theta 比看涨期权多了一个 $rKe^{-rT} - qS_0e^{-qT}$，这一项无法笼统地确定正负，所以无法进行一刀切对比。

（2）欧式期权的 Theta 值通常为负值。也就是说，随着时间的流逝，逐步接近到期日，欧式期权的理论价值是不断衰减的，这也比较符合我们的直观感受。但是也有特例，对于处于深度实值的无股利支付的欧式看跌期权和处于深度实值状态的有很高股利支付的欧式看涨期权，Theta 值有可能为正。我们从无股利支付的欧式看跌期权 Theta 计算公式可以分析，如果是处于深度实值状态，也就是执行价格 K 的数值很大，那么 $rKe^{-rT}N(-d_2)$ 这一项的结果就可能很大，甚至大于前一项 $-\frac{S_oN'(d_1)\sigma}{2\sqrt{T}}$，从而造成看跌期权的 Theta 值为正。而无股利支付的欧式看涨期权则不存在这一情况，因为从计算公式来看，其结果不可能是正值。但是对于有股利支付的欧式看涨期权来说，假设股利支付收益率很高，高到能够让计算公式中的 $qS_oN(d_1)e^{-qT}$ 这一项大于 $-\frac{S_oN'(d_1)\sigma e^{-qT}}{2\sqrt{T}}-rKe^{-rT}N(d_2)$，那么它的 Theta 就有可能为正值。所以，这两种极端情况是特例，实际中出现的情况极少。期权 Theta 与基础资产价格之间的关系见图 10－9。

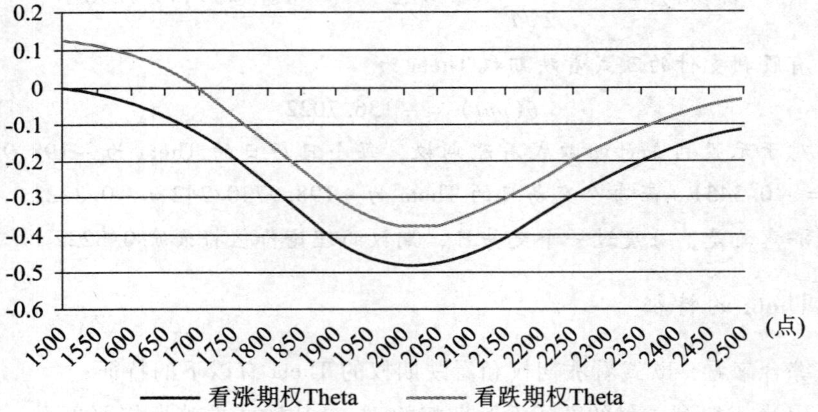

图 10－9　期权 Theta 与基础资产价格之间的关系

（3）一般情况下，平值期权随时间的流逝衰减的速度最快，其次是实值期权，衰减速度最慢的是虚值期权。以看涨期权的 Theta 为例，当股票价格很低时，期权处于深度虚值状态，Theta 趋近于 0；当股票价格与执行价格相接近时，期权处于平值状态，Theta 绝对值很大且是负值；当股票价格远远高于执行价格时，期权处于深度实值状态，Theta 逐渐趋近于 $-rKe^{-rT}$。

（4）一般情况下，Theta 随着到期期限的缩短而波动逐步变大。例如，对于看涨期权而言，虚值和实值期权随着到期期限的临近，Theta 的绝对值先逐步变大后骤然变小，而平值期权的 Theta 绝对值则骤然变大，说明衰减的速度更快。

（5）期权部位的 Theta 和 Gamma 符号一般是相反的，其中，期权的多头 Gamma 为正，Theta 为负；期权的空头 Gamma 为负，Theta 为正。

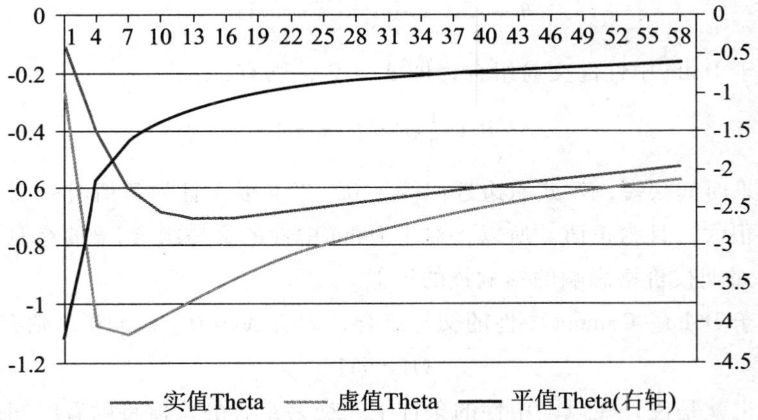

图 10－10　实值、虚值、平值期权 Theta 随剩余期限变动的情况

Theta 和 Delta、Gamma 的关系

虽然 Theta 也是期权的一个重要敏感性指标，但是与 Delta 和 Gamma 不同，Theta 不是严格的风险度量指标。因为 Delta 反映的是标的资产价格变动给期权理论价值带来的变动，而标的资产价格的变动是不确定的；Theta 虽然也反映了时间变动给期权理论价值造成的影响，但是时间的流逝确实是有自然规律的，所以其带来的期权理论价值的衰减也是可以预见的。一般来说，在对资产组合进行套期保值时，对 Theta 值进行对冲是没有太大意义的，一般也不需要这样做。

我们知道，在风险中性的条件下，无股利支付的单个衍生品价格满足 BS 微分方程。因此，由这些衍生品组成的资产组合也一定满足下面的微分方程：

$$\frac{\partial \Pi}{\partial t} + rS\frac{\partial \Pi}{\partial S} + \frac{1}{2}\sigma^2 S^2 \frac{\partial^2 \Pi}{\partial S^2} = r\Pi$$

根据各希腊字母代表的含义，有：

$$\theta = \frac{\partial \Pi}{\partial t}$$

$$\Delta = \frac{\partial \Pi}{\partial S}$$

$$\Gamma = \frac{\partial^2 \Pi}{\partial S^2}$$

所以，Theta 和 Delta、Gamma 的存在以下的关系：

$$\theta + rS\Delta + \frac{1}{2}\sigma^2 S^2 \Gamma = r\Pi$$

对于 Delta 中性的交易组合，即 $\Delta = 0$ ，则有：

$$\theta + \frac{1}{2}\sigma^2 S^2 \Gamma = r\Pi$$

如果时间很短，等式右边近似等于0，当 θ 很大且为负值时，交易组合的 Γ 也很大，且为正值。所以，对于 Delta 中性的交易组合，θ 的绝对值可以看作 Γ 对期权价格影响的影响量的近似。

对于 Delta - Gamma 中性的交易组合，即有 $\Delta = 0$ ，$\Gamma = 0$ ，则有：

$$\Theta = r\Pi$$

这也就是说，在风险中性的条件下，交易组合的价值将随着时间以无风险利率的速度增长。

下面我们换一种新的思路：我们现在同时考虑时间的流逝和基础资产价格的变动，则我们可以对（10－8）式进行拓展。

$$\Delta Option = Delta \cdot \Delta S + 1/2 Gamma \Delta S \cdot \Delta S + \theta \cdot \Delta t + o(\Delta t)$$

同样考虑比较短的时间，因此同样可以去掉上式中的高阶项，再进行整理得：

$$\Delta \prod = \Delta Option - Delta \cdot \Delta S = 1/2 \cdot Gamma \cdot \Delta S \cdot \Delta S + \theta \cdot \Delta t$$

从中我们可以清楚地看到买入期权的 Delta 对冲组合将受益于 Gamma，即基础资产价格变动比较大时，对其有利，而时间的流逝则对其不利。相反，卖出期权的 Delta 受害于 Gamma，而得益于时间的流逝。

5. Vega

Vega 的涵义

在我们讨论的 BSM 模型中，我们假设标的资产的波动率是个常数。但是，在实际中，波动率常常是随着时间变化而变化的，例如在牛市、熊市和盘整行情里，波动率的大小明显是不一样的。Vega 是用来衡量期权的理论价值相对于期权的标的资产波动率的敏感性指标，表示的是在其他条件不变的前提下，期权的理论价值变动与标的资产波动率变动的比率。

小贴士： Vega的计算推导过程

期权Vega的计算方法是用期权定价公式对波动率求一阶偏导数。

$$\nu = \frac{\partial Option}{\partial \sigma}$$

这里Option表示期权价格，σ表示期权标的资产的波动率（注意这里不是期权本身的波动率）。

根据BSM期权定价模型，将相应的BS公式代入后求一阶偏导数，得到无股利支付的欧式看涨期权的Vega计算公式是：

$$\nu = S_o \sqrt{T} N'(d_1)$$

而有股利支付的欧式看涨期权的Vega计算公式是：

$$\nu = S_o \sqrt{T} N'(d_1) e^{-qT}$$

通过推导我们可以知道，欧式看跌期权的Vega计算公式与看涨期权是相同的。也就是说，波动率的变动对看涨期权和看跌期权的影响都是相同的。期权的买方Vega值均为正值，期权的卖方Vega均为负值，波动率的增加将导致两种期权的理论价值都增加，波动率的降低将导致两种期权的理论价值都降低，这一点与Gamma类似。

案例7

沿用前面的例子，沪深300指数为2000点，无风险利率为4%，红利率为2%，期权的执行价格为2000点，波动率为20%，剩余期限为0.25年，对于欧式看涨期权和看跌期权，Vega的计算结果为：

$$\nu = S_o \sqrt{T} N'(d_1) e^{-qT} = 394.9727$$

当波动率增加1%时（例如从20%增加到21%），看涨期权和看跌期权的价值都会相应地增加394.9727×1% =3.9497。

我们延续前面一直在使用的例子，在图10-11中画出执行价格为2000点的沪深300股指期权Vega随沪深300指数变动而变动的情况。从中我们可以发现：Vega变动的一个重要特征是，当股票价格处于执行价格附近时，Vega值较大，也就是说，平值期权的Vega值较大，而虚值期权和平值期权的Vega相对较小。这意味着，如果希望基于对于波动率走势的判断进行交易，应重点考虑平值附近的期权。

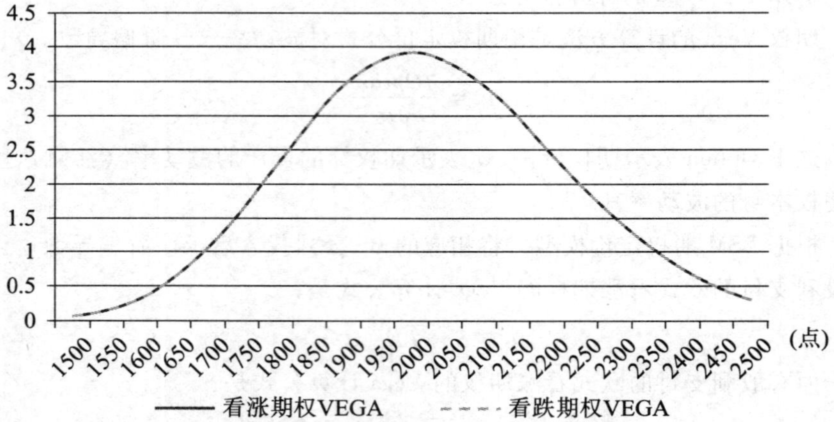

图 10-11 看涨期权、看跌期权 Vega 随基础资产价格的影响

此外，通常来说剩余期限越长，Vega 值就会越大。原因是如果距离到期期限的时间比较长，标的资产的波动率发生变动，标的资产的价格还有充分的时间朝着对交易者有利的方向变动，从而使期权的理论价值增大。反之，如果临近到期期限，即使波动率变大，也无法有足够的时间让标的资产朝着对交易者有利的方向变动，因此，当接近到期时，Vega 值会减少得非常快。

Vega 的对冲

在我们进行组合头寸的风险对冲时，如果组合的 Vega 绝对值很大，说明交易组合的价值对波动率的变化非常敏感，即使波动率较小的变动也会造成组合价值的较大的变动，这时候就有必要进行对冲。如果组合的 Vega 绝对值较小，说明波动率对交易组合的价值影响不是很大，有时候不对冲也是可行的。

当我们引入期权对冲所持有的交易组合的 Vega 值时，如果原来的交易组合是 Delta 中性或者 Delta - Gamma 中性，那么引入新的期权之后将可能使组合的 Gamma 存在风险暴露，因此，这时候往往需要引入两种或者两种以上的期权或其他衍生品来进行对冲。

案例 8

假设某个投资组合是 Delta - Gamma 中性组合，但是 Vega 值较大，为

-8000。交易员想引入期权来对冲 Vega 造成的风险。目前，有两种期权可以选择，期权的风险特征如表 10-1 所示。

表 10-1 两种期权的风险特征表

	Delta	Gamma	Vega
投资组合	0	0	-9000
期权 A	0.54	0.0020	395
期权 B	0.20	0.0014	275

通过观察我们知道，要对冲投资组合的 Vega 值，如果单独引入期权 A 或者期权 B 来对冲，必然会造成组合的 Gamma 值不为 0，因此为了保证投资组合的 Delta-Gamma 中性，必须同时引入期权 A 和期权 B 两种期权。假设引入 x_1 份期权 A 和 x_2 份期权 B。我们要求满足以下的方程式：

$$0.0020x_1 + 0.0014x_2 = 0$$

$$395x_1 + 275x_2 - 9000 = 0$$

解这个方程组，得到 $x_1 = 4200$，$x_2 = -6000$。也就是说，我们要加入 4200 份期权 A 的多头头寸和 6000 份期权 B 的空头头寸才能使投资组合的 Gamma 和 Vega 同时中性。但是，加入了这两种期权头寸之后，投资组合的 Delta 值变成：

$$0.54 \times 4200 - 0.20 \times 6000 = 1068$$

所以，要保持投资组合的 Delta 中性，必须同时卖出 1068 份的标的资产。

对交易组合 Vega 值的对冲可以保证当波动率变动时，投资组合的价值的变动得到较好的保护，不过，引入新的期权进行对冲时，往往需要引入两种或两种以上的期权，而且可能需要进行动态调整，因此交易成本可能会上升。交易者应该在 Vega 的风险暴露程度和对冲交易成本两个方面做出适当的平衡，在一定的成本下做好风险管理。

6. Rho

在我们讨论的 BSM 模型时，我们除了假设标的资产的波动率是个常数，还假设无风险利率也是个常数。但是在实际中，无风险利率也是随着时间变化而变化的，例如，当货币政策处于宽松时期，市场流动性充裕时，无风险利率较低；当货币政策处于紧缩时期，市场流动性紧张时，无风险利率则较高。Rho 是用来衡量期权的理论价值相对于无风险利率的敏感性指标，表示的是在其他条件不变的前提下，期权的理论价值变动与无风险利率的比率。

期权 Rho 的计算方法是用期权定价公式对无风险利率 r 求一阶偏导数。

$$\rho = \frac{\partial Option}{\partial r}$$

这里 Option 表示期权价格，r 表示无风险利率。

根据 BSM 期权定价模型，将相应的 BS 公式代入后求一阶偏导数（这里不考虑标的资产价格随无风险利率变动而变动），得到欧式看涨期权的 Rho 计算公式是：

$$\rho(call) = KTe^{-rT}N(d_2)$$

其中，d_2 的计算公式与 BS 公式里相同。

对于欧式看跌期权，Rho 的计算结果是：

$$\rho(put) = -KTe^{-rT}N(-d_2)$$

通常情况下，欧式看涨期权的 Rho 为正值，说明当无风险利率变大时，看涨期权的理论价值将增加；欧式看跌期权的 Rho 为负值，说明当无风险利率变大时，看跌期权的理论价值将降低。

案例 9

沿用前面的例子。沪深 300 指数为 2000 点，无风险利率为 4%，红利率为 2%，期权的执行价格为 2000 点，波动率为 20%，剩余期限为 0.25 年。

对于欧式看涨期权，Rho 的计算结果为：

$$\rho(call) = KTe^{-rT}N(d_2) = 257.3827$$

对于欧式看跌期权，Rho 的计算结果为：

$$\rho(put) = -KTe^{-rT}N(-d_2) = -237.6423$$

因此，当无风险利率增加 1% 时（例如从 4% 增加到 5%），欧式看涨期权的价值会相应地增加 257.3827 × 1% = 2.5738，而欧式看跌期权的价值会相应地减少 237.6423 × 1% = 2.3764。

一般情况下，利率变化对期权理论价值的影响相对其他的变量来说要更微小一些。所以，Rho 值对冲的重要性不是很高，如果无风险利率变动不是很大，通常在对冲交易组合的风险时也可以不考虑。

对于外汇期权，存在两种不同货币的利率，这时候本币的利率可以看作是 BS 公式里的无风险利率，因此对本币利率的敏感性指标 Rho 的表达式与前面一致。而外币的利率可以看作是标的资产的收益率，即可以看作是 BS 公式里的股利率 q。欧式看涨外币期权对外币利率的敏感性指标 Rho 的计算表达式是：

$$\rho^{FX}(call) = -Te^{-r_fT}S_oN(d_1)$$

欧式看跌外币期权对外币利率的敏感性指标 Rho 的计算表达式是：

$$\rho^{FX}(put) = Te^{-r_fT}S_oN(-d_1)$$

其中，d_1 与前面的式子一样。r_f 表示外币的利率。可以看到，通常情况下，看涨期权对外币利率的 Rho 值是负数，也就是说，当外币利率上升时，看涨期权的理论价值将减少；看跌期权对外币利率 Rho 是正值，也就是说，当外币利率上升时，看跌期权的利率价值将增加。这与本币利率的变动造成期权理论价值变动的方向正好相反。

7. 其他类型期权的希腊字母

之前我们讨论的都是适用 BSM 定价模型的欧式期权的希腊字母，由于此类期权的理论价值可以通过 BS 定价公式给出，求风险敏感性指标时只需用 BS 公式对相应的变量求一阶偏导数即可。但是，对于不适用 BSM 模型的美式期权，在求理论价值时则不能使用 BS 公式。美式期权的定价方法一般有树形法（如二叉树、三叉树）、有限差分方法或者蒙特卡罗方法。因此，在计算希腊字母时，同样可以使用这些方法。例如在二叉树模型中，在估算 Theta（θ）时，假设资产价格是 S_0，期权在 0 时刻的理论价值是 $f_{0,0}$，在 Δt 时刻，期权价值是 $f_{1,1}$，Theta 的一个估计值为：

$$\theta = \frac{f_{1,1} - f_{1,0}}{\Delta t}$$

美式期权 Vega 的计算相对要复杂一些，因为一般的二叉树模型都假设波动率是常数，在构造树形时没有考虑波动率的变动。我们在进行估算时，假设当波动率变动 $\Delta\sigma$，需要重新构造一个二叉树（此时维持 Δt 不变），并对期权进行重新定价。Vega 的估计值表达式为：

$$\nu = \frac{f \cdot \sigma - f\sigma}{\Delta\sigma_6}$$

其中，$f \cdot \sigma$ 表示更改波动率重建二叉树后得到的期权价值，$f\sigma$ 表示由原来的二叉树得到的期权价值。

二叉树模型通常也假设无风险利率是常数，因此对 Rho 值的计算也需要用同样的方法重新构造一个二叉树并对期权重新定价才行。Rho 的估计值表达式为：

$$\rho = \frac{f \cdot r - fr}{\Delta r}$$

其中，$f \cdot r$ 表示更改无风险利率重建二叉树后得到的期权价值，fr 表示由原来的二叉树模型得到的期权价值。

第十一章

风险指标与组合策略

本章我们仍将延续上章的内容，目的是想进一步深入强调风险指标（希腊字母）的应用。如果说对于前面讲的希腊字母，您还没完全弄明白，本章将进行巩固。另外，本章的内容还与后面要介绍的期权套期保值息息相关。

1. 买特斯拉期权的悲惨经历

《为了忘却的纪念：买特斯拉期权的悲惨经历》讲了这么一个悲伤的故事：

“9 月 25 日，当我开始做期权交易时，TSLA 的股价正牛气冲天，突破

200 指日可待。因为以前从未玩过期权，于是我试探性地买了 1 手 TSLA 10/25/2013 200.00 Call。”

“仅仅过了一天，合约价就涨到 6 元，我的小心脏顿时被刺激到了，觉得自己昨天太保守了，才买 1 手哪够呀？我屁股决定脑袋，加买了 9 手。TSLA 当天最高价已经逼近 190 元。”

2013 年国庆节特斯拉 Model S 撞击起火，股价连续暴跌两天，随后 Elon 出面安抚市场，股价反弹，作者“在随后的几天里，逢低连连加仓 TSLA 10/25/2013 200.00 Call，持有合约数从 10 手一下子增加到 50 手。”

注意：这期权将在 10 月 25 日到期……

“而我持有的 TSLA 期权，要到 10 月 25 日才到期。我幻想可以挽回，甚至 TSLA 股价超越 200 元也不是没有可能。”

“我隐隐约约还幻想‘TSLA 会回来的，会回来的’，心中默默地呢喃，手上的操作却是在越跌越买，试图摊薄之前高位买入成本，一手又一手地加。”

“TSLA 的股价刚刚有所起色，便又开始横盘，然而时间一天天地过去，离 TSLA 10/25/2013 200.00 Call 到期的日子越来越近，合约价一直在 1 元附近徘徊。”

“进入 10 月以来，陆陆续续加仓的我，已经使自己持有了 99 手的 TSLA 10/25/2013 200.00 Call，成本价还维持在 2 元出头，而合约价已经跌到了不到 1 毛钱”。

“10 月 24 日，我再忍受不了折磨，亏本卖出 99 手 TSLA 10/25/2013 200.00 Call，0.01 元成交，我的成本价是 1.85。”

故事结束。10 月 25 日到期的特斯拉价格和盈亏百分比见图 11－1。

作者 2013 年 9 月 25 日首次建仓时正股价格为 185 元，执行价格 200 元的看涨期权的价格为 5.15 元。该看涨期权为虚值期权，5.15 元全为时间价值，如果 30 天后期权到期时股价不变波动率不变，时间价值将损耗殆尽。期权的 Delta 为 31.96，Gamma 为 1.34，Vega 为 19.28，Theta 为 －15.07，隐含波动率为 49.16%。

一个交易日之后正股价格涨至 188.64 元，隐含波动率降至 48.13%，由股价上涨带来的期权价格上涨为 0.3196×3.64 ＋ 0.5×0.0134×3.64^2 ＝ 1.25，由时间流逝带来的期权价格损耗为 －15.07/30 ＝ －0.50，由隐含波动率下降带来的期权价格损耗为 －1.03% ×19.28 ＝ －0.20，对应的期权价格大致为 5.15 ＋ 1.25 － 0.5 － 0.2 ＝ 5.7 元，而期权的实际交易价格为

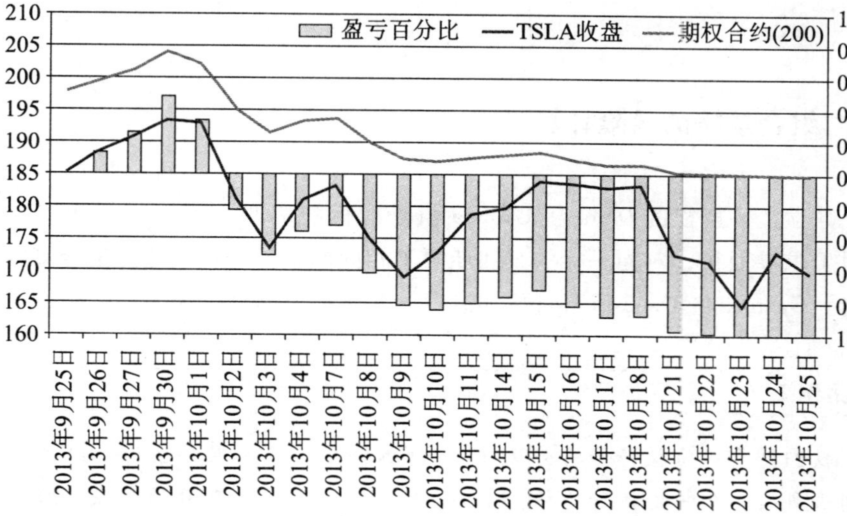

图 11－1　10 月 25 日到期的特斯拉 Call（200）价格和盈亏百分比

5.825 元。

也就是说，若出于看好 TSLA 而买入看涨期权，除非正股能在短时间内快速上涨，否则需额外承担因时间流逝所带来的成本（每天 0.5 元，从静态看，成本随到期日临近而升高），另外还要承担因波动率下降带来的损耗（每下降 1% 损失 0.2，从静态看）。

这篇文章的作者最初在正股价格为 185 元时买入 1 手，价格为 5.15 元，一个交易日后正股价格涨至 188.64 元，期权价格涨至 5.825 元，获利幅度为 13.11%，追加 9 张合约，两个交易日后正股价格涨至 193.37 元，期权价格涨至 7.625 元，获利幅度为 32%。

截至此时该投资者运气都算不错：开仓 4 日之内正股价格上涨 4.5%，时间损耗较小且隐含波动率没有下跌。

而后运气就没有站在他那边了：Model S 撞击起火股价暴跌，10 月 2 日股价跌至 180 元，期权价格收在 4 元，波动率上升至 57%，浮亏约 31%。账面从浮盈 32% 到浮亏 31%。

期权作为非线性产品所具有的时间效应和波动率效应也是先前上市的产品所未有过的，在交易时所涉及的建仓及平仓策略也与线性产品不同。这个悲伤的故事不断提醒我们期权风险指标管理的重要性。

2. 组合策略的风险计算

数学上，期权的 Delta 和 Gamma 值是对标的资产 S 求导得到的，Theta 是对 T 求导而得，对同一标的的 S 和期限 T 相同的多种期权头寸的组合策略的 Delta、Gamma 和 Theta 值可直接加总得到。下面以案例 1 说明。

案例 1

我们持有一份执行价格为 2200 点的剩余期限一个月的沪深 300 指数看涨期权多头，与一份执行价格为 2000 点的剩余期限一个月的沪深 300 指数看跌期权空头。两份期权的希腊字母如表 11－1、表 11－2 所示（这可以在期权交易软件里面通过计算器直接输入参数后得到）。

表 11－1　　看涨期权风险指标

标的资产（元）	2200	权利金（元）	67.4
执行价（元）	2200	Delta	0.5371
波动率	25%	Gamma	0.0025
无风险利率	5%	Vega	2.5053
剩余期限	30 日	Theta	－1.2663

表 11－2　　看跌期权风险指标

标的资产（元）	2200	权利金（元）	5.7
执行价（元）	2200	Delta	－0.0774
波动率	25%	Gamma	0.0009
无风险利率	5%	Vega	0.9142
剩余期限	30 日	Theta	－0.3389

持有一份看涨期权多头与两份看跌期权空头的组合投资的风险指标如表 11－3 所示。

表 11－3　　投资组合的风险指标

	计算过程	投资组合风险指标
Delta	1×0.5371＋（－2）×（－0.0774）	0.6919
Gamma	1×0.0025＋（－2）×0.0009	0.0007
Theta	1×（－1.2663）＋（－2）×（－0.3389）	－0.5885

这意味着，在其他条件不变的情况下，沪深 300 指数每上涨（下跌）1 点，整体投资收益（亏损）为 0.6919 点。在其他条件不变的情况下，每消耗一天的时间，投资组合亏损 0.5885 点。

行权价不同、到期日不同的期权是在不同的波动率水平上进行交易，而 vega 值是对 σ 局部求导，需将波动率调整至同一水平上后方可加总。下面以案例 2 说明。

案例 2

我们买入期权 1，行权价为 60 元，权利金为－3 元，Vega 为 0.045，隐含波动率为 46%；卖出期权 2，行权价为 65 元，权利金为 1.5 元，Vega 为 0.085，隐含波动率为 44。

我们可以用任一方的 Vega 值将另一方的隐含波动率调至同一水平。

若要将期权 1 的隐含波动率调至与期权 2 相等，即期权 1 的隐含波动率下降两个价位，则期权 1 的价格应下降 0.045×2＝0.09 元，即降至 3－0.09＝2.91 元。

这样我们可以得到在同一隐含波动率水平上的期权组合，包含买入期权 1：行权价＝60 元，权利金＝－2.91 元，Vega＝0.045，隐含波动率＝44；卖出期权 2：行权价＝65 元，权利金＝1.5 元，Vega＝0.085，隐含波动率＝44。那么，跨式组合的行权价＝60/65，权利金＝－1.41 元，Vega＝－0.04，隐含波动率＝44。

我们将一些常见的期权组合的风险指标状况列示如表 11－4。或许您暂时还不能完全理解，没关系，在看完全书以后回过头看这张表，您将会明白它的含义。这些组合在实际交易中也不是很复杂，交易软件可以实现一键下单。

表 11-4 常见期权组合的风险指标

期权组合	Gamma	Theta	Vega
买入跨式组合	+	-	+
卖出跨式组合	-	+	-
买入宽跨式组合	+	-	+
卖出宽跨式组合	-	+	-
买入蝶式组合	-	+	-
卖出蝶式组合	+	-	+
比率期权套利（买入期权量更大）	+	-	+
逆比率期权套利（卖出期权量更大）	-	+	-
买入日历价差	-	+	+
卖出日历价差	+	-	-

这些期权组合策略的 Delta 可以近似冲销至 0，因此可以看作这些策略并不试图赚取判断标的资产是涨还是跌的钱。Gamma、Theta、Vega 有正有负，列示各组合的收益点与风险点所在之处。

3. 再谈 Delta 中性策略

前面章节其实已经对所谓的 Delta 中性策略做了铺垫，Delta 中性策略是期权策略中最重要的策略之一，无论是利用期权对现货（期货）头寸进行套期保值，还是选择在 Delta 中性下赚取 Gamma 或 Theta 的钱时都需要了解 Delta 中性的原理以及如何实施 Delta 中性策略。

Delta 表示的是，在其他情况不变的条件下，标的资产每向上变动 1 个单位，期权价格变动的情况。很容易理解看涨期权的 Delta 为正，看跌期权的 Delta 为负。现货的 Delta 为 1（期货 Delta 应不为 1）。

所谓 Delta 中性，即通过组合的方式实现资产整体的 Delta 为 0，这个时候整体资产不受标的资产价格波动的影响。当然，严格地说，由于期权 Gamma 效应的存在，很难真正做到资产价格完全不受标的资产价格波动的影响。Delta 中性的目标在于投资组合对标的资产价格的微小变化不敏感。

案例 3

在前一小节中，持有的 1 份看涨期权多头与 2 份看跌期权空头的组合投资的 Delta 为 0.6919，近似为 0.7。因此，如果我们需要实现 Delta 中性，则需要构造并加入一个 Delta 为 -0.7 的组合。有如下几种方式实现：

方法一：我们可以通过卖出看涨期权实现 -0.7 的 Delta 的目的。由于看涨期权的 Delta 为正，卖出看涨期权的操作可以获得负 Delta。目前，沪深 300 指数为 2200 点，一份执行价格为 2150 点的看涨期权的 Delta 大约为 0.7，我们可以卖出一份该看涨期权。具体该期权的风险指标如表 11-5 所示。

表 11-5　　2150 点的看涨期权风险指标

标的资产（元）	2200	权利金（元）	105.6
执行价（元）	2150	Delta	0.6955
波动率	25%	Gamma	0.0022
无风险利率	5%	Vega	2.2075
剩余期限	30 日	Theta	-1.1672

方法二：我们还可以通过买入看跌期权实现构造 -0.7 的 Delta 的目的。看跌期权的 Delta 为负，买入看跌期权即可实现负 Delta。目前，沪深 300 指数为 2200 点，一份执行价格为 2150 点的看跌期权的 Delta 为 -0.349，因此，我们可以选择买入 2 份该看跌期权，得到近似 -0.7 的 Delta。具体该期权的风险指标如表 11-6 所示。

表 11-6　　2150 点的看跌期权风险指标

标的资产（元）	2200	权利金（元）	38.5
执行价（元）	2150	Delta	-0.349
波动率	25%	Gamma	0.0023
无风险利率	5%	Vega	2.3338
剩余期限	30 日	Theta	-0.9226

方法三：我们可以直接使用现货（或期货）部位来对冲期权的 Delta 风险。由于现货（或期货）的 Delta 为 1，Delta 值实际上就是利用现货（或期货）对冲的套期保值比率。利用现货（或期货）构造一个 Delta 为 -0.7 的

资产即是卖出0.7份现货（或期货）。因此，当我们手上有10份目标对冲资产时，融券卖出7份沪深300指数（ETF或一揽子大盘股票）或沪深300指数期货即可实现Delta中性。

方法四：投资者也可以通过联合卖出看涨期权、买入看跌期权、卖出现货（或期货）的方式构造负Delta。

然而，上述的Delta中性策略是静态的，仅仅只是在当时这一时刻实现了Delta中性。在实际价格存在波动的过程当中，实现Delta中性需要关注期权Delta本身的变化，即意识到Gamma的存在。下面我们一起探讨Delta中性策略的动态过程。

在前一章——希腊字母的简单介绍中，我们已经了解到期权的Gamma特征。无论看涨期权还是看跌期权的Gamma都为正。因此，当标的资产价格变动的时候，期权的Delta也会发生变动。具体而言，当标的资产上涨，看涨期权的Delta向上运动（由0向1靠近），看跌期权的Delta同样向上运动（由-1向0靠近）。Delta代表着套期保值比率，因此，当期权的Delta发生变化之后，则理论上我们需要进行对冲的比率与额度就会发生变化。在一个价格波动的真实市场中，若不跟随着期权Delta的变化动态调整对冲比率，就无法真正实现Delta中性。我们以案例4说明这个问题。

案例4

假设投资者卖出了25手执行价格为100元的看涨期权，该看涨期权的Delta=0.52。因此，这个时候，该投资者需要买进25×0.52=13手现货（或期货）以实现Delta中性。然而，这并非一劳永逸的事情，当标的资产价格上涨，则看涨期权Delta会变大。如当Delta由0.52变为0.6的时候，需要的现货（或期货）进行对冲的数量为25×0.6=15手，显然，原来的13手现货（或期货）进行的对冲是不充分的。反过来，当期权的标的资产价格下跌，看涨期权的Delta会减小。如当Delta由0.52下降至0.4的时候，需要的现货（或期货）进行对冲的数量为25×0.4=10手，原来的13手现货（或期货）进行的对冲行为将变为过度套期保值。动态过程的Delta中性策略见图11-2。

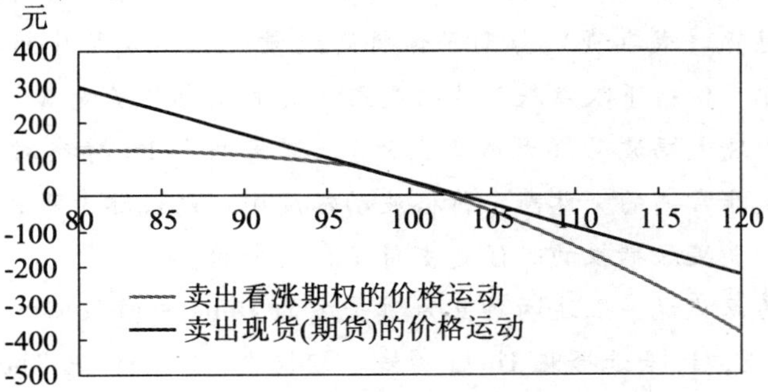

图 11－2　动态过程的 Delta 中性策略

好奇的读者这个时候一定想知道，若是不进行动态调整现货（或期货）部位的对冲数量会产生何种结果。如图 11－3 所示，由于价格大幅上涨之后，看涨期权的 Delta 变大，需要的现货（期货）买入对冲的数量更大。期初 13 手已足够，而现在需要 15 手。因此，相当于整体组合无形中裸露出了 2 手看跌的头寸。由于价格上涨，整体看跌的组合将遭受亏损。当价格下跌的时候，看涨期权的 Delta 会变小，需要的现货（或期货）买入对冲的数量比期初的要少，下跌之后仅需要买入 10 手即可。由于期初投资者买入了 13 手现货（或期货），相当于多买入了 3 手现货（或期货）。整体组合在无形中留出了 3 手看涨的头寸，面对价格下跌，同样将产生亏损。

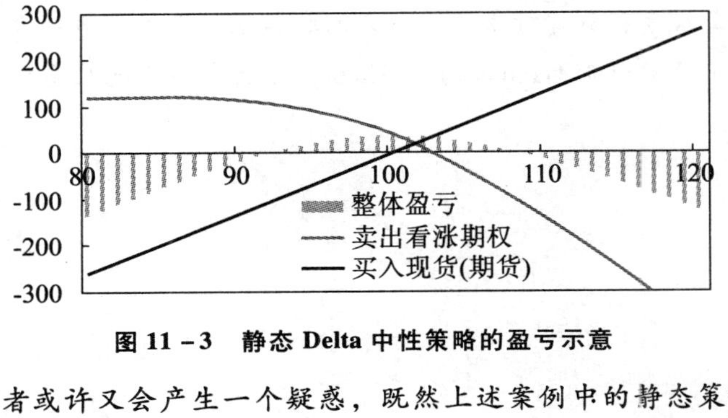

图 11－3　静态 Delta 中性策略的盈亏示意

此时读者或许又会产生一个疑惑，既然上述案例中的静态策略上涨下跌均将出现亏损，是否意味着“我们逆其道而行之”，上涨下跌均可以出现盈利呢？具体操作是，做上一个策略完完全全的对手方——买入 25 手看涨期权，卖出 13 手现货（或期货）的静态 Delta 中性策略。当价格上涨后，Delta 变大，套期保值比率变大，则期初卖出的现货（或期货）是不足的，因此整体组合无形中留下了看涨头寸，价格上涨看涨头寸将受益，并且涨得越多受益部位越大。反之，当价格下跌后，Delta 变小，套期保值比率变小，期初卖出的现货（或期货）套期保值将是过量的，因此整体组合无形中留下了看跌头寸，价格下跌看跌头寸将受益，并且跌得越多受益部位越大。

当价格出现大幅波动（大涨或大跌），这里的 Delta 静态对冲策略将受益的可能性是非常高的。然而，价格波动幅度小，则实际中获利的可能性比较低。别忘了，买入期权的时候是支付了权利金的。

从严格的意义说，上述两种互为对手方的 Delta 中性策略本质上是选择赚 Gamma 的钱，还是选择赚 Theta 的钱。期权中，Gamma 与 Theta 是对立统一的一组矛盾。期权的买方总是希望价格波动，或上或下，幅度越大越好。期权的卖方总是希望价格横盘，市场静默，价格归零，将时间价值全部收入囊中。卖出看涨期权同时买入期货（现货）的 Delta 中性策略，相当于留下了正 Theta 与负 Gamma，这类投资者希望价格不要大幅波动，赚取卖出期权的时间价值。而买入看涨期权同时卖出期货（现货）的 Delta 中性策略，相当于留下了负 Theta 与正 Gamma，这类投资者希望价格大幅波动，无论大涨或大跌。在价格大幅波动中，只要裸露出的头寸的盈利能覆盖期初交纳的权利金，就可以盈利。

总而言之，期权的交易中，期权的买方希望自己买入的期权后期越贵越好，这需要价格大幅波动，赚的是正 Gamma 与正 Vega 的钱，卖方希望自己卖出的期权价值尽快归零，这需要时间流逝期权到期，赚的是正 Theta 的钱。期权买卖双方利益是对立的，一方的收益来源于另一方的亏损，不可能在长时间内同时出现正 Gamma 与正 Theta，虽然有些情况在局部可以实现。

第十二章

期权的套期保值[①]

套期保值是投资者利用衍生工具规避价格风险的重要途径，国内市场上，由于期货交易已颇具规模，也相当成熟，投资者对期货的套期保值较为熟悉。事实上，期权在套期保值的功能实现上，也是一种有效的工具。本章将介绍期权套期保值的特点及常用操作策略。

1. 利用期权套期保值的特点

套期保值资金占用少，买期权不担心被套

期权具有高杠杆特性，不同执行价格的期权价格不同，尤其是虚值期

① 本章参考资料来源于郑商所期权网。

权，权利金价值很低。对于买入期权进行套期保值的投资者并不用交纳保证金，其在期权上的最大风险就是期初支付的权利金，所以，无论行情如何剧烈波动，期权方面都没有被套的风险。这对于一些现金流不是很充裕的中小企业而言，非常关键，若利用期货进行套期保值，有可能面临期货头寸较大亏损的可能，也存在追加保证金的风险。若资金紧张或保证金追缴不及时，可能遭遇强平的后果，影响套期保值效果甚至导致整个套期保值计划的失败。利用期权进行套期保值不仅套期保值资金占用少，而且买入期权套期保值不用担心追加保证金风险。

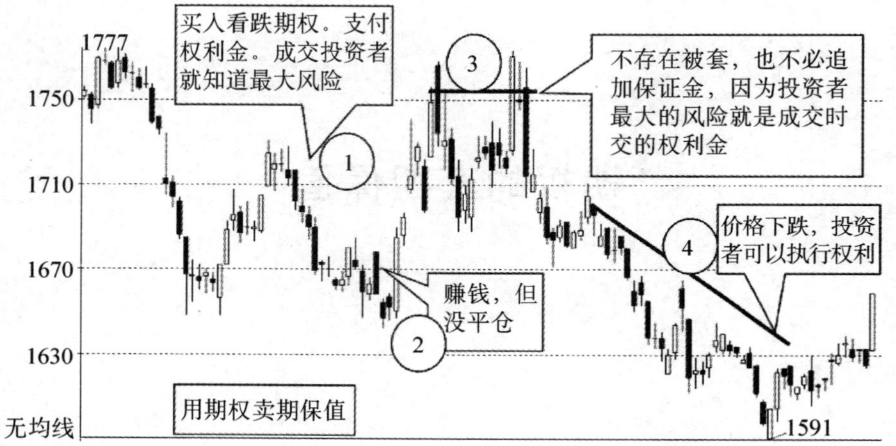

图 12－1 采用期权套期保值情况分析

资料来源：郑商所期权网。

当然，我们并不是说在任何情况下期权套期保值的效果就一定比期货好，这个要视行情而定。比如图 12－1 所展示的，如果为规避资产价格的下跌，选择做空期货或买入看跌期权，在 1 的位置入市的话，若套期保值周期要到 4 的位置，那么很显然这时选择期权要更佳，因为在 2 到 3 的位置出现了一波较大的上涨，这时候期货部位是面临亏损的，如果亏损的额度较大，就需要追加保证金，否则会被强行平仓。如果企业没有事先准备好这种情况下的应对措施，那么很可能扛不到 4 的位置，整个套期保值方案就失败了。用买入看跌期权的话，企业就不用担心这个问题，可以稳稳当当地扛过这个阶段。

如果换位置进场的话，可能不一定是期权最优。比如，如果在 3 的位置开始进场做对冲，那么后面是一路往下，这时候期货也能高枕无忧地持有至

4 的位置。之所以说这时候期货可能比期权更好，是因为如果到期，期权的权利金将成为沉没成本，这会影响到期权部分的损益。

套期保值策略丰富，灵活性大

在期货套期保值策略中，为防止现货价格变动的风险，只能在期货市场上进行方向相反的操作。而在期权市场中，投资者进行套期保值的策略更丰富，灵活性也更大。例如，规避现货价格上涨的风险，可以买入看涨期权，还可以卖出看跌期权；规避现货价格下跌的风险，可以买入看跌期权，还可以卖出看涨期权。再加上期权合约有不同执行价格、不同到期月份，可满足不同的套期保值者的需求，灵活性更大，采用不同的合约可以实现不同的成本预算及不同的套期保值效果。

保值效果更加确定

利用期货进行套期保值，投资者可以规避价格较大波动的风险，但需要面对基差波动的不确定性。有时基差波动对套期保值有利，然而有时却不利。基差的波动很大程度上直接影响了利用期货市场进行套期保值的最终效果。以股指期货近几年的当月连续合约的期现价差为例（见图 12－2），股指期货最高、最低期现价差升贴水幅度分别为 3.59%、－2.73%，相差 6.32%。当然，严格看来，其中升贴水的变化会受到成份股分红因素的影响，然而即使剔除这部分因素影响，基差的波动仍然较大，将直接影响套期保值的效果。而若运用期权进行套期保值，则可避免类似风险。期权合约已经规定了将来固定的交割价格——执行价格。尤其是对于期权的买方，拥有的是权利而非义务。其最大风险是可以控制的，最大损失为期初支付的权利金。通过买入看涨期权，可以有效地确定未来最高的买价；通过买入看跌期权，则可以有效地确定未来最低的卖价。

期权套期保值既能避险，还能保留价格有利变动的收益

这是期权套期保值效果最独特的地方，也是利用期权套期保值的魅力之所在。用期货进行套期保值的原理在于建立期货的头寸与现货头寸的方向相反，当价格变动之后，实现一方盈利抵偿另一方的亏损，从而达到规避风险、锁定成本的目的。这样的做法确实能够规避价格波动的风险，然而，在规避风险的同时，投资者也失去了当价格向有利方向变化时获利的可能，在规避了风险的同时，也丧失收益。利用期权，可以为现货和期货进行套期保

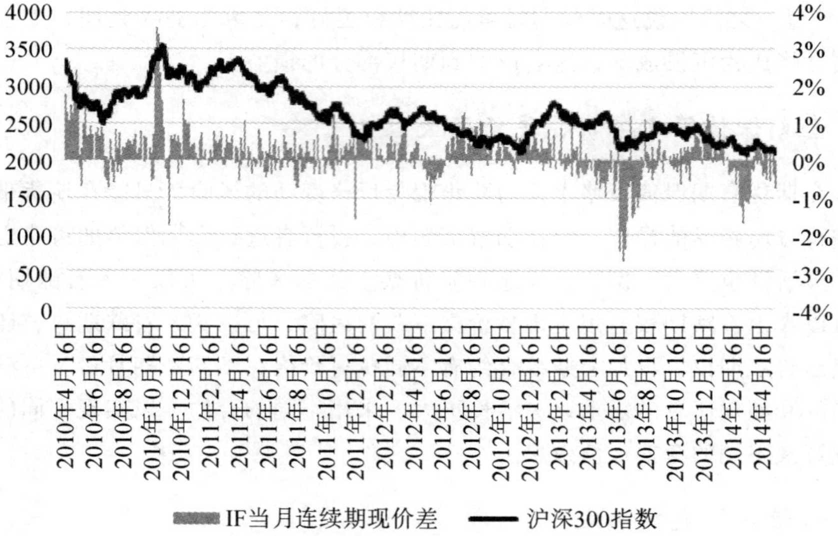

图 12－2 股指期货当月连续期现价差

值，如果现货（期货）部位亏损，则期权部位盈利。这种情况下，利用期权与期货进行保值的效果基本相同，均可以规避价格不利变化时的风险。如果现货（期货）部位盈利，则期权部位亏损，但不论价格变化有多大，期权的亏损仅限于保值者支付的权利金。现货（期货）部位的盈利却可以随着价格有利的变化而不断扩大。因此，买入期权的套期保值，既能避险，还能保留价格有利变动的收益。

期权套期保值交易费用低廉

因为期权套期保值的交易手续费设置一般比期货低，且期权流动性较强、交易较活跃，买方无需交纳保证金，所以利用期权进行套期保值交易费用低廉。

2. 期权的套期保值策略

在第四章中，我们已经学习了期权交易的四种最基本的头寸：买入看涨期权、卖出看涨期权、买入看跌期权和卖出看跌期权。根据期权部位的方向，期权的套期保值策略可以分为保护性策略与抵补性策略（见表 12－1）。

表 12－1　　期货与期权的套期保值策略

	期货	期权	
		保护策略	抵补策略
规避价格上涨风险	买入期货	买入看涨期权	卖出看跌期权
规避价格下跌风险	卖出期货	买入看跌期权	卖出看涨期权

通过买入期权，为现货或期货头寸进行套期保值，可以在最大损失有限的情况下管理市场价格波动风险，称为保护性策略。通过卖出期权，为现货或期货头寸进行套期保值的策略在于利用权利金对基础部位损失的抵补，由于这种模式的风险不能得到全部彻底地转移，故称为抵补性策略。

期权套期保值中，最基础与最常见的策略就是通过买入期权进行保护策略。保护策略可以做到在风险有限的情况下，为基础部位提供风险保护，同时在获得风险保护的情况下，还能继续保留获利的机会，而用期货进行套期保值，在关闭了风险的大门同时也关闭了盈利的大门。保护策略不会存在方向做错而损失不断扩大的风险，最大的风险与损失为购买期权合约时已经支付的权利金。此外，保护性策略不用交纳保证金，也不存在追加保证金与强行平仓的风险。当然任何策略都不是完美的，保护性策略也有其不足。买入期权进行套期保值的缺点在于套期保值的成本相对较高，买入期权需要向卖方支付权利金，必须要在价格的有利变化弥补权利金的损失后才能实现盈亏平衡。与保护性策略相比，抵补性策略的优势在于成本，然而，拥有成本优势的代价就是降低风险的能力有限。

买入看涨期权——规避标的资产价格上涨风险

例如，持有现金或预计将持有现金的投资者欲买入股票，由于预计股市上涨，为了控制买入成本，可以买入股指期权，预先花费一定的权利金锁定将来购入一揽子股票的价格水平，在资金可投入股市时再买入股票。而若股票没有上涨甚至下跌，可放弃行使期权的权利，与当时即刻买入股票相比，这种做法可将损失控制在有限范围。下面以案例说明。

在经历漫长的熊市煎熬过后，投资者计划一个月后买入沪深 300 指数（ETF 或一揽子大盘股票），目前，沪深 300 指数为 2200 点。为了规避沪深 300 指数在本月内上涨而“踏空”的风险，投资者可以买入一个月期的沪深 300 指数的看涨期权，执行价格 2200 点，支付 70 点权利金。

情形 A：若沪深 300 指数在一个月内下跌，则避免了期初高价买入造成的亏损，或者现在以更低的价格买入，相当于现货部位盈利。由于价格下跌，执行价格为2200点的看涨期权到期一钱不值，买入的看涨期权出现亏损。然而，期权部位亏损有限，最多为期初支付的70点权利金，若价格跌得越多，则投资者买入成本越低，相当于赚得越多（见图12－3）。

情形B：若沪深300指数在一个月内上涨，由于投资者期初尚未买入持有股票，现货部位上出现“踏空”亏损，现在入场成本更高。买入的执行价格2200点的看涨期权，由于标的资产价格上涨，期权部位盈利。期权头寸平仓了结或执行交割，期权部位的盈利可以补偿现货部位的亏损，相当于投资者可以仍按2200点的价格建立现货头寸。

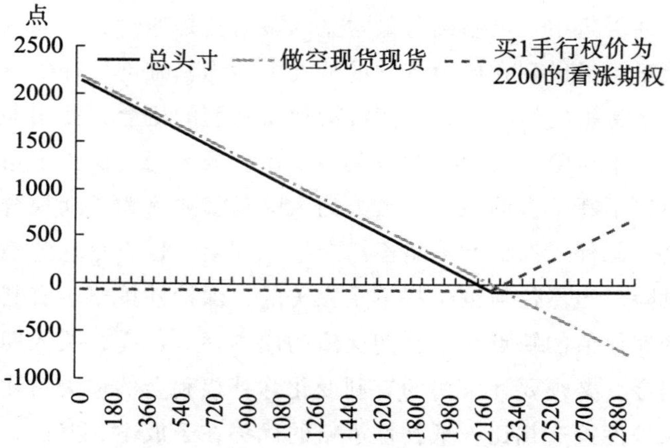

图12－3 买入看涨期权套期保值损益图

买入看跌期权——规避标的资产价格下跌风险

买入看跌期权套期保值是指已持有股票组合或预期将持有股票组合的投资者，为了防止股票组合下跌的系统风险，买入看跌期权。若出现宏观系统性风险的股票指数下跌，可以实现用看跌期权多头上的收益弥补股票组合下跌的损失的目的。买入看跌期权对基础部位的保护不仅可以规避价格下跌的风险，同时还能保持价格上涨所带来的盈利。下面以案例说明。

假定当前沪深300指数为2200点。受到公布的经济数据不佳的影响，投资者担心沪深300指数短期内会继续下跌，但考虑到整体看来当前指数已处于历史的较低位置，长期下跌的空间不大，又不愿意在现货部位直接卖出清仓。这时可以采取买入看跌期权为短期下跌风险提供保护。操作上，买进一个月后到期，执行价格为2200点的沪深300指数看跌期权，支付权利金

70 点（见图 12－4）。

情形 A：若沪深 300 指数在一个月内上涨，则投资者持有的现货部位有盈利，而买入的看跌期权出现亏损。然而，期权部位的亏损额度是有限的，最大损失也不超过期初支付的 70 点权利金。当沪深 300 指数涨得越高，投资者的整体盈利就越大。

情形 B：若沪深 300 指数在一个月内下跌，则投资者持有的现货部位出现亏损。由于投资者持有的执行价格为 2200 点的看跌期权可以赋予投资者仍以 2200 点的价格卖出现货部位的权利，则期权部位出现盈利。无论将期权平仓或提出行权，期权部位的盈利将弥补现货头寸的亏损。

因此，通过买入看跌期权规避标的资产价格下跌的风险，可以有效锁定标的资产多头的风险，同时还能继续享受标的资产上涨带来的盈利。

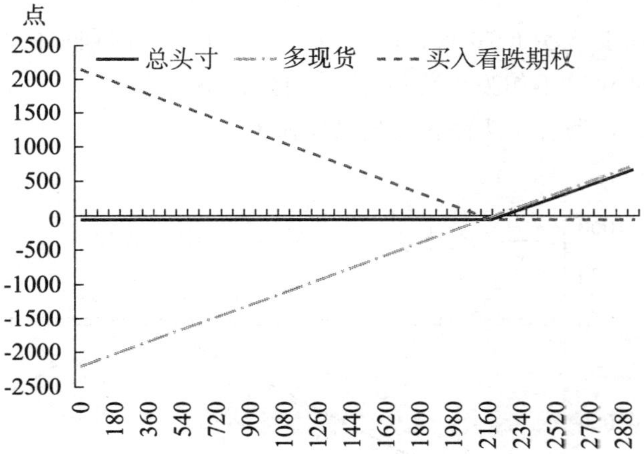

图 12－4　买入看跌期权套期保值损益图

卖出看涨期权——抵补标的资产价格下跌风险

当持有现货多头部位的时候，通过卖出看涨期权，可以收取一份权利金，从而用这份权利金抵补资产价格下跌的风险。虽然这种策略仍将面临风险，但投资者愿意接受风险换取成本上的优势。下面以案例说明（见图 12－5）。

假定投资者持有的沪深 300 指数（ETF 或一揽子大盘股）的成本为 2200 点，并认为短期内上方压制较强，迅速走强的可能性不大，处于 2200～2270 点的区间震荡。因此决定卖出一个月到期的执行价格为 2270 点的沪深 300 指数看涨期权，收到 70 点权利金。

情形 A：若一个月内，沪深 300 指数小幅上涨，不超过 2270 点，表明该投资者期初对市场的判断正确。该投资者持有的沪深300指数现货出现盈利，同时由于期权到期处于平值或虚值状态，期初的70点权利金也能全部赚取，相当于在小幅上涨的过程中扩大了原本的投资盈利。

情形B：若一个月内，沪深300指数上涨超过2270点，涨幅超过此前投资者的预期，则现货头寸出现盈利，而卖出看涨期权的投资出现亏损。由于卖出看涨期权，期初收取了70点的权利金，只有当沪深300指数上涨超过2270+70=2340点的时候，整个投资收益才逊于仅持有沪深300指数现货的多头。否则，权利金的收入仍然大于期权被执行的亏损。

情形C：若一个月内，沪深300指数下跌，那么现货部位将出现亏损，由于期权变为虚值，期初的70点权利金可完全落袋为安。因此，只要沪深300指数下跌不低于2130点，整个投资组合仍将盈利，这就是“抵补”的意义之所在。实际上，该策略在面对现货市场的下跌，相当于将下跌一侧的盈亏损益线向上移动了70点，即面对下跌，卖出看涨期权的套期保值结果无论如何都要比“不作为”优70点。当然，不利之处是，在市场超出预期大幅下跌时，投资者无法彻底实现风险保护。

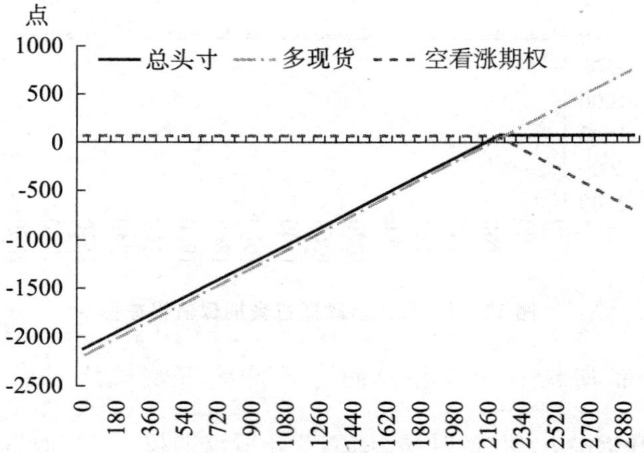

图12-5 卖出看涨期权套期保值损益图

卖出看跌期权——抵补标的资产价格上涨风险

当持有现货或期货空头部位的时候，通过卖出看跌期权，可以收取一份权利金，从而用这份权利金抵补资产价格上涨的风险。虽然这种策略仍将面临风险，但投资者愿意接受风险换取成本上的优势。下面以案例说明（见图12-6）。

假定当前沪深300指数为2200点。投资者预计一个月内市场可能还会继续遭遇小幅的下跌，因而选择了做空沪深300指数（或期货）。但他考虑到下跌空间不大，预计不会超过70点，于是投资者以70点卖出执行价格为2130点的沪深300指数看跌期权，若未来市场有上涨，可以抵补标的资产价格上涨的风险。

情形A：若一个月内，沪深300指数小幅下跌，但未跌破2130点，表明该投资者期初对市场的判断正确。该投资者持有的沪深300指数现货（或期货）空头出现盈利，同时由于期权到期处于平值或虚值状态，期初的70点权利金也能全部赚取，相当于在小幅下跌的过程中扩大了原本的投资盈利。

情形B：若一个月内，沪深300指数出现明显的跌幅，跌至2130点以下，则持有的沪深300指数现货（或期货）空头盈利，而期权部位亏损，2130点的看跌期权为实值状态，将被强制指派行权。实际上，由于期初卖出期权收获了70点权利金，只要沪深300指数下跌至不低于2130－70＝2060点，投资者选择的组合策略比之前赚取的收益要更大。当然，若沪深300指数下跌低于2060点，该策略就逊于仅持有现货（或期货）的空头头寸。

情形C：若一个月内，沪深300指数价格出现上涨，但上涨不超过2270点，则期权部分的权利金收入可以完全抵补持有标的资产空头因上涨造成的损失，并留有盈利。若沪深300指数上涨超过2270点，则由于期初卖出期权有70点的权利金收入，则组合策略可以弥补整体亏损70点。因此，只要沪深300指数价格上涨，组合策略都要优于“无作为”70点。相当于，将2200点右方的盈亏损益线向上平移了70点，只是当价格大幅上涨时无法完全对冲上涨的风险。

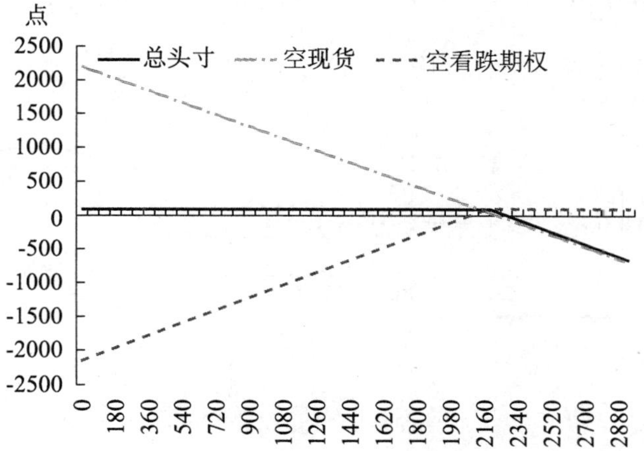

图12－6　卖出看跌期权套期保值损益图

同时操作看涨期权与看跌期权——实现成本与风险的平衡

无论是抵补性的策略还是保护性的策略，都有其各自明显的优势和劣势。比如，抵补性策略虽然套期保值成本低，但并不能实现完全地将风险规避掉；保护性策略规避风险的功能明显，但成本较高。于是，我们很自然地想到，能否将这两种操作的优势集合在一起，成本较低，又能较好地规避风险呢？答案是肯定的，否则我们怎么说期权是神奇的魔术师！

这个道理不难理解，买一个期权再卖一个期权。一个支付权利金一个收到权利金，这就能在一定程度上减少成本，同时，由于买卖的是不同类型的期权，这两个头寸合在一起就“相当于做多期货，或做空期货”，我们还是分两种情况讨论。

一是为基础资产（现货或期货）的多头保值，我们在期权市场上买入看跌期权并卖出看涨期权。为便于操作及理解，我们此处以期货期权为例来说明，期货期权的基础资产就是期货合约，期货有做空机制。

我们引用郑州商品交易所期权报告中的一个例子。某投资者在期货价格为5900元/吨的时候做多了白糖期货，假设是1手。为用低成本给该期货合约进行保值，该投资者选择用期权进行对冲风险，他的操作是买入一手以该期货合约为标的的看跌期权，执行价格假设是5880元/吨，支付权利金149元/吨，同时他还卖出了一手相同月份但执行价格为5920元/吨的看涨期权，收到权利金149元/吨（这里为方便计算，刚好使得看涨期权与看跌期权价格相等，实际中可能会不一样）。这样操作以后，整体组合的损益情况如图12－7：

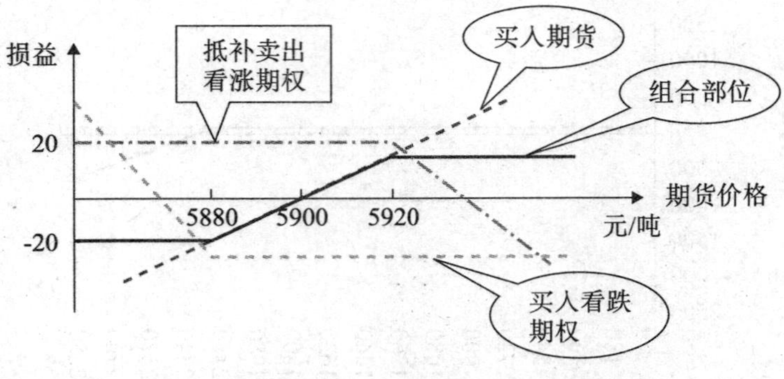

图12－7　期货多头的双限期权保值策略损益图

图 12－7 中，实线部分为组合最终的到期损益图。细心的读者这时候会觉得这个实线的图在哪里见过。没错，这个形态就是牛市差价组合的到期损益图形态，但这里的构造方法不再是直接一买一卖同种类型不同执行价格的期权，而是由不同类型的期权及其标的资产组成。所以，笔者时常不厌其烦地感叹：期权是魔术师！

这幅图的意思是，在期货价格上涨时，单独看买入的期货合约是赚钱的，但卖出看涨期权是亏损的，所以，最终盈亏相抵就是看涨期权执行价格与期货多单的购买价格之差。这里没有分析看跌期权是因为看跌期权这时候不会行权，损失的权利金与卖出看涨期权收到的权利金刚好抵消。这样一来，期货价格即使再如何上涨，我们都得到了一个上封顶的收益情况。

再看中间斜线部分，期货价格在看涨期权与看跌期权的执行价格之间时，因为是低于看涨期权执行价格，看涨期权不会行权，同时也是高于看跌期权的执行价格，看跌期权也不会行权，所以，两份期权合约的权利金相抵后对期货多单没有影响，这时候的盈亏就是期货部位的盈亏，大于 5900 元/吨就赚钱，涨多少赚多少，小于 5900 元/吨就亏钱，跌多少亏多少。

下端的横线，同样不难分析，期货价格跌到 5880 元/吨或者更低以后，看跌期权行权是盈利的，看涨期权不会行权，期货的多单亏损，同样是在两份期权合约权利金抵消后，看跌期权的盈利与期货多单的亏损会抵掉一部分，最终暴露的风险就期货的买入价与看跌期权执行价格之差。

图 12－7 还说明了一个问题，那就是“期权让你得到一样东西，就会让你损失一样东西”。对投资者而言，它选择这种方式进行风险对冲，得到的是成本上的优势，但失去的是上涨带来的盈利，读者可以将这幅图与保护性的套期保值策略进行比较，尽管说保护性策略需要花权利金（成本较高），但期货价格的上涨收益仍然能够享受，可以说是这既起到了保值效果，又没放弃增值的机会。如何去选择合适的策略来进行套期保值，有时候并没有一个绝对最好的策略，但能构造出具有针对性的能满足投资者需求的方案。

既然提到这里，从全新的角度考虑，在这里，我们将用看涨期权和看跌期权对期货空头部位进行套期保值的操作也做简单介绍。

如果上述的投资者不是做多期货，而是做空期货，为了给他的期货空头部位提供保护，他可以选择买入看涨期权并卖出看跌期权。操作后其组合的损益见图 12－8：

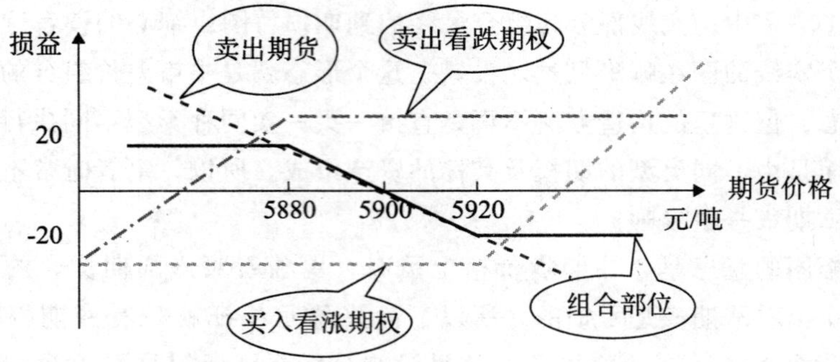

图 12-8 期货空头的双限期权保值策略损益图

期货价格上涨，期货空单亏损，买入的看涨期权会行权，并且有盈利，期货价格涨多少，期货部位就亏多少。但看涨期权的执行价格高于 5900 元/吨，高出 20 元/吨，所以只有在价格高于 5920 元/吨时，看涨期权才开始盈利（已经将权利金与看跌期权的权利金冲销掉了），无论涨到多少，看涨期权的盈利总是要“落后”于看跌期权的亏损，因为执行价格不是 5900 元/吨，所以，期货价格在图 12-8 中不断往右变化时，整个组合的最大损失是固定的。为什么没考虑看跌期权？因为在期货价格上涨时，看跌期权显然不会被行权，卖方可以净赚权利金。

期货价格在 5880 元/吨到 5920 元/吨之间时，看涨期权和看跌期权都不会行权（或被行权），所以二者权利金的收付相抵后为 0，相当于整个组合只有期货空单，就表现为图 12-8 中的实体斜线。横轴上方的水平线，是在期货价格低于 5880 元/吨的情况，这时看跌期权会被行权，出现亏损，但期货空单有盈利，且看跌期权的亏损要“落后”于期货空单的盈利，原因仍然是执行价格不等于期货空单的进场价。

运用期权对资产套期保值的操作并不仅限于本章中所提到的方法，套期保值方案的制定也必须根据个人或企业的实际需求来做，是完全套期保值还是部分套期保值？是想以控制成本为主还是想以控制风险为主……，总的来说，本书中介绍套期保值的常见操作，以期能给读者带来帮助。

3. 有关期权套期保值要注意的几个问题

商品期权的到期时间与标的期货合约的到期时间不一致

简单地说，按照国内目前仿真阶段的合约设计来看，期权合约的到期时间要比期货早。以白糖期权为例，SR1407 系列的白糖期权是以白糖 1407 合约为标的，但这个月的期权合约到期时间是在 2014 年的 5 月最后一个交易日。尽管三家商品期货交易所规定的不一样，但至少都是期权要比期货提前到期。这也就意味着我们在用期权给期货作套期保值的时候，要注意临近到期时的移仓操作。

选择执行价格需要权衡

在前面的章节中我们已经提到过，在具体实施买卖期权合约之前，投资者需要明确选择哪份合约，不同期权合约的执行价格也不同。这个问题，并未有标准答案，投资者可以根据自己的成本预算及利润计划等，来选择确定。一般情况下，执行价格越有利，权利金成本越高。对于生产者来说，为了获得较好的卖价，买入的看跌期权执行价格越高，收益越高，但其权利金成本也越高。看跌期权的执行价格越低，其锁定的卖出价格越低，但权利金成本也越低；对于加工厂来说，买入的看涨期权执行价格低，可以保持较低的生产成本，但其权利金成本相应较高。看涨期权的执行价格高，意味着将来的买价高，但权利金成本相对较低。保值者必须要在所提供的保护程度与所需的成本之间求得平衡。深度实值的期权能够提供更大的保护，但其成本昂贵。深度虚值期权的成本极低，但其保护功能甚至相当于“什么都没做”。

流动性情况也不能忽视

期权合约多，成交相对分散，保值者在建立期权部位后，随着期货价格的波动，期权会成为深度实值或深度虚值的状态，成交清淡。这时，保值者可能无法顺利平仓以了结部位。虽然交易所实行做市商制度，但做市商的报价数量可能仍然无法满足要求。因此，保值者与其他期权交易者一样，都面临着流动性风险。在期权交易中，多数情况下，接近当前期货市场执行价格的期权合约交易比较活跃，深度实值与深度虚值的期权合约流动性不足。

第十三章

期权做市商

20 世纪 80 年代，随着期货衍生产品的创新发展，如期权产品的问世，其相关现货或期货市场交易活跃，具有巨大的避险需求，而期权却因为其交易原理和运作方式等原因导致市场流动性较差。于是，期权市场在竞价交易中引入了做市商制度，通过做市商为期权交易提供连续双向报价，大大促进了交易的活跃，增加了市场流动性，为期权市场的迅速发展做出了重要贡献。

1. 做市商及做市商制度概述

做市商及做市商制度

做市商通过提供双向报价保证了交易的连续进行，促进了市场流动性的增强。这里面包含了某种“做市”的含义，因此他们被称为做市商，这种交易制度称为“做市商制度”。期权做市商是指经交易所认可，为指定的期权合约提供连续报价或者回应询价的法人或者其他经济组织。这些法人和组织，一般具有很强的实力和较好的声誉，提供买卖报价，并在该价位上接受投资者的买卖要求，以自有资金、证券与投资者进行交易。做市商通过适当的买卖价差补偿所提供服务的费用成本，并获取一定利润。

做市商制度是指期权交易中由做市商提供报价，投资者据此下达买卖指令并与做市商交易。传统的做市商制度主要依靠做市商主动报价来驱动完成的，因而又称之为报价驱动机制。现代期权市场则是以竞价交易为核心交易机制，做市商制度主要是作为活跃交易为市场提供流动性的辅助交易机制。

做市商制度起源于美国纳斯达克市场。美国20世纪60年代柜台交易市场中的批发商已经具备做市商的雏形。1966年，全美证券交易商协会（NASD）成立了专门的自动化委员会研究在柜台交易市场引进自动化报价的可行性，1971年2月，NASDAQ系统主机正式启用，标志着NASDAQ市场正式成立。全美有500多家证券经纪自营商登记为NASDAQ市场做市商，2500只柜台交易市场交易最活跃的股票进入NASDAQ市场自动报价系统。500多家做市商的终端实现与NASDAQ系统主机联结，通过NASDAQ系统发布自己的报价信息。NASDAQ市场的建立标志着规范的具有现代意义的做市商制度初步形成。

伴随着纳斯达克市场的建立和发展，做市商制度逐渐从传统的柜台交易制度发展演变为规范的交易制度。目前，在全球56个证券和期货市场中，采用做市商报价驱动机制的市场有15个（主要集中在北美、欧洲）；亚洲14个新兴市场中，有3个采用做市商报价驱动机制；19个欧洲市场中，有6个采用做市商报价驱动机制。做市商制度以纳斯达克市场最为典型和成熟，新兴市场中以中国香港交易所较为完善。

做市商制度的基本类型

做市商制度的基本类型包括特许做市商和多元做市商制度。

特许做市商制度也称庄家制，是指某一期货或期权合约中只有一个做市商来负责组织交易，提供报价。特许做市商最大的特点是交易组织与价格控制能力较强，能够将价差保持在较小范围内，有助于价格稳定。但特许做市商为确保其对价格的独享、控制价差的大小，必然会尽可能封锁各类信息，使得市场信息透明度较差，市场效率低下。组约证券交易所就实行特许做市商制。

多元做市商是指在某一期货合约中有数个做市商来共同负责向市场提供连续报价。多元做市商中的单个做市商承担的风险能力不及特许做市商，市场价格波动性也要强于实行特许做市商的市场。但是，多元做市商制度在特许做市商制度的基础上，通过增加做市商的数量，在做市商定价中引入了竞争机制，从而使市场信息透明度得以改善，在连续交易、活跃市场的同时，又保证了交易的公开性和公平性。正因如此，多元做市商制度是目前国际期货及期权交易所比较通行的做法。

做市商制度的功能

做市商制度在发达证券市场已有30多年的历史，它在证券市场所起的作用已获得证券界的共识：做市商制度具有活跃市场、稳定市场的功能，依靠其公开、有序、竞争性的报价驱动机制，保障证券交易的规范和效率，是证券市场发展到一定阶段的必然产物，是提高市场流动性和稳定市场运行、规范发展市场的有效手段。具体来说，做市商的功能如下：

（1）能够保持市场的流动性

流动性是指投资者可以按照自己的需要和市场状况及时买入和卖出，或者说在价格没有明显损失的条件下，在短期内成交的能力。流动性的度量标准有：买入或卖出可实现的价格、数量与成交所需要的时间。如果期权市场缺乏流动性，投资者随时都可以向做市商进行询价，然后按照做市商的报价进行交易。期权做市商为市场提供了“即时流动性”。在任何交易时间，只要有做市商的存在，就意味着一定有交易价格和交易对手，不会存在有哪个投资者想买却买不到，或想卖却无人接手的情况。

（2）能够保持市场价格的稳定性和连续性

因为做市商是在充分研究做市证券价值后，结合市场供求关系报价的，又承诺随时按报价买卖证券，所以可减少价格波动，缩小价格振幅，保持了价格的稳定性和连续性。通过做市商承担价格变动的风险来稳定价格，重要的是做市商还能够及时处理大额指令，减缓其对价格变化的影响，具备事前的预防机制。做市商的功能见图13－1。

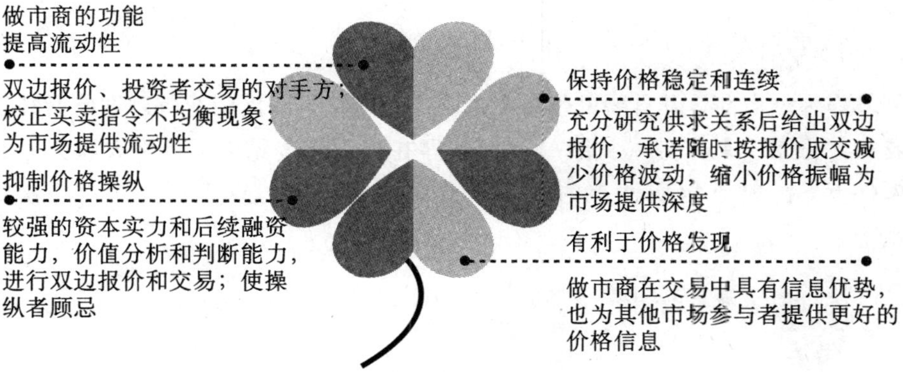

图 13－1　做市商的功能

资料来源：郑州商品交易所。

（3）校正买卖指令不均衡现象

在单纯的指令驱动市场上，常常发生买卖指令不均衡现象。在做市商制度下，出现这种情况时，由做市商来履行义务，承接买单或卖单，缓和买卖指令的不均衡，并缓和相应的价格波动。如买单暂时多于卖单，则做市商有义务用自己的账户卖出。

（4）抑制价格操纵

做市商对某种证券做市，一般具有较强的资本实力和后续融资能力，具有较高的价值分析和判断能力，并在此基础上进行报价和交易，从而使得操纵者有所顾忌，做市商制度可以抑制其他交易者的价格操纵行为，但由于其本身具有较强的实力，受利益驱使，能够通过自身行为或者做市商之间联手来获取不正当利润。

（5）价格发现功能

实行多元做市商制度，每个品种合约都有若干个做市商提供价格，价格会向真实标准靠拢。因为如果某一做市商报价与其他竞争对手差别太大，交易量会受到影响，那么就会被淘汰出局。由于做市商在市场交易中具有信息优势，也为其他市场参与者提供了更好的价格信息，从而促进了整个市场的价格发现功能的发挥。

做市商应尽的义务及享有的权利

作为做市商，其首要的任务是维护市场的稳定和繁荣，所以做市商必须履行“做市”的义务（见图 13－2），即在尽可能避免市场价格大起大落的条件下，随时承担所做市的证券的双向报价任务，只要有买卖盘，就要报价。

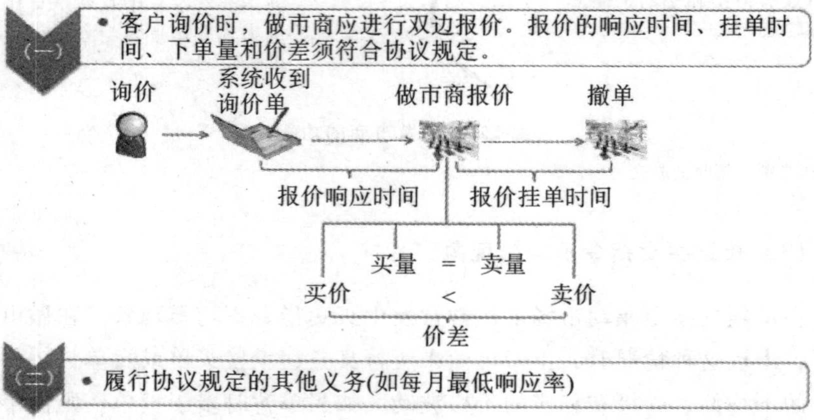

图 13－2　做市商应尽的义务

做市商最核心的职责就是提供连续双边报价，以维持期货及期权市场的流动性和稳定性。如 CBOE 交易规则规定，当价格出现不连续、某一特定期权合约买卖失衡或同类期权合约价格出现扭曲时，DPM 有责任保证所负责的合约或品种价格合理，交易有序，通过与其他 DPM 竞价交易，提供连续报价，以改善交易环境，促进市场流动性。具体来说有以下几点：

（1）保证买卖报价差在要求范围内

衡量市场流动性的一个重要指标是市场宽度。所谓市场宽度，是指交易价格偏离市场有效价格的程度，通常用买卖报价差来衡量。理论上讲，当这个差额为零时，市场完全达到流动性。买卖报价差过大时，价格就会表现出不连续，进而可能导致交易停滞。在交易所的实际操作中，买卖报价差通常是指每一笔询价与回应价格之间的价差大小。理论上讲，可以由基础期货合约期货价格日内买卖差价及其变动率推导计算出不同价格区间的买卖报价差，这些买卖报价差是与其基础期货合约流动性相当的理论值。但是，我们知道，一个期权合约能够成功，必须有一个非常活跃的基础产品市场，这就意味着基础产品市场的流动性是比较理想的。上面推算出来的基于这个基础合约市场的期权价格买卖报价差也应该是一个比较理想的数值。而实际的期权交易中，并不是很容易能够达到这一水平。因为做市商在做市的过程中必然会产生做市成本，所以在实际设计买卖报价差要求的时候，还需要考虑到做市商的做市成本以及各种交易结算费用。

如 CBOE 规定，DPM 必须保证其所负责期权合约价格（权利金）的报价满足下列买卖报价差的要求：当期权合约询价低于 2 美元时，买卖报价差不得超过 0.25 美元；当期权合约询价大于 2 美元、小于 5 美元时，买卖报价差不得超过 0.45 美元；当期权合约询价大于 5 美元、小于 10 美元时，买卖报价差不得超过 0.5 美元；当期权合约询价大于 10 美元、小于 20 美元时，买卖报价差不得超过 0.8 美元；当期权合约询价大于 20 美元时，买卖报价差不得超过 1 美元。无论是做市商回复其他交易者的询价，还是其自身提供连续双向报价，都必须满足以上买卖报价差的要求。对于基础合约价格（如大豆期货期权合约所基于的大豆期货合约）买卖报价差大于上述规定水平的实值期权，以上责任免除，只需保证期权合约的买卖报价差与其基础合约买卖报价差相同即可。

（2）保证交易者能够顺利进出

衡量市场流动性的另两个重要指标是市场深度和交易即时性。所谓市场深度，是指在不影响当前价格下的成交量，即在当前价格水平下交易者能够大量买入或卖出相关合约；所谓交易即时性，是指一定量的期权合约在对价格影响一定的条件下达成交易所需要的时间。为了达到这两个目标，交易所通常要求做市商对其所负责合约的成交量必须达到规定的水平，对其所负责合约所有的询价在规定的时间内达到一定的回复率。如 CBOE 规定，某一 DPM 总成交量的 75% 以上必须是来自于其所负责的合约，在该 DPM 的全部交易中，每一季度主动报价的比率必须达到 25% 以上，对来自场外询价的主动回复比率（即在规定的时间内回复）必须达到 80% 以上；DPM 对询价的回复时间不得超过 4 秒，当交易比较活跃时可能会出现两个做市商的报价被锁定（如 A 做市商报价 1.00 美元，B 做市商回复报价 1.00 美元）的情况，此时要求这两个做市商必须在 1 秒钟之内重新报价，以打开被锁定的报价。

(3) 其他辅助责任

为了确保做市商能够充分履行其职责，各个期货期权交易所还对做市商提出了一些相关要求。如 CBOE 规定，每个 DPM（个人会员除外）至少要拥有一个交易所席位，包括可转换会员席位、CBOT 全职会员；对所负责的合约，DPM 只能以做市商的身份进行交易，不得以其他任何身份进行交易；DPM 必须保证所提供报价的准确性；每一交易日内 DPM 指定交易人及相关工作人员的数量不得低于 MTS 委员会规定的最低人数，DPM 在其所负责的合约的交易、与 DPM 业务相关的其他交易应分别计算，DPM 指定交易人发生任何变动以及 DPM 财务状况出现的任何变动都必须及时报告 MTS 委员会等。

做市商需要使用多种手段来完成报价责任，也必然要承担比普通交易者更大的风险。因此，期货交易所通常要在交易规模、交易方式等方面给予其一定的权利，并在收费等方面给予一定的优惠。

做市商的权利（见图 13－3）一般有：减免手续费等费用；全方位地享有期权或期货合约的资讯，即享有做市品种的全部信息、做市期权合约所有买卖盘的纪录；大宗交易便利及成交报告延迟。大宗交易是做市商优势得以发挥的重要方式，也是其利润的主要来源之一，因此建议交易所为股指期权大宗交易提供交易便利，如允许盘中大宗交易等，同时允许做市商延迟其大宗交易信息披露；拥有开展其他业务的优先权及便利、快捷的交易通道等。

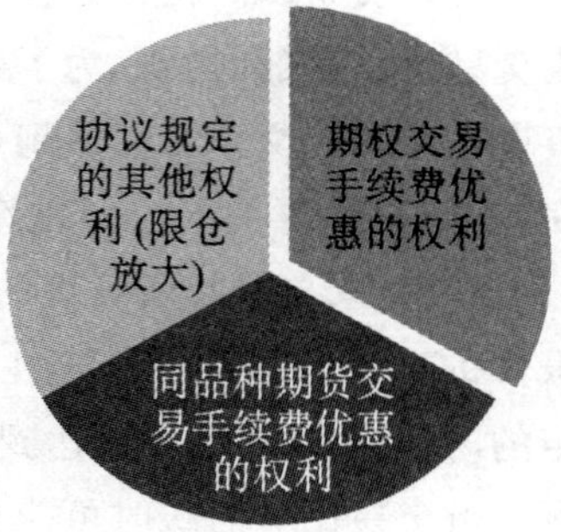

图 13－3　做市商享有的权利

资料来源：郑州商品交易所。

费用减免是做市商最重要的权利，其方式主要有固定比例减免和按交易量递增减免两种。香港期交所和 EUREX 是固定比例减免的典型。其中，香港期交所做市商的交易费用一般是标准费用的五分之一，即减免80%的费用。台湾期交所的台指期权是按交易量递增减免的典型，主要按做市量和连续报价时间进行阶梯递增式的优惠，做市量越大，连续报价的时间越长，获得的手续费折扣越高，而且两种优惠方式可以叠加，对于不太活跃的品种，台湾期交所直接采取免收的方式。

2. 做市商风险管理及报价概述

做市商通过不断向市场报出产品的买价和卖价为市场注入流动性，但是其也面临着巨大的风险。做市商的报价是基于风险管理的成本和市场竞争的结果，即取决于风险管理与报价两个方面。

做市商面临的基本风险类型

在期权市场中，做市商履行期权做市职责时面临的风险主要包括定价风险、流动性风险、存货风险及运营风险。

(1) 定价风险（模型风险）

与普通交易者不同，期权做市商具有双向报价的责任，也就是说，在市场没有竞价的情况下，期权做市商有义务对所做市的产品进行报价，这就不可避免产生定价风险（模型风险）。

模型风险是指在期权定价中，做市商采用不适合的模型或者错误的模型、使用不正确的参数计算导致的风险。恰当的模型以及参数的选择决定了做市商能否提供富有吸引力的价格，而定价的正确与否直接关系到做市商的盈亏。

第一，模型选择。对于期权定价的任何模型都建立在一系列假设基础之上。如 Black - Scholes - Merton（BSM）模型假设波动率为常数，标的资产呈正态分布等。然而，在非有效市场上股票或股票指数收益率常常呈现肥尾、偏度的分布特征，并不服从正态分布的假设。因此，做市商期权定价过程中需要考虑模型假设和实际条件之间的偏离，对理论模型基础之上的定价结果进行一定调整。无论使用何种模型，在特定的市场环境下模型都可能失败。因此，依赖复杂定价模型对期权进行绝对价格做市时，存在模型风险。

第二，参数选择。模型风险还包括参数使用不当所带来的风险。即使我们使用了正确的模型，以不同的参数输入期权定价模型所得到的结果是不同的，在期权定价模型的输入参数中，波动率是做市商对未来市场的期望数据，无论使用历史波动率、隐含波动率还是其他估计方法获得的波动率，都不可能准确预测未来的波动率。

国外期权市场以及期权定价理论已经相对比较成熟了，只是在模型参数的选择上，做市商需要不断调整输入参数的选择，特别是波动率参数。

（2）流动性风险

流动性风险主要来源于基础市场的流动性缺乏传导至期权市场和期权市场本身流动性不足。一般而言，期权市场的流动性主要集中在平值期权左右，离平值期权行权价越远，流动性就越弱。因此，深度虚值或实值的期权，存在流动性风险暴露的问题。当做市商对流动性弱的合约进行止损或止盈操作时，市场往往缺乏足够的交易者在公允价值范围进行交易，做市商因此被迫进行折价或溢价交易，甚至在极端环境下无法完成交易。

对于流动性风险，目前来讲还没有更好的方法加以回避，做市商能够做的就是认识到流动性的存在，在交易中控制好头寸比率。

（3）存货风险

存货风险是指做市商因做市需要必须保持一定的期货和现金头寸所面临的风险，即由于标的价格的不确定性所导致的头寸价值变动风险。做市商在履行义务的过程中，其理想情况是双向报价所产生的双向成交量正好相等，取得稳定的价差收益。但这在实际交易中却很难做到，做市商一旦积累过大的单边头寸，而价格出现方向性的波动，将可能面临巨大的亏损，因此需要根据库存情况不断地调整做市策略。存货管理已经成为做市商的一项重要日常业务内容。

存货风险需要做市商运用相应的交易策略来进行规避，通常可以有三种比较有效的方法：其一，利用替代性交易品种控制存货风险。如在股票期权市场中有些股票在国内证券市场上市的同时还在海外上市，对于这些具有替代性交易品种的股票期权合约做市商来说，其控制存货风险的途径比较多。通过替代交易品种的反向交易，可以将持有头寸控制在较小的范围之内。其二，做市商为了管理其存货风险，通常需要在相关市场上进行套利交易，以此使其整体交易风险得到降低。因此，为了使做市商有效地安排现金流，交易所可以在确保交易安全的前提下，针对部分固定的套利组合，给予一定的保证金减免，以提高做市商的资金使用效率。其三，是建立包括其他交易商在内的内部市场。伦敦证券交易所就建立了这样一个内部市场，通过与其他做市商的交易迅速抵消头寸变化。当做市商出现持有多头头寸时，其在内部市场就会提交卖出指令；当做市商持有空头头寸时，其在内部市场则会提交买入指令。通过这种内部市场的交易，交易双方的做市商都能够将持仓水平回调至正常的水平。

（4）运营风险

运营风险指操作过程中由于操作失误、内部控制等一系列问题可能产生的损失，以及风险管理系统运行的问题等。

做市商报价与风险管理基本思路

随着远程通信技术、电子交易技术和网上交易技术的出现和飞速发展，做市商制度也逐步从分散的店头市场，向较为规范的柜台市场，及向场外联网柜台市场演进，报价手段逐步从口语、旗语、电报电传、自动报价机器向电子报价、网上报价等演化，成交技术逐步从人工非自动交易过渡为电子自动交易。市场信息传递的日益快捷极大地提高了交易效率，也降低了交易成本。但这些变化并未改变做市商的本质特征，即：

- 所有客户委托单都由做市商用自己的账户自主买进卖出，客户订单之间不直接交易；
- 做市商看到订单之前报出买卖价格，而投资者在看到报价后才会给出订单。

这两个本质特征决定了做市商具有订单信息流的控制权和订单自主成交的控制权。做市商询价、报价业务流程见图 13－4。

（1）做市商的买卖报价取决于风险管理与市场需求

做市商报价是基于风险管理的成本和市场竞争的结果，使得报价在风险可控的条件下最大化做市商的利润。同时，做市商的买卖报价也取决于风险管理和市场需求两个方面。

被动交易带来的期权头寸种类和方向多样，促使做市商的期权报价要基于对这类风险管理的对冲成本；同时，在竞争性市场中，做市商的报价还需要考虑报价可能带来的市场需求和市场中其他做市商的竞争。

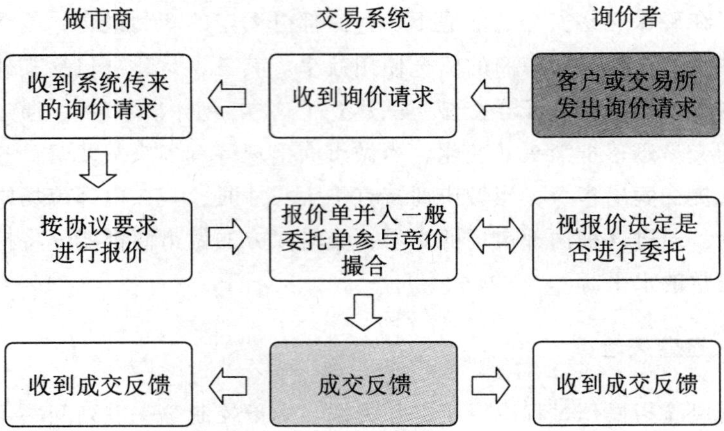

图 13－4　做市商询价、报价业务流程

资料来源：郑州商品交易所。

（2）存货风险管理成本作为核心的做市成本决定做市报价

做市商向市场提供买卖双向报价，是由做市商对自身做市成本估算的基础上决定的。一般做市商制度的市场运作中，做市成本包括订单处理成本、存货成本和信息成本。

从风险管理的角度，影响做市报价的是为持有期权头寸进行风险对冲的成本。在期权市场中，存货风险管理成本是做市商主要考虑的。做市商作为市场的主要参与者，在市场的主要交易行为包括套期保值、套利和投机交易，这部分的交易同普通投资者进行，其承担的风险是做市商为获得更高收益主动承担的，这些交易通过各种交易策略的组合获得回报。同时，期权做市商为完成其报价、促进市场流动性的责任会“被动”地持有一些期权头寸，即当市场有询价时，做市商有报价的义务并在合适的价格成交。做市商希望从买卖价差获得收益，而不愿意承担期权的风险，因此做市商需要对冲他们的期权组合风险。做市义务持有的期权头寸如果不满足 Delta 和 Gamma 中性，其价值会随着标的资产的变化而变化，这部分风险是做市商需要管理的存货风险。

做市商应尽可能地采用更多的方法降低风险对冲成本。比如，除了用标的期货对冲期权进行风险对冲外，在期权头寸之间寻找套利的机会，利用期权头寸进行对冲。

（3）做市商报价需要考虑市场竞争

从市场需求的角度，做市商的买卖报价在成本的基础上需要考虑报价可能带来的市场需求和市场中其他做市商之间的竞争，使得竞争市场上获得尽可能多的交易，最大化做市商的利润。

期权报价方法上，做市商以期权定价模型为基础获得理论价格，而实际报价需要考虑被动持有这个期权所要进行的风险对冲成本。为了提供更具有市场竞争力的报价，一方面，做市商需要考察市场需求的变化，尽可能满足市场需求获得更多的买卖价差回报；另一方面，做市商可以通过与已有的存货的组合进行风险规避，即当做市商“被动”地接受交易后便有了一定的期权头寸，因此做市商在接受新的期权时，可以通过判断已有期权头寸的存货是否能够组合成套利或套期保值的策略，在一定程度上降低风险管理的成本。

3. 国内期权及做市商业务概述

与国际成熟期权市场相比，我国期权市场处于刚起步阶段，做市商制度不完善、交易人才短缺、交易系统技术更新能力偏弱成为我国期权市场发展的掣肘。期权市场爬坡上坎，需要建立起能提供良好流动性的做市商，储备具有实战交易经验的人才，实现期权期货联通交易的理想交易系统。

国内期权及做市商业务现状

截至 2015 年 2 月，国内四大期货交易所及上海证券交易所都在大力推动期权相关品种的上市。具体而言，中金所推动沪深 300 股指期权及上证 50 指数期权上市；上海期货交易所主推动黄金和铜的期权；大连商品交易所将推出豆粕期权；郑州商品交易所主推动白糖期权、上海证券交易所推动个股（包含 ETF）期权。

现阶段，上述提到的相关期权品种仿真交易开始时间为 2013 年年底。五家交易所中，中金所和郑商所提出了期权做市商概念。2014 年 5 月 19 日，中金所组织期权做市商仿真大赛，6 月 20 日结束。2015 年 2 月 9 日，上海证券交易所推出 ETF 期权，这是我国期权发展的一次飞跃。

国内做市商制度

期权市场为金融市场提供了新的风险控制方式。由于期权市场合约数量众多，定价复杂，以及卖方风险无限，很容易出现短期买卖需求不平衡。实际上，即使是成熟如美国市场，其流动性最好的股指期权市场也经常出现市场单向持仓的情况。期权市场里的做市商不仅仅是短期持有仓位，事实上美国期权市场的成熟做市商大部分仓位都会一直持有到仓位过期。

国内做市商除了与国外成熟市场一样都面临着持仓风险外，还要面对政策风险。

持仓风险：做市商对头寸的风险处理能力不够时，极有可能会有大量的裸露头寸，这些头寸是做市商的风险点。常用希腊字母来衡量这些风险的大小（Delta 风险、Gamma 风险、基差风险、跨期 Vega 风险等）。

政策风险：政策风险主要来自交易所规章制度及监管层控制，源于监管层的审慎监管原则。

国内做市商的利润分析

为了让大型投资者有做市的兴趣，使他们支持市场，交易所为做市商提供了一系列激励机制。此外，做市商报价的买入价格与卖出价格之间存在价差利益，做市商通过“低买高卖”获得的标的物商品或证券的买卖价格差利益，也是做市商的利益来源之一。

具体来说，包括以下几个方面：

（1）买卖价差是做市商的最主要利润来源

日交易利润 = 卖仓 ×（卖价 - 理论值）+ 买仓 ×（理论值 - 买价）

它直接反映了报价在市场上的竞争力和调整买卖价控制仓位的有效程度。

（2）费用减免

这是对做市商进行补偿的一个重要措施，包括交易费用、结算费用和税收等费用。这部分也相当于是做市商的利润。

（3）交易过程中仓位产生的利润

仓位利润 = Vega 利润 + Gamma/Theta 利润 + Delta 利润

Vega利润为调整理论值所带来的仓位价值变化。Vega中性的仓位将把这个利润值降至最低。Gamma/Theta利润则为Gamma对冲的理论盈利减去理论值下的Theta，这反映对于市场实际波动率估计的准确程度，以及愿意提供流动性来支撑市场的有效价值而获得的利润。Delta利润则衡量Delta避险系统的实际交易利润和理论利润之间的差价，这反映了Delta对冲交易系统的先进程度。通常这个值为负（损失），越小的损失表示对冲系统越有效。开盘仓位表示所有今天开盘前的仓位，初始值为前日收盘时的价值。日仓位则表示今天交易所建仓位，初始值为交易时的理论值。值得注意的是，这部分具有不确定性。

做市商的技术平台

（1）国内做市商系统提供商

目前，国内期货交易系统的主要供应商Sungard、恒生等公司都在开发期权做市商系统，但是尚未有实施案例。

（2）自有系统的做市商客户通过期货公司快速交易系统下单（见图13-5）

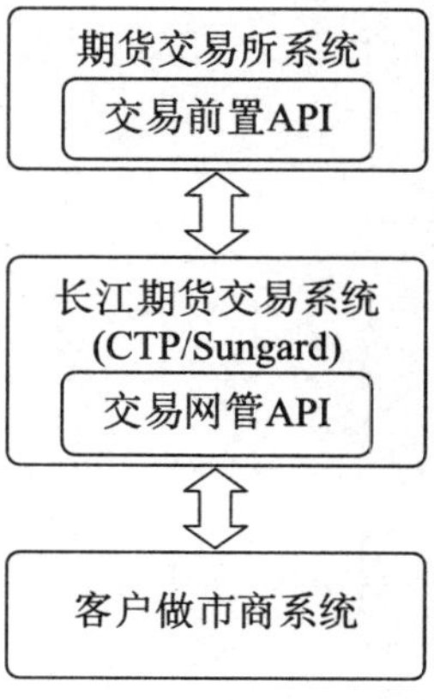

图13-5 期货交易所系统下单流程

案例1：来自芝加哥的商品期权做市商公司通过长江期货公司参加了中金所的股指期权做市商仿真交易，自带系统接入CTP系统。长江期货公司提供的IT服务。

专线连接：长江期货与客户在芝加哥国际专线连接，客户远程下单。

专用席位：为客户提供交易专用席位。

服务器接入机房服务：客户在服务器预装好系统，长江期货公司将其托管在主机房。经测试，速度达到国内领先，3 米/秒左右。

案例 2：长江证券资产管理部通过长江期货公司参加中金所的股指期权做市商仿真交易，自带系统接入 CTP 系统。

第十四章

期权在结构化产品中的应用

结构化产品其实在国内早已非新鲜事物，以银行为代表的理财产品中有许多类别其实均为包含期权的结构化产品，后期随着国内期权市场的发展，内嵌期权的各种产品预计会更大规模地在市场中出现。本章，我们着重介绍与期权相关的结构化产品在国际金融市场中的现状，也希望通过解析国内银行中的理财产品让您对内嵌期权的结构化产品有进一步了解，了解国外十分出名的产品。本章最后结合德国市场常见的结构化产品对国内市场做一个前瞻。

1. 期权与结构化产品

结构化产品是一种复合一个基础投资工具和衍生工具的组合投资产品。

简单来说，它是嵌入衍生品的产品，它通过运用金融工程技术将具有不同风险和收益特征的固定收益证券和远期、期权等金融衍生品组合在一起。在保证产品投资者基本的投资收益与合理的资产结构的基础上，利用股票、利率、外汇和大宗商品的金融衍生品以获得其标的价格变化所带来的超额收益。

期权类产品是一种常见的结构化产品，该类产品往往挂钩于一种或几种标的物，其最终收益依赖于这些标的物的最终收益，是典型的衍生类产品。国外成熟市场中，期权类产品是最常见的投资工具和风险管理工具。目前，随着国内投资环境的不断发展，投资者的投资理念也日趋成熟。曾经单纯地以持有和卖出为主的二元投资方式已经不能满足人们的投资和风险管理需求，投资者需要更多的金融工具，以此来更加精确地表达其投资观点和实施其投资策略。

按联结的基础产品分类，可分为股权联结型产品（其收益与单只股票、股票组合或股票价格指数相联系）、利率联结型产品、汇率联结型产品、商品联结型产品等种类。按收益保障性分类，可分为收益保证型产品和非收益保证型产品两大类，其中前者又可进一步细分为保本型产品、部分保本型产品和保证最低收益型产品。按发行方式分类，可分为公开募集的结构化产品与私募结构化产品，前者通常可以在交易所交易。

研究结构化产品有两方面的现实意义。一方面，随着国内柜台市场的推出及投资者投资理念的分化与成熟，结构化产品为金融市场提供了新的、更加成熟的投资与融资模式，以适应不同投资者的收益与风险需求；另一方面，结构化产品的研究涉及期权复制、期权风险对冲等非线性衍生品的交易方法，这些交易方法是未来期权市场进行套期保值交易、套利交易及做市商交易的基础。

2. 银行理财产品——内嵌期权的结构化产品

我们随意搜集了过去几年在一些商业银行中出现过的理财产品后发现其中不乏结构化产品。下面笔者分别介绍中国工商银行、中国农业银行、北京银行曾出现过的内嵌期权的一款理财产品。

中国工商银行的“珠联币合”全球婴儿用品股票挂钩型产品

中国工商银行2007年发行了一款名为“珠联币合”的人民币产品，该产品与国际上四只婴儿用品股票挂钩。这四只股票分别是：强生制药公司，在纽约证券交易所上市；沃尔特迪士尼公司，在纽约证券交易所上市；美泰公司，在纽约证券交易所上市；皇家纽密科集团，在阿姆斯特丹证券交易所上市。有关产品的概述如下：

产品名称：中国工商银行2007年第9期人民币产品结构性理财——A款“珠联币合”全球婴儿用品股票挂钩型

编号：810721

目标客户：个人客户

期限：2年

投资及收益币种：人民币

产品类型：本金保证型浮动收益理财产品

募集期：2007年4月2日~4月11日

募集期计划发行量：10亿元

到期日：2009年4月12日

销售管理费：0.62

认购起点/追加金额：5万元，追加金额以1000元整数倍增加

提前终止选择权：本产品不提供提前终止选择权

上述这些内容可能都不是重点，重点在于其收益结构上，该产品规定理财收益到期一次性返还，按以下公式计算：理财收益=人民币理财本金×理财收益率。

若四只挂钩股票均在至少一个观察日的收盘价曾大于或等于各自期初价格的1.15倍，则客户2年理财总收益率为15%。否则，客户2年理财总收益率为四只挂钩股票涨幅的最低值，保底收益率为0。

这种收益对投资者来说是一个分段的结构。如果四只股票在观察期内都出现了至少一个观察日的收盘价大于或者等于各自期初价格的1.15倍，那么投资者最终的总收益率为15%，若不满足这一条件，就按照四只股票中涨幅最低的来计算收益率，但可以至少保本。通过对收益情况的描述，购买这种产品的投资者其实类似于购买了某种二元期权，一种情况下是这种收益，否则是另一种收益。“珠联币合”系列的产品并非一期，但设计的方式大同小异，都是在收益兑付上嵌入了隐性的期权。

中国农业银行——2010年“金钥匙·汇利丰”第一期产品B款6个月

中国农业银行在2010年开始推出了“金钥匙·汇利丰”系列的产品，作为第一期的B款产品，是与黄金价格挂钩的一款理财产品，产品说明如表14-1。

表14-1　　“金钥匙·汇利丰”理财产品说明表

发行机构	中国农业银行	发行地区	全国
预计年收益率上限（%）	3	付息周期	到期支付
委托管理期	6个月	产品类型	结构型产品
发行对象	个人机构	收益类型	浮动
委托起始金额（元）	5万	委托递增金额（元）	1万
银行电话	010-95599	是否保本	是
销售起始日期	2010年1月11日	销售日期终止	2010年1月18日
收益起始日	2010年1月19日	收益到期日	2010年7月19日

为体现理财产品的严谨性，我们将产品的收益情况展示如下：

在产品起息日至产品到期日北京时间下午3：30之间，若上海黄金交易所9995黄金价格，以及上海黄金交易所休市时段内按照人民银行公布的最新的美元兑人民币汇率中间价折算的路透系统“XAU=”页面黄金买入报价从未低于或等于金价下限，同时未高于或等于金价上限，则投资者可获得的年化收益率为：

产品年化收益率=14%×（期末金价-期初金价）/期初金价+2.4%

产品年化收益率最低为0.36%。

在产品起息日至产品到期日下午3：30之间，若上海黄金交易所9995黄金价格，以及上海黄金交易所休市时段内按照人民银行公布的最新美元兑人民币汇率中间价折算的路透系统“XAU=”页面黄金买入报价曾高于或等于金价上限，则投资者可获得3%的年化收益率。

在产品起息日至产品到期日下午3：30之间，若上海黄金交易所9995黄金价格，以及上海黄金交易所休市时段内按照人民银行公布的最新美元兑人民币汇率中间价折算的路透系统“XAU=”页面黄金买入报价曾低于或等于金价下限，则投资者获得0.36%的年化收益率。

如果产品存续期内金价上限与金价下限两者之一首先被触及，则另一价格不再适用。

金价下限：根据以下公式计算产品年化收益率等于0.36%时对应的即期金价。

产品年化收益率 = 14% ×（即期金价 - 期初金价）/期初金价 + 2.4%

即期金价：在产品起息日至产品到期日下午3：30之间，上海黄金交易所9995黄金买入报价；在产品起息日至产品到期日下午3：30的上海黄金交易所休市时段内，即期金价为按照中国人民银行公布最新的美元兑人民币汇率中间价折算的路透系统"XAU ="页面黄金买入报价。金价下限单位为元/克，保留小数点后两位小数，具体见中国农业银行产品成立公告。

产品年化收益率 = 14% ×（即期金价 - 期初金价）/期初金价 + 2.4%

期初金价：产品起息日中国农业银行确定的上海黄金交易所9995黄金买入报价，单位为元/克，保留小数点后两位小数，具体见中国农业银行产品成立公告。

期末金价：产品到期日上海黄金交易所9995黄金收盘价，单位为元/克，保留小数点后两位小数。

金价上限：根据以下公式计算产品年化收益率等于3%时对应的即期金价。

我们将上述文字用简洁的公式形式表达出来（见表14-2）：

表14-2 "金钥匙·汇利丰"理财产品收益表

产品运作	
收益说明	令：黄金买入报价为 S_g，下限 S_m，上限 S_M，收益率 R（R > = 0.36%） （1）（always）$S_m < S_q < S_M$； $R = 14\% \cdot \frac{S_T - S_0}{S_0} + 2.4\%$ （2）（once）$S_g > = S_M$，R = 3%； （3）（once）$S_g < = S_m$，R = 0.36%。 注：如果产品存续期内金价上限与金价下限两者之一首先被触及，则另一价格不再适用。
金价下限	R = 0.36%时，对应的 S_m； $0.36\% = 14\% \cdot \frac{S_m - S_0}{S_0} + 2.4\%$

续表

产品运作	
金价下限	R = 3% 时，对应的 S_M； $3\% = 14\% \cdot \frac{S_M - S_0}{S_0} + 2.4\%$
期初金价	起息日，中国农业银行确定的上海黄金交易所 9995 黄金买入报价
期末金价	到期日，上海黄金交易所 9995 黄金收盘价
还本付息	本金 ×（1 + R * 180/365）

我们分析，这款产品可以分解为无风险债券与路径依赖期权，这也是典型的内嵌期权的结构化产品。

北京银行——“心喜”系列 201112902 号：人民币 14 天 Shibor 挂钩理财产品

具体说明见表 14 - 3。

表 14 - 3　“心喜”理财产品说明表

收益起始日期	2011 年 4 月 22 日	收益结束日期	2011 年 5 月 6 日
起购金额	5 万元	递增金额	1 万元
银行是否有提前终止权	是	账单查询方式	需到银行网点或银行网站查询
投资者是否有赎回权	否	购买渠道	—

本产品收益来源于投资于银行间市场的收益扣除各项费用后的余额。

如果在理财期限内进行的银行间市场投资按时足额收回本金及收益，本产品实现的年化收益率与起息日当天与本产品理财期限相同期限的 Shibor（简称“同期限 Shibor”）挂钩，假设起息日当天同期限 Shibor 为年利率 S，则客户年化收益率 Y 为 S - P（P 为本合同约定的固定数值并依起息日当天的同期限 Shibor 的不同而不同详见表 14 - 4）。如果起息日为非工作日，则以下一工作日的同期限 Shibor 为准实际投资收益高于 Y 的部分归理财行所有。适用的客户分档年化收益率见图 14 - 1。

表 14 - 4　起息日当天同期限 Shibor 利率 S 客户分档年化收益率 Y

Shibor	收益	P 值
4% 或者以下	S - P	P = 0.3%
4%（不含）~5%（含）	S - P	P = 0.4%

续表

Shibor	收益	P 值
5%（不含）~6%（含）	S－P	P＝0.5%
6%（不含）~7%（含）	S－P	P＝0.6%
7%（不含）~8%（含）	S－P	P＝0.7%
8%（不含）以上	S－P	P＝0.8%

如果在理财期间内进行的银行间市场投资全部或者部分未能按时足额收回本金及收益，则理财行于到期日或理财行提前终止日后3个工作日内按照每一客户投资金额占本期所有客户投资总额的份额比例分配已收回的理财计划资金。在此情况下，客户获得的年化收益率可能低于Y，最差情形是客户本金及收益全部损失。

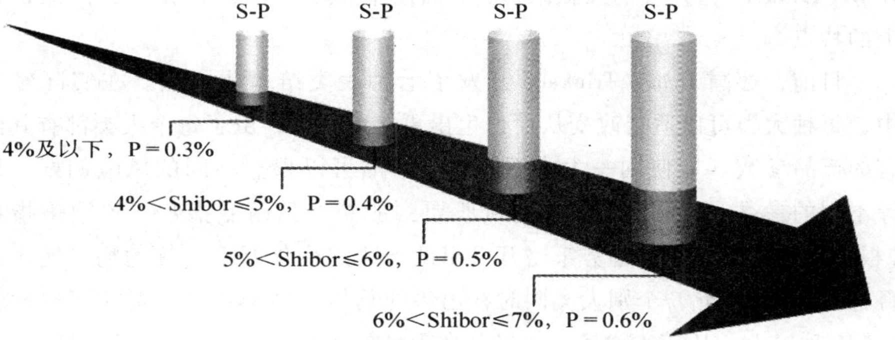

图 14－1　客户分档年化收益率

$$\text{pay off} = \begin{cases} k & s(t) \geq k \\ s(t) & s(t) < k \end{cases}$$

$$\min(s_t, k) = \min(s_t - k, 0) + k$$

若将该产品的收益像上述公式这样分解，投资者就较容易看出来“期权”究竟在哪里。

3. 海外投行结构化产品：以德国 HSBC Trinkaus 为例

离我们较近的中国香港市场的主要结构化产品包括股票挂钩票据

(ELN)、牛熊证（CBBCs）等。股票挂钩票据属于股票连联型结构化产品，适宜于看涨（跌）股市，且想要获得上涨（下跌）部分固定收益的投资者。牛熊证全称为可收回牛熊证，是追踪标的资产表现的一种结构性产品，允许持有人在一定期限内，以某个指定的价格，向发行人购入（或出售）一定数量的证券、商品、外汇或金融其他产品，但到期前如果标的资产到达某一指定水平（回收价），发行商将立即收回牛熊证，并终止其交易，强制收回的机制是牛熊证与权证相区别的重要特征，这一点也与标准化的期权有差异。

结构化产品业务在投资银行的各种业务中占的比重很大，某些投行的这一业务比重甚至占到50%以上。投资银行充当资本中介人角色，在寻求市场需求、解决市场需求方面提供了众多服务。因此，期权业务的部分收益实际上是投资银行产品设计和产品销售的佣金。本部分以颇具代表性的德国HSBC Trinkaus已开发的几款结构化产品为代表，介绍海外投行在产品设计上的特点。

目前，德国HSBC Trinkaus开发了七种大类结构化产品。在实际经营中，每种大类可以适当改变从而衍生出更多的小类；由于每个大类都有其固有的产品参数（即使同一大类下，具体产品可以根据不同的风险偏好，设计不同的参数），而标的物更是从股票到股指、到商品指数、到策略指数（根据某种策略，比如趋势策略开发出的指数）变化万千（标的物可能多达百种以上）。因此，个别大类同时在出售的具体的结构化产品最多可以达到1.5万种以上，从而组成了一个极其庞大的结构化产品群，供不同风险偏好的投资者选择。

概括而言，每个结构化产品都有其产品期限，投资者可以自产品发行日购买，也可以在未到期前的任何一个交易日参与HSBC Trinkaus做市商维护的二级市场进行卖出和买入，因此，个别产品可能会像股票一样产生一定的溢价。到期日到来，则该产品将按照发行时的规则清盘结算，投资者相应退出。产品的发行是滚动发行，因此，尽管每年都有大量产品到期，但同时也会有大量新产品面向市场。由于本书基本使用HSBC Trinkaus实际产品的例子，标的物和货币单位均属欧洲方面，此举可以最大限度地还原其产品，保证文章材料的真实性。

Garantiezertifikat/保底结构化投资产品

产品参数：

产品发行期限：5年（未到期的也可以通过HSBC Trinkaus的系统进入

二级市场交易）

发行价格：29 欧元

发行时的标的物和行情：德国 DAX 指数 2900 点

保本程度：100%（即保底）

利息：无

参与程度和计算比例：70%（见图 14-2，倾斜度小于标的物），计算比例为 0.01

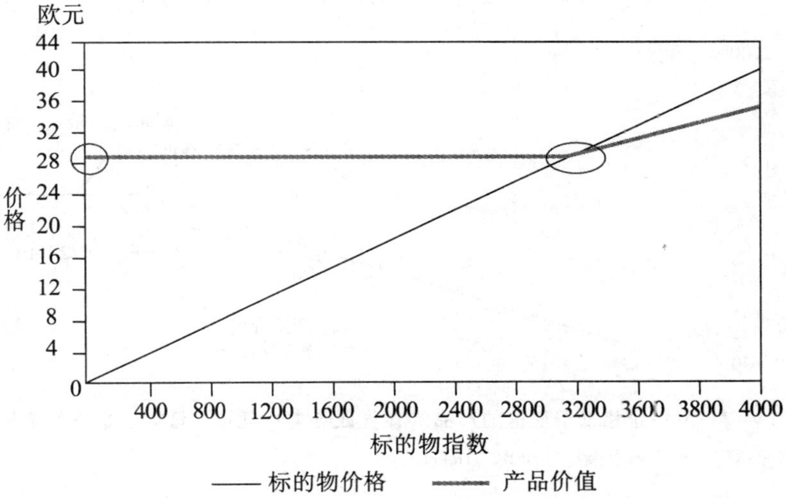

图 14-2　Garantiezertifikat 的价值图

资料来源：HSBC Trinkaus。

该产品的收益情况非常直观。DAX 指数小于 2900 点时，例如 DAX 指数位于 2200 点，则该产品仍为 29 欧元，而直接投资 DAX ETF 将造成 24% 的损失；DAX 指数大于 2900 点时，例如 3500 点时，该产品价值 29 + 0.01 ×（3500 - 2900）×0.7 = 33.2 欧元。而直接投资 DAX ETF 的盈利将超过该产品的 25%。该产品以获利减少换取保底/保本，是最接近普通期权的结构化产品，同时计算上也十分简单。当参与程度（例子为 70%）上升时，保本程度（例子为 100%）会相应下调。参与程度超过 100%，则保本程度相应低于 100%。

Discountzertifikat/债券替代型投资产品

产品参数（实际产品数据）：

产品发行期限：20 个月（产品 2011 年 12 月 20 日首发，2013 年 8 月 23

日到期）

标的物：EuroStoxx 50 指数

产品最大收益（最大价格金额）：24 欧元，对应 EuroStoxx 50 到达 2400 点及以上

折扣率：10.38%

计算比例：0.01

产品卖价：对应的指数点位是 2480.50 点时产品价格为 2480.5 ×（1 - 10.38%）×0.01 = 22.23 欧元（首次出售相当于折价出售）

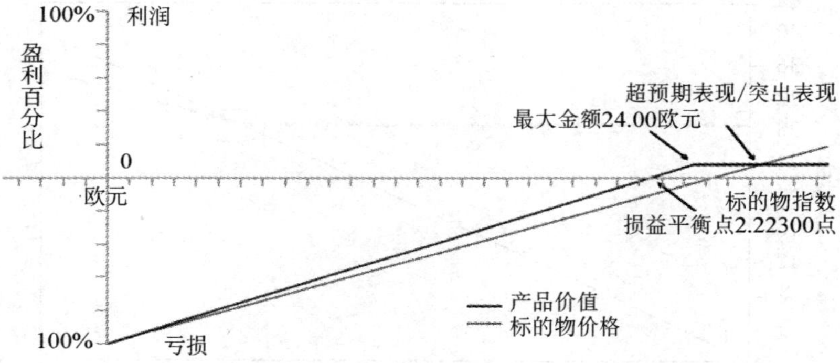

图 14 - 3　发行价格低于面值的产品（债券证券类）凭证、证明、票据的价值图

资料来源：德国汇丰私人银行（HSBC Trinkaus）。

EuroStoxx 50 超过 2400 点时该产品达到最大价值 24 欧元，到期收益率为 24/22.23 - 1 = 7.96%，年化收益为 10.35%；当指数小于 2400 点，但大于 2223 点：例如指数为 2300 点，则产品价值为 2300 × 0.01 = 23 欧元，仍然处在盈利状态，到期收益率为 3.46%，年化收益率为 4.5%；当指数小于 2223 点：例如指数为 1000 点，则产品价值为 10 欧元，处于亏损状态；最坏情况可能承担 100% 亏损。首次买入时有折价，折价比例相当于一个防止价格下跌的缓冲。该产品适合于震荡走势或小幅下跌走势（上行走势时该产品盈利不如直接投资 ETF，大幅下跌走势会造成亏损）；当行情下跌在折扣率以内时，可以获得正收益。在所有实际产品中，折价比例最大为 57.76%，相应的最大年化收益为 1.62%；最小的折扣比例为 - 0.22%（折扣允许为负数），对应的最大年化收益超过 500%（最大到期收益率为 57.19%，但因为剩余期限较短，所以大幅抬高了年化收益率），由于最大收益率存在封顶，且在深值折扣的情况下（折扣超过 25%；相对而言，这样的产品亏损风险较小），最大年化收益率通常在 3% ~ 5% 附近，对许多不

熟悉债券市场的投资者而言，该产品是很好的债券替代型产品（深值折扣下亏损风险较小，标的物通常为股票或股指，投资者相对更熟悉，且最大年化收益率与高收益债券类似）。

收益凭证（Bonuszertifikat）/震荡走势型结构化产品

产品参数：

产品发行期限：53 个月（产品 2009 年 7 月 28 日首发，2013 年 12 月 19 日到期，中间时间可通过二级市场交易）

标的物：EuroStoxx 50 指数

产品理想收益价格：40.50 欧元，对应 EuroStoxx 50 指数在下界 1900 点到上界 4050 点

计算比例：0.01

产品卖价：33.97 欧元，买价：33.77 欧元，对应实际指数为 2475 点（对应期权处于实值状态，因此产品卖价和买价均明显高于 2475 ×0.01 = 24.75 欧元）

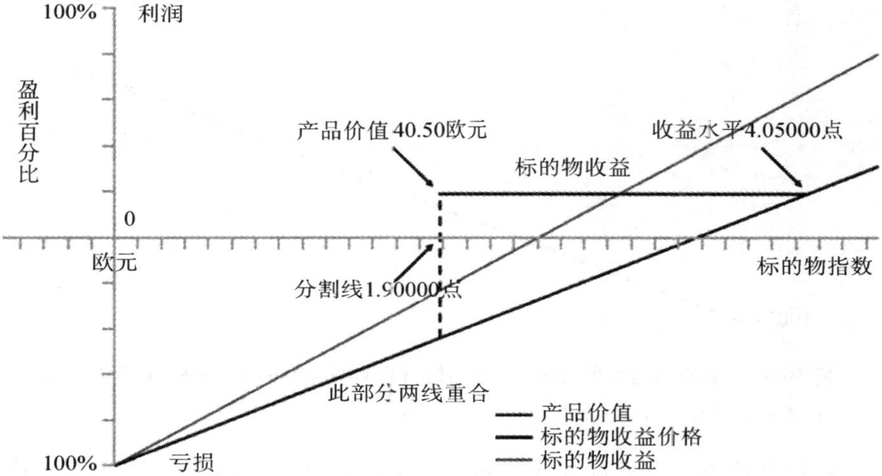

图 14 -4　收益凭证（Bonus zertifikat）的价值图

资料来源：德国汇丰私人银行（HSBC Trinkaus）。

指数超过 4050 点：例如到期日指数为 4500 点，则产品价值为 4500 ×0.01 =45 欧元；这种情况下，该产品没有盈利上界；指数在 1900 点到 4050 点：价值 40.50 欧元，到期稳定收益率为 19.22%，年化稳定收益率为 16.86%；指数小于 1900 点：例如到期日指数为 1500 点，则产品价值为 1500 ×0.01 =15 欧元，处于亏损状态；最大损失可能为 100% 亏损。

该产品适合于上行走势或震荡走势，其最大盈利不受限制，震荡走势可获得稳定收益。同时，产品理想收益价格与下界存在对冲关系。产品理想收益价格提高意味着稳定收益提高，相应会带来下界的提高或者上下界区间的收窄（风险上升）。例如，另一个产品的年化稳定收益率为 80.45%，相应的，其下界距离标的物当前价格仅有 2.44% 的折扣（即很容易失去实值状态）。

参与流通的收益凭证/产品（Partizipations zertifikat）/类 ETF 结构化产品

产品描述：

标的物：恒生指数，观察期时点位：21442.89，对应产品买价：21.75 欧元，卖价：21.95 欧元

到期日：每年 6 月和 12 月的第二个周五

计算比例：0.01 加上欧元兑港币汇率

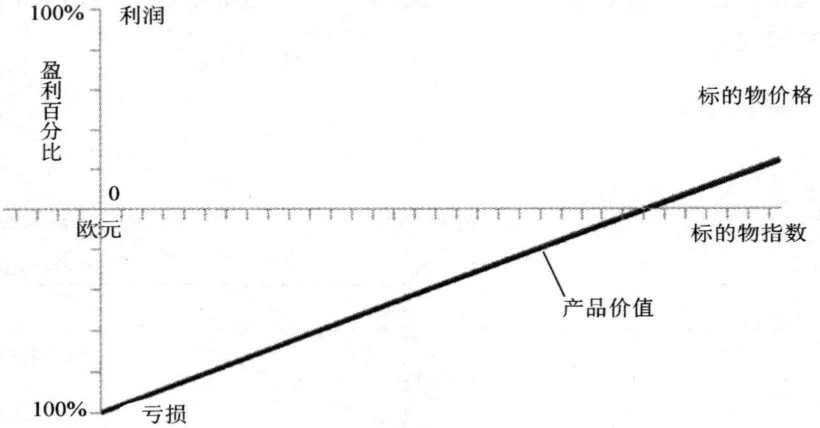

图 14-5 参与流通的收益凭证/产品的（Partizipations zertifikat）产品价值

资料来源：德国汇丰私人银行。

该产品给予一个投资其他（黄金、商品指数、外国股指等等）非传统产品的机会，类似 ETF 直投，没有特别的风险保护，同时有可能存在汇率风险。

指数债券（Indexanleihen）/贴息 ETF

产品参数：

标的物：DAX 指数，2011 年 7 月 27 日发行，2013 年 6 月 28 日到期

票息：6.50%，2012 年 6 月 28 日第一次付息，2013 年 6 月 28 日第二

次付息

计算比例：0. 125

发行票面：1000 欧元，对应指数 8000 点（8000 ×0. 125 =1000）

DAX 点位 7164. 75 时，买价：924. 2 欧元，卖价 925. 2 欧元；理论价格等于 7164. 75 ×0. 125 +25. 11（应计票息） =920. 7 欧元

标的物点数（对应的最大盈利限制）：8029. 45

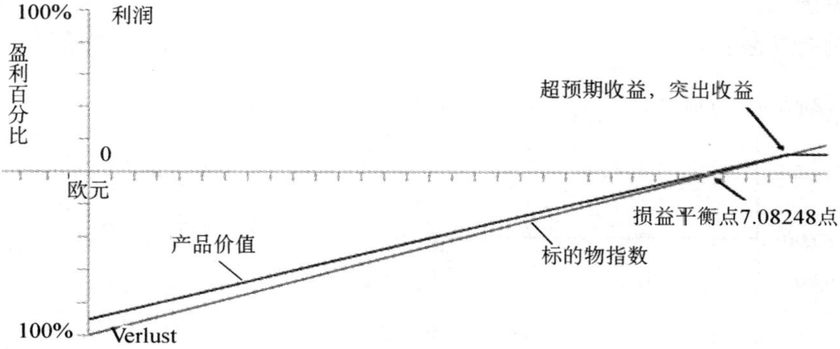

图 14 －6　指数债券（Indexanleihen）产品价值

资料来源：德国汇丰私人银行（HSBC Trinkaus）。

在该产品中，指数超过 8000 点：票面价值无损失且加上贴息（39. 89 欧元），到期收益率为 12. 07%，年化收益率为 20. 2%；但最大盈利限制对应于指数位 8029. 45；指数小于 8000 点，大于 7082. 48 点：产品价值 = 票息收入（39. 89 欧元） +0. 125 × 指数，这种情况下仍有盈利；比如指数为 7500 点，则产品价值为 7500 ×0. 125 +39. 89 =977. 39 欧元，到期收益率为 5. 64%，年化收益率为 9. 44%；指数小于 7082. 48 点：即使算上票息，未来价值仍低于当前卖价，因此存在亏损（不会造成 100% 亏损，因为有少量票息支撑）。此类产品的通常标的物为传统投资品（股票、股指），产品的核心是贴息。在德国，此类产品不如前面的折价类产品流行，可能是因为折价是一开始就生效的，心理上更保险，而贴息的实现需要时间。事实上，HSBC Trinkaus 提供做市商交易，负责相应的应付利息清算，因此如果在到期前提前卖出该产品，利息是不会有丢失。实际产品中，贴息比例从 5% 到 15% 可以有选择：相应贴息比例越高，到期的最大年化收益率越小（贴息比例高，从而增加吸引力，因此产品很可能被溢价交易，压低最大收益率，这时该产品已经蜕变成一种低息债券，因为产品到期时亏损风险明显变小）。

超额收益类债券或收益产品（Outperformance zertifikate）／赌徒型结构化产品

产品参数：

产品对应股票，产品价格为47欧元，对应于标的物股价47欧元（计算比例为1）

突破价格：64欧元

突破比值：2

剩余期限：1年

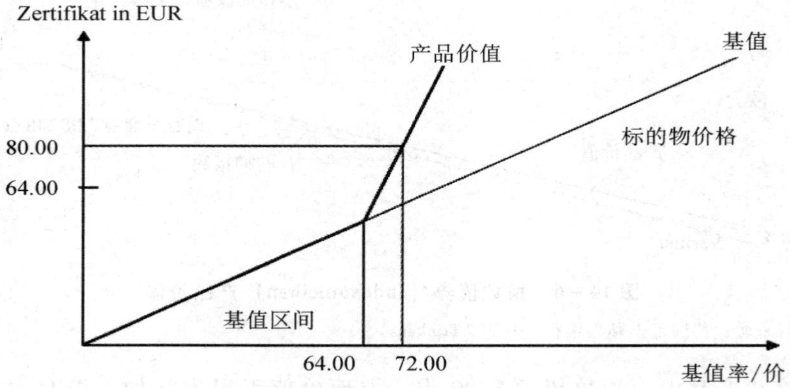

图14－7　超额/高收益凭证（Outperformance zertifikate）产品价值

资料来源：HSBC Trinkaus。

标的物股价超过64欧元突破价：例如股价为72欧元，则产品价值为64＋（72－64）×2＝90欧元，高于买入股票的收益；标的物股价低于64欧元突破价：产品价值同股价，股价低于47欧元时会造成亏损。此类产品适用于单边上涨行情，与ETF相比，当价格上涨达到突破价格以后，收益相对ETF存在溢价；当价格低于突破价格时，该产品与ETF收益相同，因此较ETF存在收益优势，适合风险偏好的投资者。

由于中国与德国的投资者风险偏好不同，部分产品并不完全适合中国市场，我们将文中提到的常见类别进行简单总结，以期找出适合我国投资者的结构化产品类型，具体见表14－5。

表 14－5　　不同结构化产品类型优劣势对比

产品		优势	劣势
较适合品种	保底结构化产品	保本；调整参数可以实现一定的最低正收益保底	不吸引追求高收益的人群
	债券替代性投资产品	深值折扣的情况下，可基本满足保底的要求；调整折扣率从而满足各种风险偏好类型的人群	极端情况下，投资者仍有可能亏损
	震荡走势型结构化产品	产品参数可调从而满足各类风险偏好人群；特别适合震荡行情	极端情况下，投资者仍有可能亏损
一般适合产品	贴息 ETF	由于贴息存在使保本概率提升	最大收益固定；与信托产品相比，风险较容易被关注（信托虽然存在风险，但是较隐含）
	赌徒型结构化产品	相对 ETF 优势较明显	没有风险保护，只适合风险偏好者
不适合产品	类 ETF 结构化产品		没有特点，中国投资者对收益率较敏感

4. 结构化产品在中国的未来发展分析

中国的结构化产品市场起步较晚，但增长速度很快。在我国，结构化产品首先是以外币理财产品的形式出现的。外资银行首先在 2003 年开始推出一些外汇结构性理财产品，同年 10 月，中国银行首家推出第一期与美元利率挂钩的“汇聚宝”系列理财产品。2004 年 3 月《金融机构衍生产品交易业务管理暂行办法》颁布实施，国内银行的外币理财产品迅速发展。伴随着我国居民储蓄额的不断上升以及居民对理财需求的增加，外资银行大量进入国内市场，国内金融机构结构化产品的发行也将迅速增长。同时，交易所权证等期权产品的发展也在一定程度上推动了我国结构化产品的发展，二者相辅相成，共同促进国内金融市场体系的完善。

但与此同时，我国的结构化金融产品市场也面临着诸多问题。第一，就投资者而言，由于缺乏对结构化金融产品风险的认知，同时在面临市场剧烈波动时也缺乏相应的风险对冲能力，造成社会上普遍存在投资者被投行所描绘的种种好处所诱骗的现象。第二，国内商业银行本身对结构化金融产品的定价和交易能力都有所欠缺，这也导致了国内银行作为发行商却无法对所发行的产品进行有效避险，从而面临巨大潜在风险。第三，结构化产品的销售环节也存在一定问题，如销售人员对产品的理解不深，或者营销过程中对投资者的风险揭示不充分等都可能使结构化产品的发展受到阻碍。第四，对比德国先进的结构化金融市场可以发现，我国结构化金融产品的理论研究相对滞后，不仅产品模仿国外市场，而且缺乏对自身市场的有效定位，有些国内银行在外汇市场的投资及风险控制方面还存有诸多漏洞。

随着我国资本市场的进一步发展，我国金融市场上推出多样化的结构化金融产品势在必行。在结构化产品领域，国内的证券公司和商业银行也将会逐步趋近于德国投资银行的发展模式：以结构化产品为核心，创造新的客户需求。在全球经济金融一体化的大环境下，随着我国金融体系的日益健全与完善、市场参与者投资意识和风险规避意识的逐渐加强，现代结构化金融产品必将成为投资者广泛青睐的投资工具之一。

附录 1：

BS 定价模型与 CRR（二叉树）模型

一、Black – Scholes 期权定价模型

（一）Black – Scholes 期权定价模型的假设条件

➢ 期权标的资产为一风险资产（Black – Sholes 期权定价模型中为股票），当前时刻市场价格为 S。S 遵循几何布朗运动，即$\frac{dS}{S}=\mu dt+\sigma dz$。

其中，dS 为股票价格瞬时变化值，dt 为极短瞬间的时间变化值，dz 均值为零，方差为 dt 的无穷小的随机变化值（$dz=\varepsilon\sqrt{dt}$，称为标准布朗运动，ε 代表从标准正态分布（即均值为 0、标准差为 1.0 的正态分布）中取的一个随机值），μ 为股票价格在单位时间内的期望收益率（以连续复利表示），σ 则是股票价格的波动率，即证券收益率在单位时间内的标准差。μ 和 σ 都是已知的。

简单地分析几何布朗运动，意味着股票价格在短时期内的变动（即收益）来源于两个方面：一是单位时间内已知的一个收益率变化 μ，被称为漂移率，可以被看成一个总体的变化趋势；二是随机波动项，即 σdz，可以看作随机波动使得股票价格变动偏离总体趋势的部分。

➢ 在期权有效期内，标的资产没有现金收益支付。综合 1 和 2，意味着标的资产价格的变动是连续而均匀的，不存在突然的跳跃。

➢ 没有交易费用和税收，不考虑保证金问题，即不存在影响收益的任何外部因素。综合 2 和 3，意味着投资者的收益仅来源于价格的变动，而没有其他影响因素。

➢ 该标的资产可以被自由地买卖，即允许卖空，且所有证券都是完全可分的。

➢ 在期权有效期内，无风险利率 r 为常数，投资者可以此利率无限制地进行借贷。

➢ 期权为欧式看涨期权，其执行价格为 X，当前时刻为 t，到期时刻

为 T。

➢ 不存在无风险套利机会。

(二) Black - Scholes 期权定价模型的推导

1. Black - Scholes 期权定价公式

在上述假设条件的基础上，Black 和 Scholes 得到了如下适用于无收益资产欧式看涨期权的一个微分方程：

$$\frac{\partial f}{\partial t}+rS\frac{\partial f}{\partial S}+\frac{1}{2}\sigma^2S^2\frac{\partial^2 f}{\partial S^2}=rf \qquad \text{(公式 1)}$$

其中，f 为期权价格，其他参数符号的意义同前。

通过解这个微分方程，Black 和 Scholes 得到了如下适用于无收益资产欧式看涨期权的定价公式：

$$c=SN(d_1)-Xe^{-r(T-1)}N(d_2) \qquad \text{(公式 2)}$$

其中：

$$d_1=\frac{\ln(S/X)+(r+\sigma^2/2)(T-t)}{\sigma\sqrt{T-t}}$$

$$d_2=\frac{\ln(S/X)+(r-\sigma^2/2)(T-t)}{\sigma\sqrt{T-t}}=d_1-\sigma\sqrt{T-t}$$

c 为无收益资产欧式看涨期权价格，N (x) 为标准正态分布变量的累计概率分布函数（即这个变量小于 x 的概率），根据标准正态分布函数特性，我们有 $N(-x)=1-N(x)$。

2. Black - Scholes 期权定价公式的理解

(1) 期权价格的影响因素

首先让我们将 Black - Scholes 期权定价公式与期权价格的影响因素联系起来。我们得知期权价格的影响因素包括：标的资产市场价格、执行价格、波动率、无风险利率、到期时间和现金收益。在公式 2 中，除了由于我们假设标的资产无现金收益之外，其他几个参数都包括在内，且影响方向与前文分析的一致。

(2) 风险中性定价原理

我们要谈到一个对于衍生产品定价非常重要的原理：风险中性定价原理。观察公式 2 以及期权价格影响因素分析，我们可以注意到，期权价格是与标的资产的预期收益率无关的。这对于寻求期权定价的人们来说无疑是一个很大的好消息。因为迄今为止，人们仍然没有找到计算证券预期收益率的确定方法。期权价格与 μ 的无关性，显然大大降低了期权定价的难度和不确定性。

进一步考虑，受制于主观风险收益偏好的标的证券预期收益率 μ 并未包括在期权的价值决定公式中，公式中出现的变量为标的证券当前市价 S、执行价格 X、时间 t、证券价格的波动率 σ 和无风险利率 r，它们全都是客观变量，独立于主观变量——风险收益偏好。既然主观风险偏好对期权价格没有影响，我们就可以利用 Black - Scholes 期权定价模型所揭示的期权价格这一特性，进行一个可以大大简化我们工作的简单假设：

在对衍生证券定价时，所有投资者都是风险中性的。

在所有投资者都是风险中性的条件下（有时我们称之为进入了一个"风险中性世界"），所有证券的预期收益率都可以等于无风险利率 r，这是因为风险中性的投资者并不需要额外的收益来吸引他们承担风险。同样，在风险中性条件下，所有现金流量都可以通过无风险利率进行贴现求得现值。这就是风险中性定价原理。

应该注意的是，风险中性假定仅仅是一个人为假定，但通过这种假定所获得的结论不仅适用于投资者风险中性情况，也适用于投资者厌恶风险的所有情况。

为了更好地理解风险中性定价原理，我们可以举一个简单的例子来说明。

假设一只不支付红利的目前的市价为 10 元的股票，我们知道在 3 个月后，该股票价格要么是 11 元，要么是 9 元。现在我们要找出一份 3 个月期协议价格为 10.5 元的该股票欧式看涨期权的价值。

由于欧式期权不会提前执行，其价值取决于 3 个月后股票的市价。若 3 个月后该股票价格等于 11 元，则该期权价值为 0.5 元；若 3 个月后该股票价格等于 9 元，则该期权价值为 0。

为了找出该期权的价值，我们可构建一个由一单位看涨期权空头和 Δ 单位的标的股票多头组成的组合。若 3 个月后该股票价格等于 11 元时，该组合价值等于（$11\Delta - 0.5$）元；若 3 个月后该股票价格等于 9 元时，该组合价值等于 9Δ 元。为了使该组合价值处于无风险状态，我们应选择适当的 Δ 值，使 3 个月后该组合的价值不变，这意味着：

$$11\Delta - 0.5 = 9\Delta$$

$$\Delta = 0.25$$

因此，一个无风险组合应包括一份看涨期权空头和 0.25 股标的股票。无论 3 个月后股票价格等于 11 元还是 9 元，该组合价值都将等于 2.25 元。

在没有套利机会的情况下，无风险组合只能获得无风险利率。假设现在的无风险年利率等于10%，则该组合的现值应为：

$$2.25e^{-0.1\times0.25}=2.19\text{ 元}$$

因为该组合中有一单位看涨期权空头和0.25单位股票多头，而目前股票市场为10元，所以：

$$10\times0.25-f=2.19$$

$$f=0.31$$

这就是说，该看涨期权的价值应为0.31元，否则就会存在无风险套利机会。

从该例子可以看出，在确定期权价值时，我们并不需要知道股票价格上涨到11元的概率和下降到9元的概率。但这并不意味着概率可以随心所欲地给定。事实上，只要股票的预期收益率给定，股票上升和下降的概率也就确定了。例如，在风险中性世界里，无风险利率为10%，则股票上升的概率P可以通过下式来求得。

$$10=e^{-0.1\times0.25}\times[11P+9(1-P)]$$

$$P=62.66\%$$

又如，如果在现实世界中股票的预期收益率为15%，则股票的上升概率可以通过下式来求得。

$$10=e^{-0.15\times0.25}\times[11P+9(1-P)]$$

$$P=69.11\%$$

可见，投资者厌恶风险程度决定了股票的预期收益率，而股票的预期收益率决定了股票升跌的概率。然而，无论投资者厌恶风险程度如何，无论该股票上升或下降的概率如何，该期权的价值都等于0.31元。

二、二叉树模型

Black－Scholes模型的提出，对期权定价的研究而言具有开创性。然而，由于该模型涉及比较复杂的数学问题，对大多数人而言较难理解和操作。1979年，J. Cox、S. Ross和M. Rubinstein三人发表《期权定价：一种被简化的方法》一文，用一种比较浅显的方法导出了期权定价模型，这一模型被称为“二叉树模型（the Binomial Model）”，是期权数值定价方法的一种。二叉树模型的优点在于其比较简单直观，不需要太多的数学知识就可以加以应用。同时，它不仅可以为欧式期权定价，而且可以为美式期权定价；不仅可以为无收益资产定价，而且可以为有收益资产定价，应用相当广泛。目前二叉树模型已经成为金融界最基本的期权定价方法之一。

（一）二叉树模型的基本方法

我们从简单的无收益资产期权的定价开始研究二叉树模型，之后再逐步加以扩展。

二叉树模型首先把期权的有效期分为很多很小的时间间隔 Δt，并假设在每一个时间间隔 Δt 内证券价格只有两种运动的可能：从开始的 S 上升到原先的 u 倍，即到达 Su；下降到原先的 d 倍，即 Sd。其中，$u>1$，$d<1$，如图 1 所示。价格上升的概率假设为 q，下降的概率假设为 $1-q$。

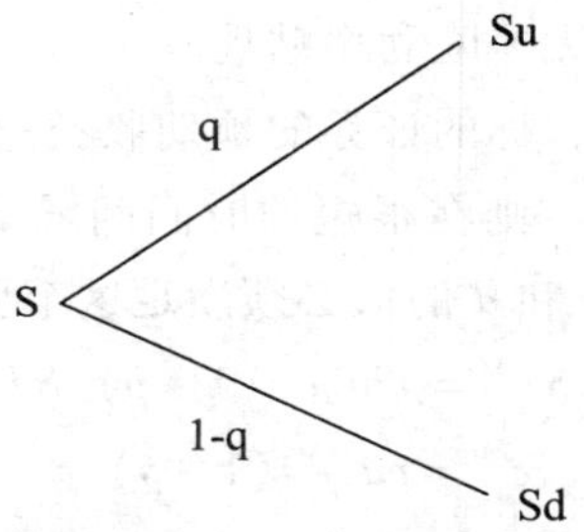

图 1　Δt 时间内资产价格的变动

相应的，期权价值也会有所不同，分别为 f_u 和 f_d。

注意，在较大的时间间隔内，这种二值运动的假设当然不符合实际，但是当时间间隔非常小的时候，比如在每个瞬间，资产价格只有这两个运动方向的假设是可以接受的。因此，二叉树模型实际上是在用大量离散的小幅度二值运动来模拟连续的资产价格运动。

1. 单步二叉树模型

运用单步二叉树为期权定价有两种方法：无套利方法和风险中性定价方法。

（1）无套利定价法

由于期权和标的资产的风险源是相同的，在如图 1 的单步二叉树中，我们可以构造一个证券组合，包括 Δ 股份资产多头和一个看涨期权空头。如果我们取适当的 Δ 值，使 $Su\Delta-f_u=Sd\Delta-f_d$，则无论资产价格是上升还是下跌，这个组合的价值都是相等的。也就是说，当 $\Delta=\dfrac{f_u-f_d}{Su-Sd}$时，无论股票价格上升还是下跌，该组合的价值都相等。显然，该组合为无风险组合，因此我们可以用无风险利率对 $Su\Delta-f_u$ 或 $Sd\Delta-f_d$ 贴现来求该组合的现值。在无套利机会的假设下，该组合的收益现值应等于构造该组合的成本，即：

$$S\Delta-f=(Su\Delta-f_u)e^{-r\Delta t}$$

将 $\Delta=\dfrac{f_u-f_d}{Su-Sd}$ 代入上式就可得：

$$f=e^{-r\Delta t}\left[\frac{e^{r\Delta t}-d}{u-d}f_u+\left(1-\frac{e^{r\Delta t}-d}{u-d}\right)f_d\right] \qquad \text{（公式3）}$$

（2）风险中性定价法

我们可以在二叉树模型中应用风险中性定价原理，确定参数 p、u 和 d，从而为期权定价。这是二叉树定价的一般方法。

在风险中性世界里：所有可交易证券的期望收益都是无风险利率；未来现金流可以用其期望值按无风险利率贴现。

在风险中性的条件下，标的证券的预期收益率应等于无风险利率 r，因此若期初的证券价格为 S，则在很短的时间间隔 Δt 末的证券价格期望值应为 $Se^{r\Delta t}$。因此，参数 p、u 和 d 的值必须满足这个要求，即：

$$Se^{r\Delta t}=pSu+(1-p)Sd \qquad \text{（公式4）}$$

$$e^{r\Delta t}=pu+(1-p)d \qquad \text{（公式5）}$$

二叉树模型也假设证券价格遵循几何布朗运动，那么在一个小的时间段 Δt 内证券价格变化的方差是 $S^2e^{2\mu(T-t)}[e^{\sigma 2(T-t)}-1]$。根据方差的定义，变量 Q 的方差等于 $E(Q^2)-[E(Q)]^2$，因此：

$$S^2e^{2\mu(T-t)}[e^{\sigma 2(T-t)}-1]=pS^2u^2+(1-p)S^2d^2-S^2[^pu+(1-p)d]^2$$

$$e^{2\mu(T-t)}[e^{\sigma 2(T-t)}-1]=pu^2+(1-p)d^2-[pu+(1-p)d]^2 \qquad \text{（公式6）}$$

式（4）和（5）给出了计算 p、u 和 d 的两个条件。第三个条件的设定则可以有所不同，Cox、Ross 和 Rubinstein 所用的条件是：

$$u=\frac{1}{d} \qquad \text{（公式7）}$$

从以上三个条件求得，当 Δt 很小时：

$$p=\frac{e^{r\Delta t}-d}{u-d} \qquad \text{（公式8）}$$

$$u=e^{\sigma\sqrt{\Delta t}} \qquad \text{（公式9）}$$

$$d=e^{-\sigma\sqrt{\Delta t}} \qquad \text{（公式10）}$$

从而：

$$f=e^{-r\Delta t}[pf_u+(1-p)f_d] \qquad \text{（公式11）}$$

比较以上两种方法，我们可以看到，无套利定价法和风险中性定价法实际上具有内在一致性。在无套利定价过程中，我们并没有考虑资产价格上升和下降的实际概率，由于资产预期收益率等于不同情况下收益率以概率为权重的加权平均值，在无套利定价法下不用考虑概率就意味着资产预期收益具有无关性，这正好符合风险中性的概念。其次，如果将公式8代入公式4，最后的期权公式4和公式11实际上是完全相同的。那么要如何理解公式11中的概率 p 呢？这里的概率实际上是风险中性世界里的概率而非实际的概率，因此，资产的预期收益率仍然对期权定价是无关的。

一般来说，在运用二叉树方法时，风险中性定价是常用的方法，而无套利定价法则主要是提供了一种定价思想。

2. 多步二叉树模型：证券价格的树型结构

以上所述的单步二叉树模型虽然比较简单，但已包含着二叉树定价模型的基本原理和方法。因此，可以进一步拓展到多步二叉树模型。应用多步二叉树模型来表示证券价格变化的完整树型结构如图2所示。

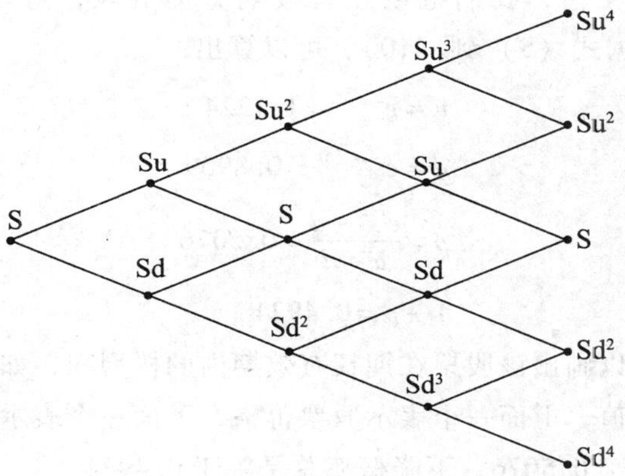

图2 资产价格的树型结构

当时间为0时，证券价格为 S。时间为 Δt 时，证券价格要么上涨到 Su，要么下降到 Sd；时间为 $2\Delta t$ 时，证券价格就有三种可能：Su^2、Sud（等于 S）和 Sd^2，依此类推。一般而言，在 $i\Delta t$ 时刻，证券价格有 $i+1$ 种可能，它们可用符号表示为：$Su^j d^{i-j}$，其中 $j=0, 1, \cdots, i$。

注意：由于 $u=\frac{1}{d}$，使得许多结点是重合的，从而大大简化了树图。

3. 倒推定价法

得到每个结点的资产价格之后，就可以在二叉树模型中采用倒推定价法，从树型结构图的末端T时刻开始往回倒推，为期权定价。由于在到期 T 时刻的预期期权价值是已知的，例如，看涨期权价值为 max（S_T-X, 0），看跌期权价值为 max（$X-S_T$, o），在风险中性条件下，在求解 $T-\Delta t$ 时刻的每一结点上的期权价值时，都可通过将 T 时刻的期权价值的预期值在 Δt

时间长度内以无风险利率 r 贴现求出。同理，要求解 $T-2\Delta t$ 时的每一结点的期权价值时，也可以将 $T-\Delta t$ 时的期权价值预期值在时间 Δt 内以无风险利率 r 贴现求出。依次类推。采用这种倒推法，最终可以求出零时刻（当前时刻）的期权价值。

以上是欧式期权的情况，如果是美式期权，就要在树型结构的每一个结点上，比较在本时刻提前执行期权和继续再持有 Δt 时间，到下一个时刻再执行期权，选择其中较大者作为本结点的期权价值。

假设标的资产为不付红利股票，其当前市场价为 50 元，波动率为每年 40%，无风险连续复利年利率为 10%，该股票 5 个月期的美式看跌期权协议价格为 50 元，求该期权的价值。

为了构造二叉树，我们把期权有效期分为五段，每段一个月（等于 0.0833 年）。根据式（8）到（10），可以算出：

$$u=e^{\sigma\sqrt{\Delta t}}=1.1224$$

$$d=e^{-\sigma\sqrt{\Delta t}}=0.8909$$

$$p=\frac{e^{r\Delta t}-d}{u-d}=0.5076$$

$$1-p=0.4924$$

据此我们可以画出该股票在期权有效期内的树型图，如图 3 所示。在每个结点处有两个值，上面一个表示股票价格，下面一个表示期权价值。股价上涨概率总是等于 0.5076，下降概率总是等于 0.4924。

在 $i\Delta t$ 时刻，股票在第 j 个结点（$j=0$，1，…，i）的价格等于 Su^jd^{i-j}。例如，F 结点（$i=4$，$j=1$）的股价等于 $50\times1.1224\times0.8909^3=39.69$ 元。在最后那些结点处，期权价值等于 max（$X-S_T$，0）。例如，G 结点（$i=5$，$j=1$）的期权价格等于 $50-35.36=14.64$ 元。

从最后一列结点处的期权价值可以计算出倒数第二列结点的期权价值。首先，我们假定在这些结点处期权没被提前执行。这意味着所计算的期权价值是 Δt 时间内期权价值期望值的现值。例如，E 结点（$i=4$，$j=2$）处的期权价值等于：

$$(0.5076\times0+0.4924\times5.45)\ e^{-0.1\times0.0833}=2.66\text{ 元}$$

而 F 结点处的期权价值等于：

$$(0.5076\times5.45+0.4924\times14.64)\ e^{-0.1\times0.0833}=9.90\text{ 元}$$

然后，我们要检查提前执行期权是否较有利。在 E 结点，提前执行将使期权价值为 0，因为股票市价和协议价格都等于 50 元，显然不应提前执

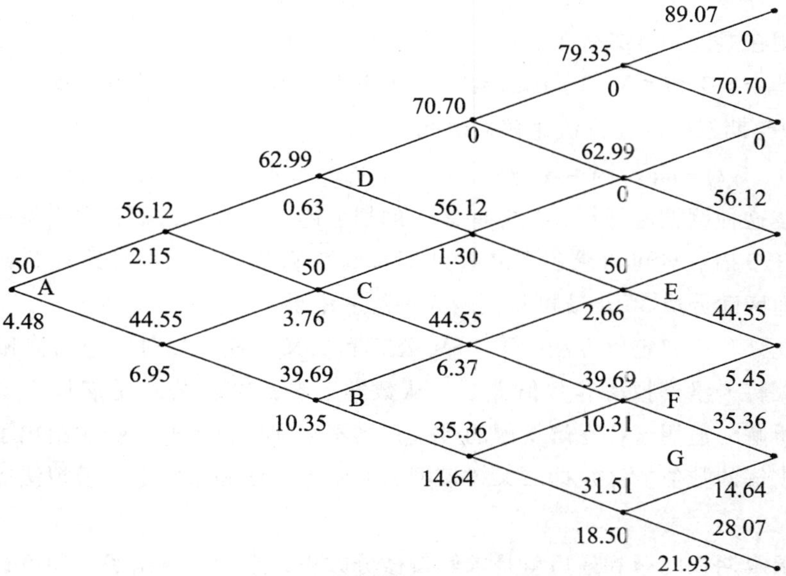

图 3　不付红利股票美式看跌期权二叉树

行。因此，E 结点的期权价值应为 2.66 元。而在 F 结点，如果提前执行，期权价值等于（50.00 - 39.69）元，等于 10.31 元，大于上述的 9.90 元。因此，若股价到达 F 结点，就应提前执行期权，从而 F 结点上的期权价值应为 10.31 元，而不是 9.90 元。

用相同的方法我们可以算出各结点处的期权价值，并最终倒推计算出初始结点处的期权价值为 4.48 元。

如果我们把期权有效期分成更多的小时间段，结点数会更多，计算会更复杂，但得出的期权价值会更精确。当 Δt 非常小时，期权价值将等于 4.29 元。

4. 二叉树方法的一般定价过程

下面我们给出用数学符号表示的二叉树期权定价方法，仍然以无收益证券的美式看跌期权为例。假设把该期权有效期划分成 N 个长度为 Δt 的小区间，令 f_{ij}（$0 \leqslant i \leqslant N$，$0 \leqslant j \leqslant i$）表示在时间 $i\Delta t$ 时第 j 个结点处的美式看跌期权的价值，我们将 f_{ij} 称为结点（i，j）的期权价值。同时用 $Su^j d^{i-j}$ 表示结点（i，j）处的证券价格。因为美式看跌期权在到期时的价值是 max（$X - S_T$，0），所以有：

$$f_{N,j} = \max\ (X - Su^j d^{N-j},\ 0)，其中 j = 0，1，\cdots，N$$

当时间从 $i\Delta t$ 变为 $(i+1)\Delta t$ 时，从结点（i，j）移动到结点（$i+1$，

$j+1$）的概率为 p，移动到（$i+1$，j）的概率为 $1-p$。假定期权不被提前执行，则在风险中性条件下：$f_{ij}=e^{-r\Delta t}\left[pf_{i+1,j+1}+(1-p)f_{i+1,j}\right]$。

其中，$0\leqslant i\leqslant N-1$，$0\leqslant j\leqslant i$。如果考虑提前执行的可能性的话，式中的 f_{ij} 必须与期权的内在价值比较，由此可得：

$$f_{ij}=\max\left\{X-Su^{j}d^{i-j},\ e^{-r\Delta t}\left[pf_{i+1,j+1}+(1-p)f_{i+1,j}\right]\right\}$$

按这种倒推法计算，当时间区间的划分趋于无穷大，或者说当每一区间 Δt 趋于0时，就可以求出美式看跌期权的准确价值。根据实践经验，一般将时间区间分成30步就可得到较为理想的结果。

此外，期权定价方法除了BSM公式和二叉树模型以外，还有有限差分法和蒙特卡洛模拟法等数值方法。从数学上看，BSM公式是期权定价问题的解析解，适用于存在解析解的形式；当不存在解析解时，数学给出了一些能够求解的数值方法，即二叉树模型、有限差分法和蒙特卡洛模拟法等数值方法。

求解期权问题到最后就是求解偏微分方程，数学上给出了一种可行解决方法。基本思想是利用差分来代替导数，用学术化的语言来表示就是，用有限个离散点构成的网格来代替连续的定解区域，用在网格上定义的离散变量函数来近似连续定解区域上的连续变量的函数，把原方程和定解条件中的微商用差商来近似，积分用积分和来近似，这样地，微分方差就可以用代数方程组代替。根据差分情况的不同，还可以分为向前差分法和向后差分法。两种方法各有优缺点，考虑到该种方法过于复杂，在此不再详细阐释，有兴趣的读者可以参考列示的参考文献。最后，有限差分法也适用于奇异期权的定价，不过在一些情况下解并不是稳定的。

蒙特卡洛模拟法利用随机抽样的原理，是从赌场中衍生出的一种数值方法。它的思路是，假定标的资产价格服从一定的分布，然后通过多次反复抽样，根据抽样结果计算期权的期望价值，并认为该价值就是期权的价格。这就好比我们在黑屋子里丢了一件贵重物品，没办法找到，然后就想了一个办法，用一个相似发亮的物品来代替并站在原位置重新抛掷，认为这样可以找到丢失的物品。随着抛掷次数的增多，位置也就更加精确。该方法的优点是可以对奇异期权等定价，使用范围比较广；缺点就是需要发射很多次路径，耗时比较长。随着近年来计算机计算能力的大幅提高，蒙特卡洛模拟法得到广泛的应用。

BSM公式适用于对欧式期权和不支付红利的美式看涨期权定价，不适用于对奇异期权和其他类型的美式期权定价；而二叉树模型、有限差分法和蒙特卡洛模拟法适用于包含奇异期权在内的期权进行定价。BSM公式可以利用现有的期权计算器直接计算出结果，而二叉树模型、有限差分法和蒙特卡洛模拟法则需要一些专业的软件才能计算出结果。进一步地，数值方法均可用于包含奇异期权在内的期权定价，但是蒙特卡洛模拟法耗时较长，有限差分法可能得不到稳定解。

总而言之，不管是BSM公式定价，还是二叉树模型、有限差分法和蒙特卡洛模拟法等数值方法，都有各自的优缺点，读者需要依据实际情况来选择合适的方法。常用的方法是用BSM公式给期权定价。

本附录参考文献：

1. Cox J. , Ross S. The valuation of option for alternation stochastic process [J], Journal of Financial Economics, 1976.

2. John Hull：《期货、期权及其他衍生品》，北京：机械工业出版社。

3. Merton R. Theory of rational option pricing [J], Bell Journal of Economics and Management Science, 1973.

4. 刘海龙、吴冲锋："期权定价方法综述"，《管理科学学报》2002年第2期。

5. 施里夫：《金融随机分析》，上海：上海财经大学出版社2008年版。

附录2：

上海证券交易所股票期权试点做市商业务指引

第一章 总 则

第一条 为了提高上海证券交易所（以下简称“本所”）股票期权（以下简称“期权”）交易的流动性，规范期权做市商的做市业务，根据《股票期权交易试点管理办法》、《上海证券交易所股票期权试点交易规则》（以下简称《期权交易规则》），制定本指引。

第二条 本指引所称期权做市商（以下简称“做市商”），是指按照本指引的规定和要求，为本所挂牌交易的期权合约提供流动性服务的期权经营机构或者本所认可的其他专业机构。

第三条 本指引所称的期权合约流动性服务（以下简称“做市服务”），包括下列类型：

（一）向投资者提供双边持续报价；

（二）对投资者询价提供双边回应报价；

（三）本所规定或者做市协议约定的其他业务。

第四条 做市商分为主做市商和一般做市商。

主做市商应当提供前条规定的全部做市服务，一般做市商应当供前条第（二）、（三）项规定的做市服务。

第五条 做市商从事做市业务，应当严格遵守法律、法规、规章和本所业务规则，不得利用做市业务，进行内幕交易、市场操纵等违法违规行为，或者谋取其他不正当利益。

第二章 做市申请

第六条 符合下列条件的机构，可以向本所申请为合约品种提供做市服务：

（一）经中国证监会批准或相关行业自律组织备案可以从事期权做市业务；

（二）参与本所期权模拟交易做市业务并且做市时间达到3个月，并且通过本所实验室环境的各项做市业务测试；

（三）在模拟交易期间的做市表现符合本所相关做市指标要求；

（四）通过本所组织的专项检查；

（五）本所规定的其他条件。

第七条 申请为合约品种提供做市服务的，应当向本所提交下列材料：

（一）经法定代表人签字并加盖单位公章的主做市商业务申请书或者一般做市商业务申请书；

（二）加盖单位公章的营业执照、组织机构代码证副本复印件；

（三）经中国证监会批准或相关行业自律组织备案从事期权做市业务的证明文件；

（四）做市业务风险控制制度及有关内部管理制度；

（五）负责做市业务的部门、岗位设置、人员情况说明；

（六）开展做市业务的技术系统准备情况；

（七）申请做市的合约品种名单及具体做市业务实施方案；

（八）本所规定的其他材料。

第八条 做市申请符合条件且材料齐备的，本所自受理之日起15个交易日内做出决定，并通知申请人。

本所根据市场情况确定每个合约品种的做市商数量，据此确定合约品种的做市商名单，并向市场公布。

第九条 做市商应当在收到本所通知之日起5个交易日内与本所签订做市协议，明确提供做市服务的相关权利和义务。

未签订做市协议的，不得开展做市业务。

第三章　做市规则

第十条 做市商应当按照本所业务规则以及做市协议开展做市业务。

第十一条 单个合约品种可以有多个做市商提供做市服务。

第十二条 本所可以根据市场情况，要求主做市商对特定期权合约提供相应的做市服务。

第十三条 做市商从事做市业务，应当使用指定的衍生品合约账户和对应的证券账户，并报本所备案。

做市商不得利用指定从事做市业务的衍生品合约账户开展非做市业务。

做市商变更上述指定账户的，应当提前 15 个交易日向本所备案，经本所确认后实施。

第十四条 做市商应当使用自有资金开展做市业务。

第十五条 合约品种的做市指标，包括但不限于下列要素：

（一）最大买卖价差；

（二）最小报价数量；

（三）参与率；

（四）合约覆盖率；

（五）回应报价的最长回应时间以及最短保留时间；

（六）其他做市指标。

做市商开展做市业务，应当符合做市协议就前款规定的做市指标所做的具体要求。

本所可以根据市场情况或者做市商的申请，对具体合约品种的做市指标做出调整。

第十六条 做市商可以根据做市业务需要，向本所申请提高持仓限额。

第十七条 出现下列情形之一的，相应豁免做市商的做市义务：

（一）期权合约交易价格达到涨停或者跌停价格，做市商可以仅提供单边报价。

（二）当合约标的为股票的期权合约的交易价格小于 0.005 元，或者合约标的为交易所交易型开放式指数基金的期权合约的交易价格小于 0.001 元时，做市商可以暂停对该合约提供买入报价。

（三）因不可抗力、意外事件或者技术故障等导致无法继续提供做市服务，做市商可以暂停对部分或者全部合约品种提供做市服务，并及时向本所报告。

（四）本所规定的其他情形。

前款规定的情形消失后，做市商应当立即恢复相应做市服务。

第十八条 做市商主动申请终止对其做市的全部或者部分合约品种提供做市服务，应当提前 15 个交易日书面通知本所，经本所确认后终止。

做市商主动申请终止对合约品种提供做市服务的，1 年以内不得重新申请对同一合约品种提供做市服务。

第十九条 本所根据买卖价差、参与率等指标，定期评价做市商的做市情况。

本所每月对做市商单个合约品种做市情况进行评价；每年定期对做市商单个合约品种做市情况以及整体做市服务情况进行综合评价，并向市场公布。

做市商违反本指引、本所其他规定或者做市协议约定的，本所可以调低其评价结果。

第二十条 本所可以根据做市商评价结果，对做市商给予适当交易费用减免或激励。

第四章 监督管理

第二十一条 做市商应当具备符合要求的技术系统、风险管理和内部控制制度、动态风险监控系统，确保提供做市服务风险可测、可控。

做市商应当建立压力测试机制，并按季度向本所提交压力测试报告。

第二十二条 做市商应当建立风险防范与业务隔离制度，防范利益冲突，不得利用做市业务损害客户利益。

第二十三条 做市商的做市服务出现下列情形之一的，本所可以取消其对特定合约品种的做市资格，并向市场公告：

（一）对负责做市的合约品种，连续 6 个月未达到本所规定以及做市协议约定的做市要求。

（二）对本所指定其做市的特定期权合约，连续 6 个月未达到本所及做市协议约定的做市要求；期权合约存续期不足 6 个月的，在其承担做市义务的存续期内均未达到本所及做市协议约定的做市要求。

（三）在单个合约品种做市情况年度评价排名中处于末位 20% 的。

（四）本所规定或做市协议约定的其他情形。

做市商对特定合约品种的做市资格被取消的，1 年以内不得重新申请对同一合约品种提供做市服务，但因前款第（三）项规定被取消特定合约品种做市资格的除外。

第二十四条 做市商有下列情形之一的，本所可以取消其做市商资格：

（一）不再符合本指引第六条规定的条件；

（二）不再为任何合约品种提供做市服务；

（三）存在操纵期权市场或合约标的市场等违法违规行为；

（四）在全部合约品种做市情况年度评价排名中均处于末位 20%；

（五）本所规定或者做市协议约定的其他情形。

做市商对全部合约品种做市资格被取消的，1 年以内不得重新申请对任一合约品种提供做市服务，但因前款第（四）项规定被取消全部合约品种做市资格的除外。

第二十五条 本所可以对做市商的风险管理、交易行为及相关系统安全运行等情况，进行监督检查。

第二十六条 做市商违反本指引的，本所可以依据《期权交易规则》及其他相关规定，对其采取相应的监管措施或实施纪律处分，并计入诚信记录；情节严重的，提请立案调查。

第五章 附 则

第二十七条 本指引由本所负责解释。

第二十八条 本指引自 2015 年 1 月 9 日起实施。

附录 3：

股票期权试点投资者适当性管理指引

投资者适当性标准	
个人投资者	1. 申请开户时托管在其委托的期权经营机构的证券市值与资金账户可用余额（不含通过融资交易融入的证券和资金），合计不低于人民币 50 万元
	2. 指定交易在证券公司 6 个月以上并具备融资融券业务参与资格或者金融期货交易经历；或者在期货公司开户 6 个月以上并具有金融期货交易经历
	3. 具备期权基础知识，通过上交所认可的相关测试
	4. 具有上交所认可的期权模拟交易经历
	5. 个人投资者参与期权交易，应当通过期权经营机构组织的期权投资者适当性综合评估
机构投资者	1. 申请开户时托管在其委托的期权经营机构的证券市值与资金账户可用余额（不含通过融资交易融入的证券和资金），合计不低于人民币 100 万元
	2. 净资产不低于人民币 100 万元
	3. 相关业务人员具备股权基础知识，通过上交所认可的相关测试
	4. 相关业务人员具有上交所认可的期权模拟交易经历
期权投资者知识测试	
用途	测试成绩用于投资者交易权限级别的核定和期权基础知识的得分评估
个人投资者	应当逐级参加知识测试，未通过前一等级考试的，不得参加后一等级的考试
普通机构投资者	普通机构投资者指定的相关业务人员，应当参加上交所认可的相关知识测试
投资者分级管理	
一级交易权限	在持有上证 50ETF 时，进行相应数量的备兑开仓
	在持有上证 50ETF 时，进行相应数量的认沽期权买入开仓
	对所持有的合约进行平仓或行权
二级交易权限	一级交易权限对应的交易
	买入开仓
三级交易权限	二级交易权限对应的交易
	保证金卖出开仓

资料来源：上海证券交易所。

附录4：

ETF期权可构建的期权组合

上海证券交易所推出的50ETF期权由于标的的特点，可以构建一些期权组合。由于上海证券交易所对个人投资者分为三类，不同类别投资者具有不同的交易权限，因此我们结合投资者分类次序，列示在下表中：

各类投资者所能交易的期权组合类型

期权组合	个人投资者			券商（获得资格）
	一级	二级	三级	
裸买		√	√	√
裸卖			√	√
垂直价差			√	√
比率/逆比率价差			√	√
跨式		√	√	√
宽跨式		√	√	√
蝶式			√	√
鹰式			√	√
日历价差			√	√
对角价差			√	√
备兑开仓	√	√	√	√
康宝			√	√
双限期权			√	√
果冻卷			√	√

考虑到本书第八章中已经对垂直差价组合、跨式组合、宽跨式组合、蝶式组合、鹰式组合、日历价差和对角价差组合等做了详细介绍，本附录只关注裸买裸卖期权、比率/逆比率价差组合、备兑开仓、康宝、双限期权和果冻卷组合的介绍，由于其中一些组合较为复杂，我们仅作简单介绍。

1. 裸买、裸卖期权

在我国现行的规则下，裸买、裸卖期权需要个人投资者具有三级的资格认定。投资者需要通过期权经营机构的考试，具体的规则投资者可以参看本书其他章节。这也是投资者用头寸表达看多、看空的市场观点的最简单直接的方法。需要说明的是，如果投资者需要长期持有裸期权，那么建议投资者使用融资的方式利用杠杆，避免时间价值的损耗。

2. 比率/逆比率价差

所谓的比率/逆比率价差组合，是指垂直组合中买入期权和卖出期权的数量不等的组合，是蝶式组合和鹰式组合的延伸。通常，卖出期权数量大于买入期权数量，称为比率价差组合；如果买入期权数量大于卖出期权数量，那么则为逆比率价差组合。

对美式期权来说，优选比率价差交易，因为最大盈利点明确触及即可平；对欧式期权来说，优选逆比率价差交易，因为最大亏损可控，而且开仓后只要隐含波动率掉得不是太厉害，组合回撤较小。

由于 50ETF 期权为欧式的，我们以 1：2 的 100/115 为例说明逆比率价差组合的构造（见下图）。假设 50ETF 看涨期权 C_1 执行价格为 100，到期期限为 3 个月，C_2 执行价格为 115 到期期限为 3 个月，逆比率价差的构建是通过买入 2 份 C_2，同时卖出一份 C_1 来实现的。该组合本质上是一个认购期权熊市差价组合加上一个更低执行价格的认购期权空头。

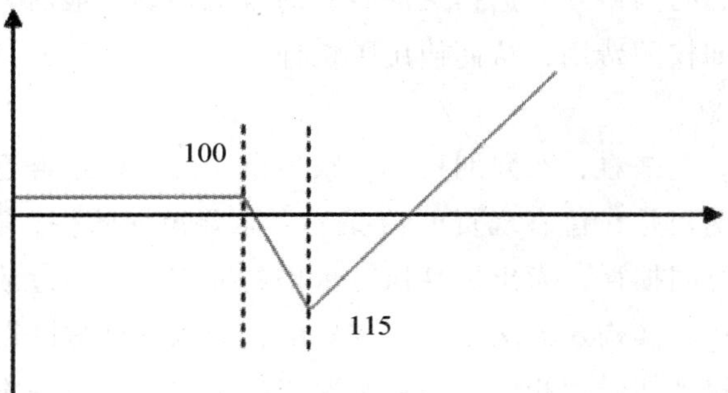

逆比率价差到期损益示意图

从上图可以看到，认购期权的逆比率价差组合是看多波动率的组合。当标的价格低于较低执行价格的时候，组合可以有一定盈利；当标的价格介于两执行价格之间时，投资者损失部分权利金；当标的价格上涨一定幅度以后，投资者获得盈利。逆比率价差组合的成本比较低，如果买入期权权利金等于卖出期权权利金，那么构建组合就可以实现零成本。

当我们将上述所有头寸反向操作，就卖出了逆比率价差组合，同时逆比率价差也可以通过认沽期权来构建。

3. 备兑开仓

备兑开仓包括备兑认购和备兑看涨期权。因为A股实际上不能裸卖空，所以我们只介绍备兑认购。备兑认购是指每持有10000份50ETF，可对应卖出一份认购期权，组合收益类似于看跌期权空头，这一点我们在期权平价公式中也有详细介绍。备兑看涨策略适用于认为标的会小幅上涨或者小幅横盘时使用，通过卖出认购期权收取权利金从时间价值的消耗中获利。根据海外市场的经验，该策略可在75%~83%的时间内持续获利。

4. 康宝策略

投资者千万不要被这个陌生的名称吓倒，其实这是我们前面介绍过的策略，只不过业界习惯称之为“康宝”。通俗地讲，康宝多头，就是买入看涨期权的同时卖出看跌期权，近似于持有标的多头。到这里投资者是不是有印象呢？同理，康宝空头，就是卖出看涨期权的同时买入看跌期权，近似于卖出标的资产。至于期权的执行价格一般是不同的。

我们之所以构建康宝组合而不直接对于标的操作的原因，一方面是利用期权的高杠杆，另一方面就是操作期权比操作标的更加灵活。这种灵活性体现在两个方面：一是可以配置期权的行权价格，满足投资者需要；二是可以将建仓和平仓的时间错开，选择更加有利的时机入场。最后，卖出期权可以部分覆盖买入期权的费用，从而使用了杠杆。

5. 双限期权

从收益曲线上来看，双限期权其实跟牛市看涨差价组合是一样的。不同之处在于双限期权是在持有现货的情况下，需要短期防护，买入看跌期权，同时为了避免时间损耗，卖出更高执行价格看涨期权，通过放弃一部分收益来降低防护成本。其构建方法是：买入标的，买入价外看跌期权，卖出价外看涨期权，期权到期时间相同。损益情况与牛市差价组合基本相同。

6. 果冻卷期权

果冻卷期权可以看做两组执行价格相同、而到期日不同的垂直价差组合的叠加，也可以视为两组不同行权价格的日历价差组合的叠加。买入果冻卷期权的构建方法是买入到期日较远的看涨期权价差组合，同时卖出到期日较近的看涨期权价差组合。卖出果冻卷期权组合，就将上述交易反向操作即可。

至于损益曲线，投资者可以依据本书第九章的内容，自行画出。本附录介绍期权组合略微有些复杂，但是在一些市场条件下很实用，投资者也可以体会一下期权这个魔术师的神奇之处！

后 记

当最终完成全书交付中国财政经济出版社付梓的时刻，我们心情依然激动，久久难以平静。在繁忙的工作之余，利用闲暇时光编写一本有关期权专业知识的书籍，难免会拉长时间进程。尤其在形成初稿之后，已消耗大量精力，略感疲惫，随后反复的校对与修正工作却又是一项艰巨而精细的任务，顿感压力巨大。值得庆幸的是，在本书进行通篇修正与完善之际，中国证监会已批准上海证券交易所开展股票期权交易试点的消息大大鼓舞了我们的干劲。中国衍生品场内市场正式迎来期权元年！2015 年 2 月 9 日，上证 50ETF 期权的问世，将直接开创国内金融衍生品市场的新天地。作为活跃市场、增加风险对冲手段、丰富投资策略的重要衍生工具，期权的问世必会对国内证券市场产生重大的影响。

诸多正面与负面的历史经验表明，金融市场中新品种上市后，市场能否表现平稳、理性与投资者认识理解的程度高度相关。由于期权非线性的特征相对传统的股票、期货等品种更复杂，而市面诸多期权相关书籍又偏重于数学推导与理论阐述，对尚未了解或初步接触期权的投资者来说，理解期权交易会有相当的难度与障碍。我们作为中国金融衍生品市场实务界的一份子，在期权推出的时刻出版本书，意在用深入浅出的方式向市场大众普及期权的基础知识，介绍期权定价与交易策略，引导投资者认识期权，并理性参与期权交易。

能在国内市场期权推出的时刻帮助投资者逐步了解期权，我们感到万分荣幸。本书凝聚了多年来长期奋斗在中国金融衍生品市场的优秀研究人员的智慧与汗水，《期货日报》《证券时报》评选的第七届最佳期权分析师李富统筹全书，并与王旺共同完成了全书主体章节的编写工作。本书的成功出版离不开以下朋友的指导和帮助。感谢研究部余鹏程、武汉大学实习生张迪、武汉理工大学实习生袁静茹、华中科技大学实习生左曦希对全书的校对与修订，他们专业的知识技能大大加快了书稿的进程。感谢中国财政经济出版社编辑对本书提出的修改意见，使得本书更加完善。最后，还要感谢家人在编写本书时默默地陪伴，多少个夜晚的挑灯伏案或许忽略了他们。

书中错误之处，敬请批评指正！